动态人口红利理论与实践

牟新渝　郭山文　著

华龄出版社

责任编辑：程　扬
责任印制：李未圻

图书在版编目（CIP）数据

动态人口红利理论与实践 / 牟新渝，郭山文著 .
-- 北京：华龄出版社，2015.3
ISBN 978-7-5169-0567-8

Ⅰ . ①动… Ⅱ . ①牟… ②郭… Ⅲ . ①人口—问题—研究—中国 Ⅳ . ① C924.24

中国版本图书馆 CIP 数据核字（2015）第 107292 号

书　　名：动态人口红利理论与实践
作　　者：牟新渝　郭山文　著
出版发行：华龄出版社
印　　刷：科伦克·三莱（北京）印刷有限公司
版　　次：2015年6月第1版　2015年6月第1次印刷
开　　本：880×1230　1/32　　印　张：11.625
字　　数：250千字
定　　价：30.00元

地　　址：北京西城区鼓楼西大街41号　　邮编：100009
电　　话：84044445　　传真：84039173
网　　址：http://www.hualingpress.com

前 言

近年来，国内外一些 “人口红利”论者，在假设其他条件不变的情况下，以一成不变 15-59 岁为劳动年龄上下限、60 岁为退休年龄来计算劳动年龄人口的“人口红利”，判定为“人口红利消失”，这种说法称之为“静态人口红利”。我们认为，这种“静态人口红利”消失的判定，不符合马克思主义关于“两种生产”的理论，也违背了人口统计学关于“人口统计指标有反映一定时点上人口数量及构成情况的静态指标，还反映在一定时期内的人口自然变动和社会变动的过程的动态指标。”的原则，夸大了人口老龄化挑战的严重性，从而引起了一些人们对人口老龄化发展趋势的担忧。本书提出了对“静态人口红利”和“人口红利消失”的质疑，走出“人口红利消失”的误区，用“动态人口红利”积极应对人口老龄化，在“四个全面”战略布局中，全面把握机遇，加强应对人口老龄化的顶层设计和务实规划，统筹推进，赢得主动，赢得优势，赢得未来，确保老年群体到 2020 年同步进入小康社会。

党的十八届三中全会提出“研究制定渐进式延迟退休年龄政策”，引起社会广泛关注。中央在延迟退休问题上采取慎重的态度。渐进式延迟退休年龄政策从劳动年龄人口供求关系入手，以“动态人口红利”为出发点，考虑到改革开放30多年来，我国社会经济发展，人口平均预期寿命延长这一现状，适时研究制定这一政策。本书正是基于对渐进式延迟退休年龄政策研究的尝试，用“动态人口红利”理论，指导延长退休年龄制度，开发老年人力资源，促进人口老龄化与社会可持续发展。

对于劳动年龄人口比重和总抚养比只是数量和比例的概念，不能全面反映社会经济对人口老龄化的承受力。同等的劳动年龄人口比重和总抚养比对于发达国家和发展中国家，对于一个国家不同发展时期的影响，都是不同的。例如预期我国“人口红利机会之窗”何时关闭时，用我国法定退休年龄为60岁和15—59岁为劳动年龄人口来计算，2015年我国的总抚养比为51.6%，超过人口红利期50%的标准。

而用65岁为退休年龄和15—64岁为劳动年龄人口来计算，得出的结果是我国“人口红利机会之窗”可以开放到2020年，甚至2030年的结论。

美国经济学家朱利安·西蒙在《人口增长经济学》中介绍了人口增长经济学研究的一般动态模式。他强调“一个名副其实的经济学家必须注意到人口影响的规模和重要性。并且，如果几个影响同时起作用，他就必须关心整体的影响，而不是在假定其他变量都不变（实际上它们并不是恒定的）的情况下，只关心某一种变量作用的大小。这种全面评价，需要研究变量之间的相互作用以及与其它变量的相互作用”。长期以来，由于我国人口年龄结构的变动变量，影响着劳动力供求的变动，这种变动的供求矛盾，为我国能否利用“人口红利”推动经济发展提供了重要机遇。

但是对“人口红利”的研究集中于人口总量变化或老年人口增长速度变化对经济增长的影响，而较大程度地忽略了人口结构性变化对经济增长的影响。但进一步观察人口年龄结构及具有生产性的人口红利，则是近年来研究的新课题。

马克思、恩格斯在《家庭、私有制和国家的起源》一文中指出：“根据唯物主义观点，历史中的决定性因素，归根结底是直接生活的生产和再生产。但是，生产本身又有两种。一方面是生活资料即食物、衣物、住房以及为此所需的工具生产；另一方面是人自身的生产，即种的繁衍。”这段话科学地阐明了经济社会和人口发展的客观规律。社会与人口的关系是相互建构的，社会结构是构成人口结构存在的条件和前提，人口老龄化作为人口转变的一种必然结果也不例外，其原因也是社会经济发展到一定阶段的产物。

马克思、恩格斯的“两种生产”理论，即物质资料生产和人类自身生产的理论，是本书“动态人口红利”理论与实践的基石。以马克思、恩格斯的“两种生产”理论为导线，揭示经济发展和老年人口增长之间的本质联系，经济发展决定老年人口增长，老年人口增长反作用于经济发展的辩证关系，也就是马克思在1853年写的《强迫移民》一文中指出的“人口压迫生产力”和“生产力压迫人口”的著名论点。在生产力低下，人口相对过剩的时候，是“人口压迫生产力”，而生产力发展，发达的经济，人口相对减少的时候，是“生产力压迫人口”。人口老龄化正是“生产力压迫人口”的表现。同时，“两种生产”的理论，提供了科学认识人口老龄化过程和经济社会关系的理论方法和应用。用我国30

多年来的改革开放发展的佐证，在应对老年人口增长过程中采取的制度措施与经济实际动态，都证明这一论断。

因此，用综合多种变量的“动态人口红利”，来取代“静态人口红利”。“动态人口红利”理论认为：人口问题的本质是发展问题，发展问题的实质是人的发展问题。人的全面发展是社会经济发展的前提。应充分考虑以人为本，尊重人的发展主体地位，完善社会保障、健康水平、教育程度、社会参与和社会可持续发展的需要，是我们有可能适时地提出“动态人口红利”理论的依据。党的十六届三中全会强调：“坚持以人为本，树立全面、协调、可持续的发展观，促进经济社会和人的全面发展”。十八届三中全会指出：“积极应对人口老龄化，加快建立社会养老服务体系和发展老年服务产业。”人口老龄化问题的解决取决于发展，取决于人力资源的投入、开发和利用。如果劳动年龄人口是现实人力资源，那么老年人口是可再开发人力资源。从人的全面发展的角度，劳动年龄人口和老年人口，两者不可偏离，互为补充，此长彼长的关系，充分利用人口预期寿命延长、人口素质增强、健康水平提高、劳动生产率增长、知识经济发展、劳动年龄人口上限延长，开发老年人力资源，健全和完善社会保障制度，积极应对国家、社会和家庭对人口老龄化的承受力等等，“动态人口红利”之窗，就可以常开不闭。

“动态人口红利”涵盖多种变量，从人口社会学来说，劳动年龄人口的年龄界限不是永久不变的。确定劳动年龄人口范围的主要依据是人口资源供应状态、社会生产力发展需求对劳动力数量和质量的要求、人口健康状况改善、人口预期寿命和科学教育发展水平。我国法定劳动年龄上限为59岁，如果我们按照“动态人口红利”的内涵，把劳动年龄上限从2015年起，每3年提高1岁，到2030年提高至64岁，届时劳动年龄人口比重就将从60.0%上升到67.8%，增加7.8个百分点；总供养比也会从66.6%下降到47.4%，从而使“人口红利期”延长到2030年以后。近年来，不少发达国家都在用延迟退休年龄、增加劳动年龄人口来延长“人口红利期”。国内外理论和实践表明，用“动态人口红利”取代“静态人口红利”是审视和应对老龄化挑战，在全面建成小康社会、全面深化改革、全面推进依法治国、全面从严治党的战略布局中，寻找发展老龄事业出发点和落脚点，本着缺什么，补什么，加强老龄问题导向，找准问题，聚焦靶心，实务研究，对症下药，从“四个全面”战略布局中谋划和推进老龄事业，为实现中华民族伟大复兴的中国梦，促进老龄化与社会经济协调发展的一项战略措施。

“动态人口红利”理论首先推出，是中国社会科学院老年科学研究会会长熊必俊教授。他在2011年6月30日《中国社会科学报》上发表《用“动态人口红利”应对老龄化挑战》文章，提出应该用综合了各种变量的“动态人口红利”取代“静态人口红利”。本书正是对熊必俊教授提出的“动态人口红利”理论的扩展。对“动态人口红利”理论的探讨研究，涉及面广、学科交叉综合性强，由于编写时间仓促和水平有限，疏漏之处在所难免，多有不妥之处，欢迎读者提出宝贵意见。

2014年12月于北京

目 录

第二章 动态人口红利的理论依据

第三章 动态人口红利与老龄社会

第四章 动态人口红利释放积极的人口老龄观

第五章 动态人口红利与社会可持续发展

第六章 动态人口红利与农村人口老龄化

第七章　动态人口红利与老龄产业

第八章 动态人口红利与老年文化

第九章 动态人口红利与老年人力资源开发

第十章 动态人口红利与健康长寿

联合国人口基金《人口老龄化——潜在的动态变化》（2006）指出："人口老龄化是人口统计学两种潜在趋势的必然结果，即日益下降的总和生育率和日益延长的出生平均预期寿命。"这一总结性的论断，也符合我国的实际，随着总和生育率下降和人口预期寿命延长，我国于1999年进入老年型社会。2010年我国60岁及以上老年人口比重为13.26%，15–59岁劳动年龄人口比重为70.14%，总供养比为48%。预测2015年老年人口比重上升为15.2%，劳动年龄人口比重下降为66.0%，总供养比达到51.6%。传统人口统计学认为，劳动年龄人口比重下降，必然导致劳动力资源减少，总供养比上升，不利于经济发展。

第一章　动态人口红利基本理论

动态人口红利理论，以马克思主义"两种生产"理论为基石。马克思主义的"两种生产"理论，即物质资料生产和人类自身生产，揭示了经济与人口增长之间的内在的本质联系，提供了认识人口老龄化过程和社会经济关系的方法。两者互为条件，相互依存，相互促进。物质资料生产决定人类自身生产，人类自身生产反作用于物质资料生产。没有物质资料的生产，就不可能有人类自身的生产和人类社会的存在；反之，没有人类自身生产，也不可能有物质资料生产和人类社会的存在。同时，人类自身生产的发展不只是人口数量的增减变动，而且也有人口质量的提高。

动态人口红利理论，以科学发展观为指导。人口预期寿命的不断延长，是一个国家政治、经济、文化、科技进步的综合体现。改革开放，科学发展，社会安定，城乡居民的生活水平不断提高，与老年健康领域相关的医学、生物学等科学技术进步等等，促进了老年人的心身健康和寿命的延长。动态人口红利理论，以人的综合素质的提高为前提。人口是社会的基本生产力，人口的发展变化对经济的发展变化起着促进或延缓的影响作用。国务院 2011 年 11 月发布《国家人口“十二五”规划》中强调“稳定低生育水平，提高人口素质，优化人口结构与分布，促进人口与经济社会、资源环境相协调”。虽然我国人口素质总体水平有待进一步提高，但是一部分发达省市人均受教育程度已经接近发达国家水平。

动态人口红利理论，以积极应对老龄化挑战为基点。现阶段老年人身体健康，并拥有一定的知识、技能、经验，他们有能力继续为社会贡献力量。因此，积极开发老年人力资源，对于缓解人口老龄化压力，提高人力资本整体水平，实现更积极、更健康、更可持续的经济社会协调发展具有积极的意义。

第一节　动态人口红利的概念

一、人口红利

“人口红利”（Demographic Dividend）的概念于 1997 年由梅森 · 安德洛提出，后被联合国人口基金《世界人口现状，1998 年》引用。世界银行和国内外学术界近几年运用“人口红利”、“人口赢利”和“人口机会之窗”审视和预测人口老龄化对社会经济发展的影响，诸如：

世界银行《2003 年世界发展报告》在“人口结构转型的机会”中提出，有些国家“随着生育率的下降，人口的年龄结构正在发生变化，这将在长达数十年中为发展中国家开辟机会之窗，他们可以利用这个窗口来赶上并提高所有人的福利”，但是“当这些劳动者年老之后，赡养率将再次提高，机会之窗就开始关闭”。

亚洲开发银行《观察与建议》2009 年第 1 期发表的《人口老龄化对中国社会经济发展的影响》指出：“新中国成立以来，中国人口的预期平均寿命得到极大的提高，从 1949 年的 35 岁提高到 2009 年的 74 岁。同时，得益于计划生育政策的实施，人口出生率显著下降，促进了社会发展和经济增长。1975–2005 年总抚养比（包括 0–14 岁儿童抚养比和 65 岁以上老龄人口抚养比）下降近 50%。使得劳动年龄人口由 1978 年的 4.07 亿人增加到 2004 年的 7.86 亿人，年均拉动 GDP 增长 2 个百分点。然而，2000 年以后，抚养比在不断上升，预计 2015 年当劳动年龄人口达到顶峰后，人口红利也会开始衰减，劳动力市场将开始面临供给短缺的压力。”

英国《金融时报》亚洲版主编说：“正如汇丰（SHDC）的范力民（FREDERIC · NEUMARRN）指出，亚洲许多国家的‘人口红利’已快耗尽，从 2017 年开始，中国内地的劳动力将开始萎缩，香港也是如此。”

美国波斯顿咨询公司（CBCG）和瑞士再保险公司 2012 年 4 月 24 日在北京联合发布了“发掘银发市场的金色机遇，保险公司如何从中国老龄化趋势中获利”的报告，指出：“数十年来，‘人口红利’推动了中国社会经济的长期增长。但是这一‘人口红利’时代即将结束，预计16–59岁劳动年龄人口将在2015年以后开始减少。在中国经营的保险公司应该迅速行动，大胆出击，变‘银发人群’为‘金融机遇’。”

对于我国“人口红利”的界定，社会蓝皮书《2006年：中国社会形势分析和预测》的论述是：“人口红利”也叫做“人口机会之窗”，是指劳动力人口在总人口中所占比例较高，老年负担系数和少儿数相对较低，劳动力人口因为负担较轻而可能参加积累以促使经济和社会发展。我们可以将人口转变中迎来的这一历史时期称为人口‘红利’时期，或者称为机遇发展时期。”

社会蓝皮书《2006年：中国社会形势分析和预测》的结论是：我国“人口有‘红利’，机会之窗开放到2020年”。结论的依据是：“中国15–64岁之间劳动力人口在总人口中所占的比重从2005年到2009年仍然会有一个微小的上升——从72.40%上升到72.46%。但自2010年始，则会稍稍有所下降——从2010年的72.41%下降到2020年的69.5%。在这一时期，虽然老龄化水平会上升到11.92%，但劳动力人口在总人口中所占的比重，却会一直维持在70%左右。这正是中国轻装上阵、建设小康社会的最好人口机遇期。”

2010年5月18日“新华网”报道，国务院参事马力教授在“2010年中国人口与发展咨询会”上作题为《中国劳动力变动趋势及判断》的报告中说，2013年中国人口抚养比出现拐点，2010至2035年仍低于53%的“人口红利”期标准，这有利于推动经济发展和社会转型。马教授还介绍说，2008年我国15–64岁劳动年龄人口为9.55亿人，“十二五”期间将净增加2449万人。

按照上述论点，“人口红利”可以延长到2020年和2035年的结论所用的劳动年龄人口年龄的上限是64岁，而不是我国法定的59岁，如果按59岁计算的话，“人口红利”在2015年就要消失了。

中国老年学学会《老龄参考》在引用“六普关注”中称：所谓的“人口红利”，是指一个国家的劳动年龄人口占总人口比重较大，总供养比较低，为经济发展创造了有利的人口条件。文章认为我国“人口红利”只剩10年左右，另有专家认为我国“人口红利”只剩3年。

人口红利概念指某一阶段少儿人口数下降快于老年人口增加，从而导致劳动年龄人口的比重上升。本文研究者把人口红利划分为“静态人口红利”和“动态人口红利”。

二、静态人口红利

《人口学词典》指出：“人口统计指标有反映一定时点上人口数量及构成情况的静态指标，还有反映在一定时期内的人口自然变动和社会变动的过程的动态指标。”“静态人口红利”的判定是在不考虑人的因素、人口素质提高、寿命延长、劳动生产率提高和经济发展模式转变的动态指标的情况下，单以劳动年龄人口比重判定，所以被称之为“静态人口红利”。

“静态人口红利”理论以人口统计的静态指标来研究和反映劳动人口年龄比重，从理论上比较抽象和简单，是有一定意义的。但是，对人口问题的基调，应是对人口发展和经济社会发展可持续的关系进行正确的判断和总体把握。“静态人口红利消失”理论，从人口统计的静态指标中只见危机和风险，从而只谈挑战，不谈机遇，在假设其他条件不变的情况下，仅以劳动年龄人口比重降低到 66.7% 以下，判定“人口红利消失”的做法，掩盖了劳动力资源的真实性，当然也不符合“以人为本和以人的全面发展的目标”的科学发展观。

美国老年学学会原会长、著名老龄化经济学家詹姆斯 · H · 舒尔茨 1985 年在其名著《老龄化经济学》第三版中就不主张单纯用供养比审视老龄化挑战，认为这种分析有片面性，容易使人误解。他在 2001 年出版的《老龄化经济学》第七版中进一步指出：目前在有关“人口变化的经济意义”评论中，大多是从人口统计学方面进行解释，对相应情况的经济学分析却几乎从未涉及，大部分研究都依赖于劳动力供养比。正如我们所强调的，运用这些比例要非常谨慎，因为大多数公布的供养比都没有考虑到经济增长，而经济增长会降低供养的负担。詹姆斯 · H · 舒尔茨及其他人还指出：“首先，人口老龄化对经济的影响并不像那些单纯考察供养比就报告坏消息的预言家们想象的那样糟。其次，与其他领域的社会政策一样，哪怕经济增长率仅有较小的提高，也会对其他因素所引起的负面影响起到潜在的重要调整作用。”

三、动态人口红利

“动态人口红利”以科学发展观为指导，坚持以人为本，以实现人的全面发展为目标，强调人的发展为导向，开发利用老年人力资源，参与社会发展；综合运用各种有关变量发展条件，充分利用提高人口素质、延长预期寿命、提高劳动年龄上限，提高劳动生产率、转变经济发展方式、发展高科技，健全和完善社会保障制度，不断提高国家、社会和家庭对老龄化的承受力。

美国经济学家朱利安 · 西蒙在《人口增长经济学》中介绍了人口增长经济学研究的一般动态模式，他强调“一个名副其实的经济学家必须注意到人口影响的规模和重要性。并且，如果几个影响同时起作用，他就必须关心整体的影响，而不是在假定其他变量都不变（实际上他们并不是恒定的）的情况下，只关心某一种变量作用的大小。这种全面估价，需要研究变量之间的相互作用以及与其他变量的相互作用。为此，人们想得到满意的全面估价，只能给需要讨论的经济建立一个综合模式”。

联合国人口基金2006年《人口老龄化——应对》指出：“《马德里老龄问题国际行动计划》呼吁各行业和各阶层改变态度、政策和做法，以便发挥老龄化的巨大潜力。《行动计划》着眼于人力资本，年迈并不意味着“依赖”或“没有生产力”。一个人不会在60岁时自动从贷方转为借方。健康、就业、生产力在决定人口负担方面同样重要。凭借良好的社会政策，包括养老金和卫生服务，可以将老龄化人口视为第二次人口红利，而不是负担。”

2009年“第19届世界老年学与老年医学大会”的议题之一是“从‘人口红利’到‘长寿红利’的持续发展”。大会强调“人口老龄化是社会进步的最根本体现，如果引导和利用得当，长寿将会成为社会经济发展的全新引擎。单纯把老年人口看成是经济发展‘成本’的做法早已过时，无论是通过调整就业和再就业政策，进而推迟退休年龄，延长‘健康老龄’阶段，积极发展老龄服务产业，拉动内需，让长寿和社会财富积累和谐统一，那就是给‘人口红利消失’的假说以最有效的反击”。

我国著名老年学家邬沧萍教授在《社会老年学》论述老龄化与经济发展关系时，强调“人口学因素与经济发展之间并不存在一种简单的函数关系，两者之间并不是直接发生作用的，而是要通过很多中间变量才能相互影响，并且这中间变量是比较复杂的。直接影响经济发展速度的除了劳动力数量供给，还有劳动生产率的高低、资金的供给、产业结构、市场需求等等。人口年龄结构的变化并不是决定经济发展的主导因素。”

第二节　动态人口红利理论的核心与本质

一、以人为本是动态人口红利理论的核心

“以人为本”的概念，在我国最早提出来的是春秋时期管仲。《管子》一书“霸言”篇中说：“夫霸王之所始也，以人为本。本理则国固，本乱则国危。”[1]意为霸王的事业之所以有良好的开端，也是以人民为根本的；这个本理顺了国家才能巩固，这个本搞乱了国家势必危亡。管仲所说的以人为本，就是以人民为本。在我国古文献中，“人”与“民”二字经常连用，合成为一个词组。《书经》说：“民为邦本，本固邦宁”。以人为本与以

[1] 万有文库. 管子：第二册.[M].北京：商务印书馆，1936：8.

民为本，意思完全相同。孟子强调“民为贵，君为轻”，可见也是以人为本之意。以人为本可以说是中国传统文化的基本精神。

以人为本的思想是摒弃了旧哲学人本思想中的阶级局限和历史唯心主义的理论缺陷，借鉴国际经验教训和我国实际情况而提出来的。改革开放以来，我们党始终强调把发展生产力作为社会主义社会的根本任务。科学发展观强调经济发展、GDP增长，归根到底都是为了满足广大人民群众的物质文化需要，保证人的全面发展。人是发展的根本目的。

以人为本的科学发展观，目的是以人的发展统领经济、社会发展，使经济、社会发展的结果与我们党的性质和宗旨相一致，使发展的结果与发展的目标相统一。坚持以人为本，就是要以实现人的全面发展为目标，从人民群众的根本利益出发谋发展、促发展，不断满足人民群众日益增长的物质文化需要，切实保障人民群众的经济、政治和文化权益，让发展的成果惠及全体人民。

由此可见，动态人口红利理论与以人为本的含义是完全一致的。动态人口红利的根本点是人，是人的年龄、生存状况、工作环境、自然条件等动态变化的综合指标。动态人口红利理论认为：依靠人的全面发展、充分利用延长预期寿命，提高人口素质、提高劳动生产率、发展高科技、提高劳动年龄上限，开发老年人力资源，健全和完善社会保障制度，不断提高国家、社会和家庭对老龄化的承受力，动态人口红利就可以长期存在。

动态人口红利的核心是以人为本，是以人口老龄化过程中老年人口比重和劳动年龄人口比重为研究对象的动态变化的过程。

动态人口红利坚持以人为本，树立全面、协调、综合多种因素和条件的研究观点，促进人口红利的长期存在，阐述人口红利的正能量，增强社会领域的积极情绪和乐观态度。这一观点，反映了我国改革开放和社会主义市场经济社会的本质特征，是对过去人口红利理论的发展和创新。

动态人口红利的核心是以人为本，明确把人及其与人生活、生产相关的因素作为综合和全面研究的最高取向，充分尊重人、理解人、关心人，把不断满足人的全面需求、促进人的全面发展，作为研究的根本出发点。人类生活的世界是由自然、人、社会三个部分构成的，动态人口红利从根本上说就是要寻求人与自然、人与社会、人与人之间关系的总体性和谐发展。

二、动态人口红利的本质是人的发展

人口具有自然属性和社会属性。自然属性是人口存在和发展的自然基础，社会属性是人口的本质属性。人的自然属性是持续自身以及后代的存在和发展，即人口的数量和质量。人的社会属性是人与人之间组成一定的社会关系，即人是社会生活和生产的主体。马克思在《关于费尔巴哈的提纲》中指出："人的本质并不是单个人所固有的抽象物。在其现实性上，它是一切社会关系的总和。"作为"全部社会生产行为的基础和主体的人口，是社会生产力不可缺少的前提和要素"。[1]因此，无论从人口的自然属性，还是从人口的社会属性来说，人口的数量、素质和机构

[1] 马克思恩格斯选集：第1卷[M].北京：人民出版社，1975：18.

都直接关系着社会的存在与发展。

动态人口红利的本质是人的发展，马克思、恩格斯在《共产党宣言》提出：“每个人的自由发展是一切人的自由发展的条件”。[1]这句话就是说，每个人的发展才是发展的条件，人的发展才是发展的前提，发展目的才是人的发展，其中包括适量的人口数量、良好的人口素质、合理的人口年龄结构和人的能动性。

1. 人口发展需要适量的人口数量

从一般意义上讲，人口数量指的是人口规模。人口数量的多寡对于生产规模、社会分工的发展程度、积累和消费的分配比例、市场分布和规模等方面都有重要的影响，从而对社会经济发展起促进或制约的作用。

马克思主义认为，在“两种生产”中，物质资料的生产作用于人类自身的生产，对人类自身的生产起着决定性的作用；同时人类自身的生产也反作用于物资资料的生产，可以加速或延缓物质资料的生产。人类自身生产的数量、质量、密度等，可以加速或延缓物质资料生产的发展。当两者在数量上不相适应时，人口过多或过少都会阻碍和制约物质资料的生产。就我国而论，在当前和今后一段时间内，人口规模方面要解决的问题仍然是数量过多和增长过快两大难题。

社会的条件只能适应一定数量的人口，因此在既定的历史时期，有一个由一定形式的生产条件的扩展能力所生定的人口限制，超过限制的人口为过剩人口，低于限制的为过少人口，与限制相

[1] 马克思恩格斯选集：第1卷[M].北京：人民出版社，1972：273.

适应的人口为正常人口。如果这个“人口限制”以及与它相适应的“正常人口”，从生产条件来看，处于最优状态，这个“正常人口”也就是最优人口。

科学技术是生产力，马克思在《资本论》和《经济学手稿》等著作中，对此多有论述。他在谈论资本的发展时，明确指出：“生产力中也包括科学。”并且说：“固定资产的发展表明，一般社会知识，已经在多么大的程度上变成了直接的生产力。”据此，马克思作出了“社会劳动生产力，首先是科学的力量”的精辟理论。

当今是高科技时代，科学技术已经成为推动人类社会进步的直接驱动力。尤其是近百年以来，现代知识的日益更新，提高了经济产值和经济效益。以日本为例：1955–1960 年日本国民经济增长是 8.7%，其中劳动因素占 5%，资本因素占 2%，技术因素占 1.7%；1965–1970 年，经济增长率是 11.6%，其中劳动因素占 2.2%，资本因素占 5%，技术因素占 4.4%；1975–1980 年经济增长率是 6%，其中技术因素占 3.9%。[1]按照 2012 年的相关数据进行分析，科技创新水平全世界排名前五位的国家分别是：美国、日本、德国、韩国、英国。而中国的科技创新能力排名仅为第 14 位。[2]可以毫不怀疑地说，没有人才和高质量的劳动力就没有知识经济。

2. 人的发展需要合理的人口年龄结构

人口年龄结构是可变的，不同的年龄结构对社会经济发展会

[1] 冯之浚.现代化与科学[M].北京：知识出版社，1985：13.

[2] 张占斌.改革红利在释放[M].北京：生活·读书·新知三联书店，2014：19.

产生不同的影响，特别是如何使人口老龄化与社会发展协调发展，已成为当今世界共同关心的一个重要问题。人口老龄化是经济发展与人口自身发展的必然结果，是社会进步的象征。但是人口老龄化的过快发展，可能导致老年人口比重上升，劳动年龄人口比重下降，对老年人的赡养系数加大，给社会经济可持续发展带来压力和制约因素，减轻人口老龄化压力，可采取的措施有二：一是通过鼓励生育来降低老龄化发展的速度；二是通过提高劳动年龄上限和法定退休金年龄，调整人口年龄结构，使劳动年龄人口比重和老年人赡养系数，保持在有利于社会经济发展和可持续发展的水平上。当然，这两种做法对于需要继续控制人口过快增长的国家和地区来说，要达到人口零增长显然是不能采用的。既要控制人口增长，又要防止老龄化速度过快和比重过高而超过社会经济承受能力。这就要求营造一个两者兼顾的合理的人口年龄结构，在有利于控制人口与经济可持续发展的基础上，实现人口老龄化与经济的协调发展。

3. 发挥“动态人口红利”能动性，开发老年人力资源优势

科学发展观的本质和核心是“以人为本”。“以人为本”的要义有二：一是“以人的全面发展为目标”，二是“让发展的成果惠及全体人民”。老年人口是总体人口的一个组成部分，从科学发展观和以人为本来看，他们不仅是全面构建和谐社会的受益者，而且还应该是积极参与者。

在人口老龄化日益加剧的情况下，“老年人必须参与发展”的观点已达成国际共识，1982 年联大在批准“维也纳老龄问题国际行动计划”的第 37 ~ 51 号决议中指出“全世界要认识到寿命

的延长是一项生理的成就和一种进步的象征，并且认识到老年人是社会的财富不是负担，因为他们可以以其累积丰富知识和经验作出价值无比的贡献”。

2002 年 4 月联合国召开的“第二届世界老龄大会”进一步把“老年人与发展”作为主题。大会通过的“2002 年老龄问题国际行动计划”强调“老年人必须成为发展的充分参与者而且必须公平享有发展的种种成果。要消除年龄歧视，使老年人参与发展”。大会吁请各国：提倡“积极老龄化”，保证老年人健康和参与发展，为建设不分年龄人人共享的社会奠定基础。

英国资产阶级古典政治经济学的创始人威廉·配第认为：劳动是财富的源泉，从事生产劳动的人口为生产人口，不从事生产活动，只是消费财富的人口为非生产人口。为了使国家增加财富的收入，他主张增加生产人口，减少非生产人口。

亚当·斯密继承了威廉·配弟的传统，认为劳动是财富的源泉。提出增加国民财富有两个途径：一是提高劳动生产率，二是增加从事生产劳动的人数，他认为非生产人口过多必定增加生产人口的负担，不利于财富增加和经济发展。一个社会一定时期的生产人口与非生产人口存在一定的比例关系，科学的任务就是研究这些比例关系。

劳动经济学认为：参与劳动的老年人口，是劳动资源的组成部分。老年人参与发展，既能增加劳动资源，降低老年人实际赡养比，减轻劳动年龄人口的赡养负担，促进代际协调和社会团结，而且又能增加老年人的收入，提高他们的生活与生命质量，使他们继续为社会主义的物质文明、政治文明、精神文明和健全社会保障体系作贡献。

我国对于“人口红利”的界定，以及我国的“人口红利”还能有多久的问题，需要学术界和有关部门认真探讨。

1. 判定我国当前是否处于“人口红利”期和预测“人口红利机会之窗”何时关闭时，不用我国法定 15–59 岁为劳动年龄，而用 15–64 岁为劳动年龄来计算。这样计算得出我国“人口红利”机会之窗可以开发到 2020 年，甚至 2030 年的结论，不符合我国的实际情况。如果我们按法定 15–59 岁为劳动年龄计算，我国的总供养比到 2015 年为 51.6%，超过人口红利期总比 50% 的上限。前一种用 64 岁为劳动年龄上限计算得到的结果，把我国“人口红利期”延长了 5 年，低估了我国当前和未来人口老龄化不利影响的严重程度。

当然，随着人口预期寿命的延长，我国的法定的退休年龄和劳动年龄的上限将来也会相应提高，届时人口红利期也会延长，但是现在不按现行的法定的退休年龄和劳动年龄上限来判定我国当前是否处于“人口红利期”和预测“人口红利”机会之窗何时关闭的做法，其结果是不能如实反映实际情况的。

2. 单以总供养比的变化预测“人口红利期”是否科学，需要研究。以 64 岁为劳动年龄上限来计算现在和预测今后劳动年龄人口比重和总供养比，并以此为依据，预测“人口红利期”之窗何时关闭的做法，不考虑人口预期寿命延长，人口素质提高、劳动年龄上限的可变性、科学技术发展和劳动生产率提高等积极因素所作出的预测论断，是否科学和符合实际，需要进一步研究和论证。

3. 劳动年龄上限不能固定不变，“人口红利期”将随着劳动年龄上的提高而延长。确定劳动年龄范围的主要依据是人口资源状况、社会生产力发展对劳动力数量和质量的要求、人口预期寿命和科学教育发展水平。社会经济在发展，因此劳动年龄上限不能一成不变。随着社会生产力的发展，人口素质提高和预期寿命延长，相应提高劳动年龄上限，使劳动年龄人口比重保持在有利于社会经济可持续发展的水平上。如果我们逐步把劳动年龄上限提高到64年，“人口红利期”就能延长到2030年以后（见表1）。

表1　不同劳动年龄上限情况下我国人口年龄结构和总供养比（%）

	2000年	2015年	2030年	2050
0–14岁	24.0	18.9	15.9	15.4
15–59岁	65.6	66.0	60.0	53.3
60岁及以上	10.4	15.2	24.1	31.3
总供养比	52.4	51.6	66.6	87.6
0–14岁	24.0	18.9	15.9	15.4
15–64岁	68.8	71.5	67.8	61.4
65岁及以上	7.2	9.7	16.3	23.2
总供养比	45.4	42.8	47.4	63.9

资料来源：杜鹏主编《人口老龄化与老龄问题》，中国人口出版社，2006年

动态人口红利理论是社会可持续发展理论的应有之义。社会可持续发展理论是在1987年联合国下属国际环境和发展委员会向联合国提交的一份名叫《我们的共同纲领》的报告中提出来的。

可持续发展是“既满足当代人的需要，又不危及后代人满足基本需求的能力的发展”。这个定义有两个要点：发展是第一位的，不发展谈不上可持续，而且不发展也谈不上满足人的需求问题（包括老年人在内）。第二发展是有限度的，特别是不能危及后代人的发展，同时，保证地球资源和环境满足后代人发展需求的条件。

社会可持续发展的核心和本质是“人口问题”，人口问题是一切问题的基本出发点。1994 年，中国率先编制了《中国二十一世纪议程——人口与发展白皮书》强调：“制定和实施中国二十一世纪议程，走可持续发展之路，是中国在未来和下一世纪发展的自身需要和必然选择”；“为此，将努力实行计划生育，控制人口数量，提高人口素质和改善人口结构，坚持优生优育”。1994 年，首届全国社会发展工作会议明确提出，社会发展要以实现人的全面发展为中心，并把实行计划生育、控制人口增长、提高人口素质放在社会发展的首要位置。2013 年党的十八届三中全会提出：“坚持以人为本，尊重人民主体地位，发挥群众首创精神，紧紧依靠人民推动改革，促进人的全面发展”。

人口问题要根据现存人口状况和社会经济发展水平，在解决人口老龄化问题时，把促进人口长期均衡发展和防止人口过度老龄化统筹加以考虑。这就要求制定一个能控制人口合理增长，提高人口素质，优化人口年龄结构的综合方案。过分地控制人口增长，会带来人口的迅速老龄化，适当放宽生育政策又容易使人口增长失去控制。在总人口数量过分庞大和人口老龄化迅速发展的情况下，适时启动一方是独生子女的夫妇可生育两个的政策，逐步调整完善生育政策，促进人口长期均衡发展。均衡人口总量的增长，渡过人口老龄化的高峰，促适时的调整出生率，逐步使人口年龄结构趋于合理。只有这样，人口均衡才能实现，才能促进经济、社会的可持续发展。

三、以经济发展新常态为契机，释放动态人口红利

现代西方经济学普遍采用国内生产总值或国民生产总值表示经济产量，保罗·萨缪尔森在其教科书《经济学》中，将经济增长定义为“用现代的说法就是指，一个国家潜在的国民产量，或者，潜在实际 GNP 的扩展。把经济增长看作是生产可能性边缘随着时间向外推移”。该定义用总产量的增长表示经济增长的同时，强调了经济增长是生产能力的扩大。西蒙·库兹涅茨也认为：“一国的经济增长可定义为对国民提供日益增长的不同经济商品的能力的长期增长，这种增长的能力以技术进步及所要求的制度和意识形态的调整为基础”。这一表述在重视技术进步和制度变迁等因素对经济增长的作用的同时，仍然把经济增长看作是生产能力的增长。[1]因此，经济增长是指一个国家摆脱贫困落后状态，从粗放型增长到集约型增长方式的转变，从低级到高级的发展过程。经济发展不但意味着国民经济规模的扩大，而且意味着经济和社会劳动素质、生活质量的提高。但现实经济社会有关资料显示，我国劳动素质与发达国家相比还存在较大差距。在 1990 年时 15 岁以上美国公民受大学教育人口所占比例为 43.1%，到

[1] 陈华峰.劳动力素质对中国经济增长的影响[D].武汉：中南民族大学硕士学位论文,2013-05-10.

2010 年 15 岁以上人口大学以上人口教育比例为 51.8%；韩国在 1990 年时 15 岁以上公民受大学教育比例为 18.8%，到 2010 年为 40.1%，增长了 21.3 个百分点。而中国在 1990 年 15 岁以上公民教育程度比例为 1.9%，在 2010 年比例为 9%，表明 15 岁以上公民受我国高等教育的比例还比较低，美国在 1950 年时 15 岁以上人口受大学教育比例为 13.1%，韩国在 1980 年 15 岁以上人口受大学教育比例为 9.1%，我国 15 岁以上人口受高等教育比例仅相当于韩国 1980 年水平。[1] 这表明中国高等教育历史欠账太多，短时间难以补齐专业知识与专门技能人才，高层次人才匮乏，难以跻身国际前沿。虽然我国经济增长 GDP 的硬指标 2013 年为国际上的第二位，但是软实力与发达国家相比还有很大差距。习近平总书记提出“新常态”为我国提高“软实力”提供了难得的机遇。

习近平总书记 2014 年 5 月上旬在河南考察时指出：“我国发展仍处于重要战略机遇期，我们要增强信心，从当前我国经济发展的阶段性特征出发，适宜新常态，保持战略上的平常心态。在战术上要高度重视和防范各种风险，早作谋划，未雨绸缪，及时采取应对措施，尽可能减少其负面影响”。[2] 这里提及的新常态，就是指经济持续健康发展，坚持稳中求进工作基调，稳增长、促发展、调结构、惠民生、防风险，寻找发展平衡点，选准改革突破口，牢牢把握主动权。具体新常态的“新”，意味着不

[1] 陈华峰.劳动力素质对中国经济增长的影响 [D].武汉：中南民族大学硕士学位论文,2013-05-49.

[2] 习近平在河南考察时强调,深化改革发挥优势创新思路统筹兼顾,确保经济持续健康发展社会和谐稳定 [N].人民日报,2014-5-11(1).

同以往经济增长方式、社会治理体制滞后、公共服务徘徊不前的困境；新常态的“常态”，意味着经济增长速度适宜、社会结构优化、社会公共需求投入加大。告别过去我国社会体制进展缓慢，一些地方政府片面追求短期 GDP 快速增长，社会体制落后于经济发展的局面。未来 5—10 年是我国社会转型十分重要的历史时期，能否实现平稳转型在很大程度上取决于对社会问题的估计以及相关改革决策的选择。目前中国社会结构落后于经济结构大约 15 年，这是产生当前诸多社会矛盾问题的重要原因。[1] 人口老龄化带来一系列社会问题也不例外，老年人社会问题在社会保障制度、养老服务业和参与社会发展需求等方面存在一定差距，难以满足老年人多样化、多层次、多方面养老服务的需求期待。

我们从 1982 年维也纳老龄问题世界大会召开前后，开始重视人口老龄化的问题。人口老龄化，不仅是人口年龄结构的转变，而且同经济社会发展具有相关联。经研究表明，人口平均预期寿命同经济社会发展具有相关性，也就是说，经济社会发展促进人口平均预期寿命，没有经济社会发展就很难有人口寿命延长，没有长寿就很难有人口平均预期寿命增长，健康长寿有利于经济发展。据有关资料，1990 年人均国内生产总值 1634 元 / 人，而到 2000 年人均国内生产总值 8902 元 / 人，人均国内生产总值增长幅度大大超过老年人口增长幅度。十年来经济发展取得了重大成就。2000 年，我国国民产值突破 8.9 万亿，超过一万亿美元，在世界国民经济生产总值排列上升到第 6 位，人均国民产值 7026

[1] 张占斌.改革红利在释放[M].北京：生活 · 读书 · 新知三联书店，2014：77.

元人民币，约合850美元。[1]2005年我国国民生产总值超过英国和法国成为世界第四大经济体。2006年人均国民生产总值达到2010美元。根据世界银行划分，当年“我国已经由低收入国家步入了中等收入国家行列”。2008年我国超过德国成为世界第三大经济体。2012年我国国民生产总值已达82000亿美元，人均国民生产总值已接近6000美元。[2]而我国的人口平均预期寿命由1949年的35岁延长到1999年的70岁，50年人口平均预期寿命增加了35岁。从改革开放初期开始统计，1982年人口平均预期寿命为67.77岁，1990年人口平均预期寿命为68.55岁，2000年为71.40岁，2010年为74.83岁，短短28年时间增长了7.06岁。人口预期寿命将不断增长，据预测，到2050年，我国人口预期寿命为77.15岁。人口预期寿命不断延长，随之有一大批离退休的老年人才却被闲置下来，年龄结构失衡。截至2001年，中国享有政府特殊津贴的专家共有14.3万人，但近11万人已到退休年龄，真正还能有所贡献的也就3万人。[3]退休年龄专家占全部专家的76.9%，退休年龄专家参与社会发展仅占20.9%，也就是说，七成以上退休年龄专家在家闲着，这不能不说是社会政策对老年人歧视，从而造成知识、人才的浪费。

新常态下，发挥老年人力资源优势。面对人口平均预期寿命延长新常态，我们应抓机遇，在机遇中积极应对人口老龄化问题。

---

[1] 了不起的一万亿[N].人民日报，2001-1-3(5).

[2] 国家统计局2012年国民经济和社会发展统计公报[N].人民日报，2013-2-22.

[3] 国家发展和改革委员会编，张平主编.“十二五”规划战略研究(下)[M].北京：人民出版社，2010：1004.

2014 年 12 月 11 日中央经济工作会议提出经济新常态的九大特征，其中："从生产要素相对优势看，过去劳动力成本低是最大优势，引进技术和管理就能迅速变成生产力，现在人口老龄化日益发展，农业富余劳动力减少，要素的规模驱动力减弱，经济增长将更多依靠人力资本质量和技术进步，必须让创新成为驱动发展新引擎"。人力资本和科技成为创新驱动新动力。人力资本是一个整体。既包括人力资源，也包括人才资本，它包括劳动力人口，也包括老年人口，不过劳动力人口是显现的，而老年人口潜在的。开发人才资源，一方面是要努力提高全民族的文化、技术素质，培养和造就工业化、信息化、城镇化、农业现代化同步发展的各种行业、各种层次的人才；另一方面是要充分发挥现有人才，包括老年人才的潜在智能，使之在社会经济发展中发挥更大的作用，从经济角度看，开发老年人才资本是降低人才投资成本，提高人才投资效益的需要；从社会角度看，开发老年人才资本是为了更好地拓展人才的体力、智力、技术的能动性，最终达到以人为本，人的全面发展的目标。

新常态下，充分发挥社会保障再分配调节潜力、知识经济潜力、社会政策潜力、延长劳动力退休年龄潜力、老年人参与社会潜力等，让这些潜力源源不断地开发出来，用"改革红利"赢得"动态人口红利"、"人才红利"的新机遇。

1、建立更加公平可持续的社会保障制度。在我国进入全面建成小康社会时期，党的十八届三中全会报告中指出："建立更加公平可持续的社会保障制度"。社会保障作为一种普惠制度安排和面向全民的公共产品，社会成员，不分城乡、阶层、职业、收入、宗教信仰，都平等地享有社会公平发展权利。政府职能转变就是促进社会公平，社会保障制度作为政府职责，在建立和完善老年社会保障中具有立法和行政的职能，是其它社会群体所不可替代的。

由于我国是一个发展中国家，总人口和老年人口均为世界之"最"，又缺乏实施社会保障的经验，从这样一个实际出发，实行"公平可持续"社会保障方针是正确的。在社会养老保险方面我们实施的公平的方针就是"社会化、全覆盖"，可持续就是"保基本、以人为核心"。把"公平可持续"作为我国社会保障制度顶层设计的指导思想，无疑是对的。因为它反映了我国经济发展的状况，社会发展的状况以及人口发展状况是符合实际的、实事求是的。只有做到"公平"，才能实现"持续健康发展"，才能将更多人群纳入到养老保险框架内，使保障制度体现最大限度的社会全覆盖，并通过保基本做到可持续，这是我国社会保障制度活力所在。

"可持续"作为以人为核心的社会保障制度顶层设计的指导思想，是"既满足当代人的需要，又不危及后代人满足其需求的能力的发展"。这个定义有两个要点：发展是第一位的，不发展谈不上可持续，而且不发展也谈不上满足人的需求问题（包括老年人在内）。第二是发展是有限度的，特别是不能危及后代人的发展与后代人的社会财富积累。在积累社会财富的同时，还应认识到，建立社会养老保障制度是代际之间社会再分配的调节机制，政府制定社会财富再分配的"调节阀"、"稳定器"的社会保障制度，是政府一项长期工作，没有"终极模式"和"最优模式"。首先，我们都应把当前社会保障制度看作是适宜的。也就是说，这些现行保障制度是按照当前经济发展水平和人口老龄化实际情况做出的。根据发达国家保障制度发展的历程，我们不可能一切准备好再迎接人口老龄化，边准备、边完善是社会保障制度发展的客观规律。同时，随时要根据实际情况进行微调，把它变为政府经常性、长期性的工作。

2、知识经济投入，社会生产效益“收益递增”。知识将带来更加有效的社会生产方式变革，从而减少经济发展对原材料和人的依赖。正如20世纪中期农业的转型，当更好的机器提高了生产率，就减少了对农民的需求量一样，随着工人生产率的明显提高，对劳动力数量上的需求也就变小了。因为有了日益完善的信息系统来决定创新的要求，创新周期大大缩短了。同样，更短的创新周期使得生产对时间、空间和资源的需求也日益减少。[1]知识经济作为一种崭新的经济形态正在我国悄然兴起，预示着在知识经济的模式中改变过去经济发展模式。习近平总书记反复强调，“要全面认识持续健康发展和生产总值增长的关系”，“不要简单以国内生产总值增长率论英雄”。[2]知识经济作为经济发展新模式，物质生产劳动不再是对“物”进行工作，而是人作用于信息和信息作用于人。事实上，在工业经济以物质为基础，主要的生产要素是能源、原材料以及劳动力等。因为物质是稀缺的，所以遵循“稀缺原理”，做到以最小的投入得到最大的产出，经济增长服从“增长函数”。知识经济以知识为基础，知识成为

[1] 王勇.知识经济对策：运作与案例[M].北京：中国城市出版社，1998：512.

[2] 中共中央宣传部.习近平总书记系列重要讲话读本[M].北京：学习出版社、人民出版社，2014：58.

经济增长的核心。而知识是相对丰富和可以共享的。[1] 同时，知识经济投入，会造成“收益递增”，并保持物质生产劳动的“持续性”。知识经济也包括信息生产力正在成为带动经济社会发展的源泉。信息生产力是由信息劳动者、信息技术、互联网络、适应生产和生活需要的信息资源形成的新型社会化的生产能力。通过资本、劳动和信息化三种要素投入 1% 对 GDP 的增长，我们可以看出，资本投入量增长 1%，将使 GDP 增长 0.725%；劳动投入增长 1%，将使 GDP 增长 0.253%；信息化投入增长 1%，将使 GDP 增长 1.139%。三种要素中，信息化投入对经济增长的贡献率最大，是资本投入贡献率的 1.6 倍，劳动投入的 4.5 倍。[2] 与工业化带动生产力进步相比，信息生产力具有更优的技术基础，更能满足人们的现实需求，更能符合人类社会发展进步。同样，信息生产力发展也会改变养老服务业，养老服务业不仅简单表现在服务效率提高，而且在养老服务业信息共享的更大前提下，实现养老资源和社会效益的提高。信息生产力从而改变政策制定、市场资源配置、组织机构、养老服务业、智能化养老、家庭健康管理、老人居家养老助老生活将成为经济活动中，最活跃、最经济、最便捷组织形态，知识经济代表着未来经济发展的走向。英国的温斯顿·丘吉尔曾经说过一句这样预见性的话：“未来的帝国是头脑的帝国。”今天知识经济这句话已经成为事实。

3、社会政策的产生，以老年人口同总人口共融、共建、共

[1] 陶德言.知识经济浪潮[M].北京：中国城市出版社，1998：16.

[2] 李世东.人类正迈入“六个第一”的信息时代[N].学习时报，2014-9-29.

享为原则。由于我们老年人口与总人口都十分庞大，大约都占到世界总人口和老年人口的五分之一。因此，解决老年人口的问题，不能不受总人口状况的制约和影响。在总人口中，少儿人口、劳动年龄人口与老年人口之间关系，归根到底是一种经济关系，是群体间的一种资源分配关系。在经济总量不变的情况下，如何合理布局三者之间的比例关系，涉及到少儿人口能否健康成长，为国家输送高素质的后备劳动力资源；涉及到老年人能否享有最基本保障和改善自身的生活质量。正因为总人口是由不同年龄群体构成的统一体，老年人口问题的解决，必须同总人口统筹兼顾。

在工业化的进程中，老年人口的各种需求容易被社会所忽视，是容易成为被遗忘的人群。老年人是脆弱的群体，在处理老年人口与总人口关系中，在社会政策上给予必要倾斜也是应该的。按照代际交换的经济理念，“老有所终、壮有所用、幼有所长，鳏寡孤独废疾者，皆有所养”，与“老吾老，以及人之老”的大同思想，以及“老者安之、朋友信之、少者怀之”的伦理道德观，国家、社会和家庭健全保障老年人合法权益的各项制度，保障老年人生存、生活、健康、宜居以及参与社会发展的条件，理所当然为他们提供生存和生活的经济供养、生活上照顾、心理上慰藉和老年人的特殊需要。

根据人口中各群体之间的关系，在1999年国际老年人中，联合国提出要“建立不分年龄人人共享的社会”，使老年人口要同各年龄组人口一样，生活也能得到改善，享受社会发展的成果，不断提高老年人的生活质量。这也是为了更好地维护这一群体的利益。所以，对老年人利益给予特殊关注是十分必要的。

在总人口和老年人口数量都十分庞大的情况下，社会资源供给总量不可能增加的情况下，解决老年人口问题，特别要注意有限资源的合理流动，做到以最少的投入，取得最大的实效，尽量减少有限资源的浪费，或使用不合理造成资金的积压，这是在对策工作中值得注意的最重要指导思想。例如，在社会福利设施建设中，在处理硬件建设与软件建设上，我们应当更好地重视软件的建设。在硬件建设中，也要注意少花钱、多办事。在建设集中的院舍养老设施时，不一定都要采取新建的办法，可以利用现有老年人住房改造，提高内部设施的水平，社区内提供上门有偿或低偿的服务，有条件的社区，发展居家养老和智能化养老服务，有老年饭桌、日间护理、家庭病房、托老服务中心等，这种根植于社区的集中养老设施，可以就近就地的解决老年人养老问题，使老年人足不出屋享受帮助，老年人与社区不脱离，享受居家养老服务的便利服务，更受老年人的欢迎。在软件建设上，我们应当更多地注意养老服务信息采集，尤其是老年人特殊群体（鳏、寡、孤、独、病、残、失能、半失能、失智、高龄、空巢老人等）建立动态信息管理机制，造册登记，分类管理；注重心理慰藉，配备心理社会工作者，老年人法律维权志愿者，为老年人服务，使各项社会福利服务做到方便、优质、低廉。

4、释放我国的“改革红利”，关注劳动力人口和老年人口均衡，促进可持续发展战略策略。据统计，我国老年抚养比近年来上升速度较快。2012 年已达 12.7%，比十年前 2000 年老年抚养比 9.9%，提高了 2.8 个百分点；同时，少儿抚养比下降速度较快，从2012年为22.2%，比2000年少儿抚养比32.6%，十年来下降了10.4个百分点，在同时期，这个速度与国际上其他国家的老年抚养比和少儿抚养比速度相比是非常快的。老年抚养比的上升和少儿抚养比下降，“一上一下”形成抚养比“剪刀差”，影响着总抚养比不断下降，从2000年的42.6%降到2012年的34.9%，下降了7.7%。[1]未来我国劳动力后备力量，令人担忧！用“动态人口红利”减少对未来劳动力的影响，应积极应对，研究制定渐进式延迟退休机制，当下的我国应从“静态人口”转变为“动态人口”，进而上升“人才红利”。

释放我国的“动态人口红利”，关注劳动力人口和老年人口均衡，促进可持续发展战略策略。现在老年人口数量取决于20世纪后半叶的人口出生状况。据统计，我国在1962年至1975年间，每年出生人口都超过了2000万，其中有10年每年出生人口竟在2500万以上。由于受这个长达14年的出生高峰期的影响，预计2021年至2034年间我国将会出现一个进入老龄人口的高峰期。同时，我国在1985年至1997年间，每年出生人口也都超过了2000万，其中1987年出生人口达到2529万。受这个长达13年的出生高峰的影响，预计在2044年至2056年间我国还将会出现一个进入老龄人口的高峰期。[2]因此，从2000年至2050年左右，老年人口的高峰期将出现两次。但从国际上看老年抚养比，在2025年会到20.9%，将迅速地超过15.9%的世界平均水平和12.8%的欠发达

[1] 中华人民共和国国家统计局.2013年中国统计年鉴[M].北京：中国统计出版社，2013：97.

[2] 21世纪上半叶中国老龄问题对策研究[M].北京：华龄出版社，2000：441.

国家平均水平，但仍将低于33.5%的发达国家水平。此后我国老年抚养比将会快速升高。到2050年将达到44.8%，仍然低于发达国家的平均水平，但已超过美国34.7%的水平。即使如此，我国劳动力年龄人口的总数在今后的50年中仍然是世界上最多的国家之一（但到2030年左右，印度的劳动力将超过我国，到2050年将比我国多1.5亿左右）。在这50年间我国劳动力年龄人口的总数相当于整个发达国家劳动力年龄总和。[1]

根据国际经验，对我们这样一个大国，情况复杂。在党的十八届三中全会《决定》提出："研究制定渐进式延迟退休年龄政策"，这里提出"渐进式"延长退休年龄政策是符合我国国情的，是完全正确的。从近期看，我国劳动人力资源充足，据2010年5月中国人口与发展研究中心课题组发布的《中国劳动力变动趋势及判断》研究报告，我国仍然有25年"人口红利"期。预计到2050年，我国15—59岁、15—64岁劳动年龄人口仍然将分别达7.68亿和8.76亿，如果国家逐步延迟退休年龄制度为65岁退休，也就是说到2030年劳动年龄人口还维持在8亿左右，短期内不会发生某些发达国家那样的劳动力短缺问题。我们采取渐进式延长退休年龄的政策，可以拉长我国劳动力供应链，要达到发达国家目前实行的退休年龄，我们时间还比较充足，能够保持在本世纪内，劳动力长期有效的供给，渐进式延长退休年龄政策，可使我国经济长期平稳发展，应对老年人口大国的人口老龄化挑

[1] 唐韬.中国人口老龄化与养老保障[J].湖北经济学院学报(人文社会科学报)，2012：8.

战。所以，对未来我国人口老龄化带来的问题，不必忧心忡忡。

第三节　动态人口红利理论的指导作用

一、动态人口红利创新老年经济学

人口老龄化是人口发展过程的客观必然结果，它取决于社会经济的发展。同时，人口老龄化又反过来对社会经济发展产生影响，引起就业、劳动年龄人口比重、劳动力资源、赡养比，社会福利开支等方面的变化，这些变化直接影响社会经济的发展。动态人口红利是人口老龄化过程中的积极因素。对此，是在一个历史发展过程的。

1929–1933 年，第一次世界性的经济大萧条，造成西方世界数以百万计的工人失业，老年人首当其冲，银行倒闭，很多人的养老储蓄化为乌有，老年人的生活失去保障。第二次世界大战后，资本主义世界的经济危机周期发生，资本家用解雇老年工人或促其提前退休的办法，解决年龄工人的失业问题。于是，老年人成为承担经济萧条掷要的替罪羊，经济生产愈加恶化。与此同时，老年人口人数增多和比重增大，人口老龄化成为发达国家共同的棘手问题，把老龄化视为灾难性的“灰色浪潮”。凡此种种，促使人们逐渐认识到老年人的经济保障问题，需要通过由国家和社会所采取的集体行动来解决。于是，1935 年美国制定了以老年人的经济保障为主体的《社会保障法案》，1941 年日本颁布了《劳动者年金保护法》。紧接着，英国和瑞典相继制定了“从摇篮到坟墓”的福利政策，法国和西德也在原有的基础上补充完善了老年福利政策，退休制度在工业发达国家普遍建立，而且受到了国际劳工组织和联合国的重视。

在政府采取措施的同时，各国学术界也加强了对老年经济问题的研究，推出了从经济、政治、人口和心理学等方面研究老龄问题的“社会老年学”。“社会老年学”于1943年首先由斯泰格利慈提，后来为克拉克·蒂比茨所发展，其重点是研究老年人与社会之间的相互关系，从社会价值观的角度探讨老龄问题。1945年美国建立了以研究老龄社会经济问题为主要任务的美国老年学学会，美国社会学家劳伦斯·弗兰克在该学会机关刊物《老年学杂志》的创刊号上著文指出：“老龄问题主要是社会科学上的一个问题”。1950年美国召开第一届老龄问题全国协议，对老年人的社会经济问题进行了讨论。同年12月3日国际老年学协会在比利时的列日成立，成立大会公报宣称：“有鉴于老年人口日增，研究对老年人有重大影响的社会经济因素实属必要，同时，所有老年问题研究的结论，应立即提供有关政府机构参考，以期付诸执行而增进老年人福利。”协会的这一呼吁得到了各国政府和学术界的响应，促进了对老年学研究，从自然科学领域向社会科学领域，特别是经济学领域的扩展，接着，丹麦、墨西哥、英国、苏联、罗马尼亚、日本和以色列相继建立了全国性的老年研究机构，老年经济问题纳入研究课题。1960年由克拉克·蒂比茨（曾任三届总统老龄问题顾问，号称美国老龄问题之父，主编的《老年学手册：社会经济诸方面》一书问世，一批老年经济学的著作，如詹姆斯·舒尔茨的《老年经济学》、罗伯特·克拉克的《个人与人口老龄化经济学》、M·莫里森主编的《老年经济学：

退休前景》、L·科特里柯夫的《美国经济中的养老金》以及B·赫佐格主编的《人口老龄化与收入》等等相继出版，为老年经济的发展与充实提供了理论与实践的参考依据。

动态人口红利理论研究的目的在于，从理论上探讨人口老龄化的宏观经济影响，从事实上观察和分析人口老龄化的历程与趋势，制定措施，迎接老龄化加重的挑战。开展老年经济学的研究还可以使我们树立正确的老年价值观，肯定老年人口在社会经济发展中的作用和充分利用老年人人力资源的重要性，为“老有所为”和“老有所用”创造条件。

动态人口红利理论在微观方面，研究个人在老化过程中经济收入数量与来源的变化、如何在经济上为退休做准备、经济地位与角色的变化以及如何实现“老有所养”和“老有所为”；在宏观方面，研究人口老龄化对生产能力、投资行为、储蓄、消费的影响，以及退休金政策，退休金的工资取代率、退休金基金的筹措、退休金的管理与使用及其在资本投资中所占比例等。

一般的说，人口老龄化会导致劳动力资源量减少，劳动资源率下降，对老年人的赡养比上升，国家为老年人的医疗与福利开支加大，以及投资减少和储蓄下降。老年经济学的任务之一是从经济学的角度出发，研究减缓人口老龄化的消极影响，根据我国的特点，充分利用老年人口的人力资源，促进“老有所为”，不失为迎接老龄化挑战的重要措施之一。

由此，动态人口红利理论应运而生。动态人口红利就是在积极应对人口老龄化发展，发挥老有所为的基础上提出的。在动态人口红利的条件下，老龄化对宏观经济具有积极推动作用。

二、社会生产方式决定人口老龄化问题的解决

人口老龄化是指人口自身发展的一种状态，是一个动态的变化结构。在人口老龄结构变动的过程中，少儿人口占总人口比例下降，老年人口占总人口比例上升，作为人口群体的中位数不断提高的一个动态过程，既是人口出生率、死亡率和迁移的结果，又是人口转变过程中，或者早或者迟时间概念的人口现象。

社会生产方式决定着人口老龄化增长，人口老龄化进程不以人们主观意志为转移，受它制约的社会发展有规律性的客观过程。它对人口老龄化进程起决定作用，可从两个方面进行分析。

首先，人口老龄化经济发展趋向协调。1982 年，开始认识老龄问题。当时我国人口年龄结构已进入成年型，正向老年型过渡。当年人均国民产值只有 525 元人民币，不足 100 美元。1990 年，我国人均国民产值 1634 元人民币，十年间虽然增长二倍多，但以美元计算，不足 200 美元，从当时实际出发，我们只能说，我国人口老龄化是在经济不发达的情况下到来的。这个结论在当时看来是正确的，实事求是的。改革开放，使国民经济得到前所未有的发展，重新修正原有认识已经提到我们面前。

人口年龄结构变化趋势，1990 年 65 岁及以上人口占总人口的 5.50%，2000 年上升到 7.03%；1990 年人均国民生产总值 1634 元／人，而到 2000 年人均国民生产总值 8902 元／人，人均国内生产总值增长幅度大大超过老年人口增长幅度。十年来经济发展取得了重大成就。2000 年，我国国民产值突破 8.9 万亿，超过一万亿美元，在世界国民经济生产总值排列上升到第 6 位，人均

国民产值 7026 元人民币，约合 850 美元。[1] 在陈可冀院士主持中国科学院《人口老龄化若干问题与对策》课题中，对于上世纪基调做了修正，提出了“从本世纪开始，我国人口老龄化将于经济同步发展。经济的发展为人口老龄化带来问题的解决奠定了物质基础”，[2] 这个提法反映了我国人口老龄化所处经济和社会背景已经发生了变化（见表 2）。

表 2　中国若干年份老年人口和人均国内生产总值

年份	总人口（万人）	65 岁及以上人口（万人）	65 岁及以上人口占（%）	人均国内生产总值（元 / 人）
1982	101654	4927	4.84	525
1990	114333	6299	5.50	1634
2000	126583	8902	7.30	7026
2005	130756	10045	7.61	13944
2010	133972	11883	8.86	30015

资料来源：根据历年国家统计局年度统计公报整理

本世纪开始，我国人口老龄化所面临的经济形势发生巨大变化。在《人民日报》2007 年 9 月 18 日第一版上发表的《中国经济五年实现大发展、大跨越》一文讲到：2005 年我国国民生产总值超过英国和法国成为世界第四大经济体。2006 年人均国民生产总值达到 2010 美元。根据世界银行划分，当年“我国已经由低收入国家步入了中等收入国家行列”。2008 年我国超过德国成为

[1] 了不起的一万亿[N].人民日报,2001-1-3(5).

[2] 陈可冀.人口老龄化若干问题与对策[M].北京：中国协和大学出版社,2002：47.

世界第三大经济体。2012年我国国民生产总值已达82000亿美元，人均国民生产总值已接近6000美元。[1]

其次，劳动年龄人口素质提高，填补了人口老龄化带来的劳动力不足缺陷，地区生产值逐年增加。根据2010年人口普查统计资料，推算出一部分我国先期人口年龄结构进入老年型的北京市、天津市、上海市、江苏市、浙江省等地，随着老年人口不断积累，选择老年人口抚养比大于少年儿童抚养比的地区，统计数字表明，2010年60岁及以上人口比重均在12%以上的北京市、天津市、上海市、江苏市、浙江省，不因老年人口递增，人口年龄结构变化，影响地区经济社会发展进程。其中，北京市老年人口占12.54%，老年人口抚养比15.90%，总抚养比26.81%，劳动力老化系数37.04；[2]天津市老年人口占13.02%，老年人口抚养比16.87%，总抚养比29.56%，劳动力老化系数43.23%；上海市老年人口占15.07%，老年人口抚养比19.75%，总抚养比31.03%，劳动力老化系数43.52%；江苏省老年人口占15.98%，老年人口抚养比22.51%，总抚养比40.83%，劳动力老化系数43.36%；浙江省老年人口占13.88%，老年人口抚养比19.04%，总抚养比37.16%，劳动力老化系数41.12%。

在2010年五省市的老年人口占比例最高是江苏省、上海市总抚养比超过40%，最少是北京市。劳动力老化系数也相应增加，

---

[1] 国家统计局2012年国民经济和社会发展统计公报。

[2] 劳动力老化系数是指45–59岁人口在15–44岁人口中所占的百分比。45–59岁人口在15–44岁人口中所占的比例越大，劳动力老化程度越高，反之，劳动力老化程度降低。

天津市、上海市、江苏省、浙江省均超过40%。但从历年来地区国内生产总值显示，并没有因劳动力的老化，而影响地区国内生产总值增加，反而逐年递增。以北京为例，2000–2010年老年人口年均增长率3.7%，地区生产总值年均增长率18.9%，北京市地区生产总值年均增长率远远超过老年人口年均增长率。又以上海市为例，2000–2010年老年人口年均增长率3.5%，地区生产总值年均增长率14.2%，上海市地区生产总值年均增长率远远超过老年人口年均增长率（见表2）。

表2　五省市若干年份老年人口数和地区国内生产总值

（单位：亿元）

地区	2000年老年人口数（万人）	2010年老年人口数（万人）	1990年地区生产总值	2000年地区生产总值	2010年地区生产总值	2012年地区生产总值	2010年平均受教年限
北京	170	246	500.72	2478.76	14113.58	17879.40	11.71
天津	118	168	310.95	1639.36	9224.46	12893.88	10.38
上海	245	346	744.67	4551.15	17165.98	20181.72	10.73
江苏	922	1257	1315.82	8582.73	41425.48	54058.22	9.32
浙江	566	755	836.89	6036.34	27722.31	34665.33	8.79

资料来源：根据《1992年中国统计年鉴》、《2002年中国统计年鉴》、《2013年中国统计年鉴》、2010年第六次全国人口普查数据整理。

知识经济时代的到来，改变经济发展模式。经济发展模式的转变，知识阶层成为社会主体，也改变了劳动力人口年龄结构。

知识经济时代则是制造业和服务业逐步一体化，而且服务业将占越来越重要的地位，特别是提供知识和信息服务将成为社会的主流，以至“数字经济”、“网络经济”、“虚拟经济”成为知识经济的新特点。[1] 2010第六次人口普查统计表明，我国经济发达地区北京、天津、上海、江苏省、浙江省等，平均受教育年限，北京11.71，上海10.73，天津10.38，江苏9.32，浙江省8.79。劳动力受教育年限增长，为劳动产品带来更多附加值。我们计算出的1980–1997年期间京津沪人才投入增长在GDP增长中所占的份额如下：天津市人才为30.63%、上海市为26.06%、北京市人才的贡献份额为21.13%[2]。在这段时间，正是京津沪先期进入人口老龄化的阶段，老年人口逐步增加，但是，知识经济加快相关产业升级和换代，知识经济不因地区人口老龄化压力，而引发劳动力资源的短缺，而是带来地区生产总值的倒退，相反，劳动年龄人口受教育程度提高，人力资本的增长，代替了体力劳动，劳动力的知识、能力、技术水平提高，经济仍然健康持续地发展。统计表明，2012年北京第三产业对地区生产总值贡献率占76.5%，天津占46.9%，上海60.4%，江苏省占43.5%，浙江省占45.2%[3]；地区生产总值产业结构分配模式的转变，让第三产业将成为地区经济中重要的资源，知识将成为国家经济中最重要的资源。知识将带来更加有效的工艺，从而减少经济发展对原材料

[1]　陶德言，知识经济浪潮[M].北京：中国城市出版社，1998：14.

[2]　李建民，王金营.人才资源在经济增长中作用研究——来自京津沪三城市的实证结果[J].人口与经济，1999（5）.

[3]　2013年中国统计年鉴[M].北京：中国统计出版社，2013：58.

的依赖。正如20世纪中期农业的转型，当更好的机器提高了生产率，就减少了对农民的需求量一样，随着工人生产率的明显提高，对劳动力数量上的需求也就变小了。因为有了日益完善的信息系统来决定创新的要求，创新周期大大缩短了。同样，更短的创新周期使得生产对时间、空间和资源的需求也日益减少。[1]

知识经济作为一种崭新的经济形态正在我国悄然兴起，预示着在知识经济的模式中改变过去经济发展模式。习近平总书记反复强调，“要全面认识持续健康发展和生产总值增长的关系”，“不要简单以国内生产总值增长率论英雄”。[2]知识经济作为经济发展新模式，物质生产劳动不再是对“物”进行工作，而是人作用于信息和信息作用于人。事实上，在工业经济以物质为基础，主要的生产要素是能源、原材料以及劳动力等。因为物质是稀缺的，所以遵循“稀缺原理”，做到以最小的投入得到最大的产出，经济增长服从“增长函数”。知识经济以知识为基础，知识成为经济增长的核心。而知识是相对丰富和可以共享的。同时，知识经济投入，会造成“收益递增”，并保持物质生产劳动的“持续性”。知识经济从而改变政策制定、市场资源配置、组织机构、养老服务业、智能化养老、家庭健康管理、老人居家养老助老生活将成为经济活动中，最具活动的正式或非正式组织形态，知识经济代表着未来经济发展的走向，英国的温斯顿·丘吉尔经曾说过一句这样预见性的话：“未来的帝国是头脑的帝国”。今天知

[1] 王勇.知识经济对策：运作与案例[M].北京：中国城市出版社，1998：512.

[2] 中共中央宣传部.习近平总书记系列重要讲话读本[M].北京：学习出版社、人民出版社，2014：58.

识经济这句话已经成为事实。

三、用动态人口红利理论指导劳动力均衡发展

我国人口老龄化具有速度快、来势猛、与经济发展不同步的特点。人口迅速老化必然带来对老年人的赡养系数上升、国家用于老年人的支出加大和一段时期后也将出现的劳动力不足。缓解这些不利影响的根本出路在于发展经济，而开发利用老年人力资源则是协调人口老龄化与经济发展的一项重要措施。

据统计，我国老年抚养比近年来上升速度较快。2012 年已达 12.7%，比十年前 2000 年老年抚养比 9.9%，提高了 2.8 个百分点；同时，少儿抚养比下降速度较快，从 2012 年为 22.2%，比 2000 年少儿抚养比 32.6%，十年来下降了 10.4 个百分点，在同时期，这个速度与国际上其他国家的老年抚养比和少儿抚养比速度相比是非常快的。老年抚养比的上升和少儿抚养比下降，形成抚养比“剪刀差”，影响着总抚养比不断下降，从 2000 年 42.6%，降到 2012 年 34.9%，下降了 7.7%。[1] 未来我国劳动力后备力量，令人担忧！用“动态人口红利”减少对未来劳动力的影响，应未雨绸缪，研究制定渐进式延迟退休机制，当下的我国应从“静态人口红利”转变为“动态人口红利”，进而上升为“人才红利”。

释放我国的“动态人口红利”是当务之急，是人口均衡，促进可持续发展战略策略。现在老龄人口数量取决于 20 世纪后半

---

[1] 中华人民共和国国家统计局.2013年中国统计年鉴［M］.北京：中国统计出版社，2013：97.

叶的人口出生状况。据统计，我国在1962年至1975年间，每年出生人口都超过了2000万，其中有10年每年出生人口竟在2500万以上。由于受这个长达14年的出生高峰的影响，预计2021年至2034年间我国将会出现一个进入老龄人口的高峰期。同时，我国1985年至1997年间，每年出生人口也都超过了2000万，其中1987年出生人口达到2529万。受这个长达13年的出生高峰的影响，预计在2044年至2056年间我国还将会出现一个进入老龄人口的高峰期。[1]因此，从2000年至2050年左右，老龄人口的高峰期将出现两次。但从国际上看老年抚养比，在2025年会到20.9%，将迅速地超过15.9%的世界平均水平和12.8%的欠发达国家平均水平，但仍将低于33.5%的发达国家水平。此后我国老年抚养比将会快速升高。到2050年将达到44.8%，仍然低于发达国家的平均水平，但已超过美国34.7%的水平。即使如此，我国劳动力年龄人口的总数在今后的50年中仍然是世界上最多的国家之一（但到2030年左右，印度的劳动力将超过我国，到2050年将比我国多1.5亿左右）。在这50年间我国劳动力年龄人口的总数相当于整个发达国家劳动力年龄总和。[2]

发展生产必须具备物的要素和人的要素，作为劳动力的人在发展生产中处于主导地位，起能动作用。马克思在《政治经济学批判导师言》里强调，人口是“全部社会生产行为的基础和主体”。既然社会财富是人创造的，那么人口老化与经济发展之间的矛盾，

[1] 21世纪上半叶中国老龄问题对策研究[M].北京：华龄出版社，2000：441.

[2] 唐韬.中国人口老龄化与养老保障[J].湖北经济学院学报(人文社会科学报)，2012，8.

也得靠人来解决。人口老龄化给我们带来了不利影响，但与此同时也给我们带来缓解不利影响的有利因素，那就是人口平均寿命延长所带来的人的有效劳动生命延长。有效劳动生命的延长，意味着劳动力资源的增多和劳动成本的下降，两者皆为发展经济的重要条件。苏联人口学家 H · H · 麦奇科夫认为："延长寿命与保持劳动的力量应该是协调一致的。将来取得经济发展与人口之间协调的根本办法是延长老年人口有充分价值的经济和社会的积极性"。[1]

开发利用老年人力资源，对我国的重要意义在于变一部分消费人口为生产人口，这不仅可以减少国家的负担，还能为社会增创财富，使"生产者"增多，"食之者"减少。开发利用老年人力资源，实际上对国家来说是开源节流发展经济之大道。《世界银行 1985 年经济考察报告》在对我国的社会保障事业的概述中指出："到 21 世纪，（中国）老年人比重的增加将成为一个严重的社会问题……中国的经济前景取决于能否成功地调动和有效地使用一切资源，特别是人力资源"[2]。这里所说的人力资源，当然包括有劳动能力的老年人在内。

发达国家解决人口老化问题的措施有鼓励生育，引进国外年轻劳动力、削减老年福利待遇、提高税率和鼓励老年人推迟退休和退休后再就业等等。作为发展中国家，有适合于我国特点的办法，开发利用老年人力资源就是一项重要措施。据统计 60–64 岁

---

[1] B · C · 斯捷申科.人口再生产的理论与方法[M].北京：北京大学出版社，1985.

[2] 北京市民政局.中国经济与社会发展中的老龄问题[M].99.

的就业率日本为 81.5%，加拿大为 68.4%，英国为 74.6%，墨西哥为 85.6%，孟加拉为 84.7%，印尼为 76.7%，而我国仅为 63.3%。如果说上述 3 个发达国家人口寿命比我国长，就业率比我国高是理所当然的话，那么 3 个发展中国家的平均寿命都比我国低，而就业率却比我国高这一事实，就只能说明我国的老年人力资源还有很大有待开发的潜力。

我国老年人口就业状况，据统计，从 1990–2010 年期间，60 岁及以上和 65 岁及以上老年就业人口数量呈逐年上升趋势，60 岁及以上比例大约大 1/5~1/4 之间。人口普查的情况看，2010 年第六次人口普查显示，60 岁及以上老年就业人口总数 5374 万人，65 岁及以上老年人就业人口总数 2488 万人；2000 年第五次人口普查显示，60 岁及以上老年就业人口总数 4290 万人，65 岁及以上老年就业人口总数 2207 万人；1990 年第四次人口普查显示，60 岁及以上老年就业人口总数 2768 万人，65 岁及以上老年就业人口总数 1213 万人（见表 1）；从第三次人口普查数据比较，10 年间 60 岁及以上老年就业人口的增长幅度达到了 55.0%；而 65 岁及以上老年就业人口的增长幅度达 81.9%。[1] 从 2000–2010 年的人口普查数据对比，60 岁及以上老年就业人口的增长幅度达 25.2%；而 65 岁及以上老年就业人口的增长幅度为 12.7%。

三次人口普查的 20 年的老年人口就业分析，从 1990 年与 2000 年相比，60 岁及以上在业老年人口增长 1522 万人，在业率

[1] 姜向群，杜鹏.中国老年人的就业状况及其政策研究[J].中州学刊，2009(4)：44.

上升4.5个百分点，65岁及以上在业老年人口增长1084万人，在业率下降2.7个百分点，65岁及以上在业老年人口增长281万人，在业率下降4.1个百分点。数据显示，我国老年人口就业率下降，但就业老年人口数量逐年增长，见表3。

表3　1990–2010年老年就业人口的数量和比例

年份	年龄组	老年人口数（万）	占总人口（%）	就业人口（万）	占老年人口（%）
1990	60岁及以上	9696	8.57	2758	28.5
	65岁及以上	6299	5.57	1213	19.3
2000	60岁及以上	12997	12.8	4290	33.0
	65岁及以上	8827	6.96	2207	25.0
2010	60岁及以上	17765	13.26	5374	30.3
	65岁及以上	11883	8.9	2488	20.9

资料来源：《2010年第六次全国人口普查主要数据》、《2013年中国统计年鉴》、2012年10月“二十一世纪人口老龄化：成就与挑战”研讨会

从1990–2000年期间，65岁及以上老年就业人口数量增加是老年人就业增大的主要因素；而从2000–2010年之间，60岁及以上老年就业人口数量增加是老年人就业增大的主要因素。说明这一代老年人在社会教育、保障、医疗、健康条件的以身试法，人的生命周期的延长，老年人在社会安全感和健康安全预期上增强，保证老年人参与社会愿望的实现。老有所为参与社会发展，从自

愿行动，转变为实现自身价值和自我尊严上来。

四、动态人口红利理论对老年人力资源的利用

为了减轻人口老化所造成的劳动力不足，对老年人赡养系数上升和用于老年人支出剧增对经济发展的影响，一些国家组织和国家积极主张开发利用老年人力资源，并采取了相应的政策与措施。1982 年，维也纳老龄问题世界大会要求各国政府，“研究人口老化对经济发展以及发展对老龄化的影响，以便使老年人的潜力得以发挥”。由桑多兹研究所与联合国共同进行的一项关于老年人问题国际调查认为，“人力资源当然包括老年人自己”，“最大的潜力（人力资源）就寓于老年人本身”。[1]

美国（老人法）把“就业机会不因年龄而受歧视”列为老年人十大权利之一；《禁止歧视老年（就业）法》规定，凡属政府举办的活动与服务，不得歧视老人，在就业问题上禁止以年龄为理由对老人歧视。1978 年卡特以总统的名义发表了一篇《美国老人宣言》指出，“美国老年人拥有巨大的能力与经验宝库，……老年人的知识和技术在经济上也是极为重要的”。[2] 据统计，美国 50 个州的各级地方政府都没有机构负责处理老年人的就业问题。

日本政府颁布《老人福利法》指出：“应根据老人们的要求和能力，向他们提供参加合适工作以及参加社会其他活动的机

[1] P·塞尔比.老龄化的2000——对社会的挑战[M].北京：三联书店，1998.

[2] 日本经济新闻社.老龄化社会——无形的革命[M].北京：新华出版社，1987.

会”。所有企业雇用的老年工人不得少于工人总数的6%。为了充分发挥人们一生中形成的各种能力和创造性，提倡老年人就业和参加各项社会活动……确保老年人的雇业、就业机会。日本各地设有老年人职业介绍所、就业辅导员和“银色人才银行”，中央和都、道、府、县都设有“老年人雇用开发协会”，多渠道开发利用老年人力资源。[1]

此外，法国、瑞典和东欧各国政府，都对开发利用老年人力资源制定了有关规定，诸如：不准企业张贴或刊登歧视老年人的招工广告、对雇用老年工人的企业给予津贴、向老年人提供免费的再就业培训、延长退休年龄和鼓励退休人员再就业，等等。

人口老龄化导致的赡养系数上升、社会负担加重和劳动力不足已引起发达国家的忧虑，人们已经认识到开发利用老年人力资源在缓解老龄化影响和促进经济发展中的重要作用。同时，要尽可能地使老年人在力所能及的范围内参加劳动生产，为社会创造价值，这是今后国民经济中的一个重要课题。

[1] 熊必俊，郑亚丽.老年学与老龄问题[M].北京：科技文献出版社，1989：46.

第二章 动态人口红利的理论依据

本章研究马克思主义关于“两种生产”理论，也是研究“两种生产”的含义、各自的特点，它们之间的相互关系及其在社会经济发展中的作用。“两种生产”理论明确指出了两种生产在社会发展过程中的决定作用，它揭示了社会发展的出发点是物质资料的生产。从人类自身的生产全部过程来看，无论是人口数量，还是人口素质，都离不开物质资料的生产。因此，物质资料的生产与人类自身的生产是社会发展的最基本条件，两种生产在社会发展过程中起着决定作用。

第一节马克思主义“两种生产”理论

一、“两种生产”理论的含义和各自特点

“两种生产”理论的概念，即物质资料的生产和人类自身的生产，也就是物质生产和人口生产。马克思、恩格斯在《德意志意识形态》中，强调“人们为了能够‘创造历史’，必须能够生活。但是为了生活，首先就需要衣、食、住以及其他东西。因此第一个历史活动就是生产满足这些需要的资料，即生产物质生活本身”。[1] 这里讲的衣、食、住就是生活必需资料的生产，即

[1] 马克思恩格斯选集：第一卷[M].北京：人民出版社,1972：32.

是物质资料的生产。人类社会发展的另一方面，就是“每日都在重新生产自己生命的人们开始生产另外一些人，即增殖”。[1]这里讲的“每日都在重新生产”和“开始生产另外一些人”，就是指人类自身生产。马克思、恩格斯在《家庭、私有制和国家的起源》一文中指出：“根据唯物主义观点，历史中的决定性因素，归根结底是直接生活的生产和再生产。但是，生产本身又有两种。一方面是生活资料即食物、衣物、住房以及为此所需的工具生产；另一方面是人自身的生产，即种的繁衍”。[2]这段话科学地阐明了“两种生产”对经济社会和人口发展的客观规律。经济社会与人口的关系是相互建构的，社会结构是构成人口结构存在的条件和前提。马克思主义关于“两种生产”的理论，揭示了人口发展和经济发展之间的本质联系，阐明了经济发展决定人口生产，人口生产反作用于经济发展的辩证关系。

马克思主义关于“两种生产”的理论有着自身特点。“这样，生命的生产，无论是通过劳动而达到的自己生命的生产，或是通过生育而达到的他人生命的生产，就立即表现为双重关系：一方面是自然关系，另一方面是社会关系；社会关系的含义在这里指许多个人的共同活动，至于这种活动在什么条件下、用什么方式和为了什么目的而进行，则是无关紧要的”。[3]“两种生产”是人类社会的延续发展，一方面要通过个体生育实现人口再生产；另一方面要通过物质资料生产取得维持生存所需要的生活资料。

[1] 马克思恩格斯选集：第一卷[M].北京：人民出版社，1972：33.

[2] 马克思恩格斯选集：第四卷[M].北京：人民出版社，1995：2.

[3] 马克思恩格斯选集：第一卷[M].北京：人民出版社，1995：80.

人类社会的发展就是在一定社会生产方式下“两种生产”相互对立，又相互依存，互为条件。因此，人类自身生产和物质资料生产必须相互适应。[1]“一切重要历史的终极原因和伟大动力是社会经济和发展，”[2]人口老龄化作为人口转变的必然结果，其终极原因和伟大动力也是社会经济的发展。马尔萨斯认为，人口增长受到物质生产资料的限制，即“人口在无妨碍时以几何级数增加，人类生活资料以算术级数增加”。[3]人口与土地之间，存在着不均衡、不稳定、不确定的因素已经过时。

社会生产方式对人口增长起决定作用。马克思主义关于“两种生产”的理论对社会生产方式的改变指出“一定的生产方式或一定的工业阶段始终是一定的共同活动的方式或一定的社会阶段联系着，而这种共同活动方式本身就是‘生产力’；由此可见，人们所述到的生产力的总和决定着社会状态，因而，始终必须把‘人类的历史’同工业和交换的历史联系起来研究和探讨”。[4]这句话的意思：其一工业阶段作为生产力的代表，展示了人的本质进步。其二生产力是社会发展的基础，一定的物质生产力决定也一定的生产关系和其他社会关系。其三揭示了生产方式是失去社会进步和发展的决定因素，生产方式是社会历史发展的根本的动力，也决定着人口规模和结构。其四阐明了生产力和科学技术的辩证关系，科学技术在生产力中应有的地位和作用，科学技术

[1] 张纯元.人口经济学[M].北京：北京大学出版社，1983：17.
[2] 马克思恩格斯选集：第22卷[M].北京：人民出版社，1995：346.
[3] 张桂蓉.人口社会学[M].武汉：武汉大学出版社，2009：35.
[4] 马克思恩格斯选集：第一卷[M].北京：人民出版社，1972：34.

是生产力。其五生产力是衡量社会进步和发展的科学尺度，也是唯物辩证法的基本观点和方法。

“两种生产”理论的特点，随着科学技术进步和社会劳动生产率的提高，生产资料生产的周期缩短，人类自身生产的周期固定，而维持人类自身生产，随着经济社会、文化的进步，人们结婚的婚龄和育龄有可能推迟和缓慢，人类自身生产的周期有延长的趋势。而对于物质资料生产则不同，人类劳动被各种代物的取代后，先进生产工具（智能工具）操作代替了人工劳动，加上知识经济朝代的到来，改变了社会生产主体，社会生产的效率、效力日益增大。因此，物质资料生产对社会的进程起决定作用，人类自身生产对社会发展已经不起决定因素，人口老龄化也不例外。老年人口作为人口的一部分，经济发展决定人口老龄化变化，人口老龄化发展反作用于经济发展的辩证关系。只有加快物质资料生产，才能有利于人口老龄化的解决。反之，人口老龄化影响着物质资料生产。

工业革命后又经过信息社会，社会生产方式的改变，机器以及其他先进生产工具（计算技术、网络技术、通信技术、互联网技术）的操作代替了人工劳动，也就是说，人工劳动的各种替代物越来越多、效率日益增大，极大刺激了生产力的增长。正如马克思、恩格斯对 19 世纪大工业所概括：“随着大工业的这种发展，直接劳动本身不再是生产的基础，……”“一旦人不再用工具作用于劳动对象，而只是作为动力作用于工具机，人的肌肉就可以被风、水、蒸汽等等代替了。”[1]“资产阶级在它不到一百年的阶级统

[1] 资本论：第一卷[M].北京：人民出版社，1975：412.

治中所创造的生产力，比过去一切时代创造的全部生产力还要多，还要大。”[1]社会生产方式，改变过去以人口数量为基础的人工劳动，人口质量的增长，改变了过去人们的使用劳动工具，劳动工具在不断升级换代，人口的数量不是决定社会制度性质和社会变革的主要力量，但对社会发展起促进或延缓的作用。人口终于摆脱几千年的战争、饥荒、灾害、疾病和贫困的束缚，马尔萨斯人口理论局限性，随着社会生产方式的改变已经渐行渐远，人口老龄化作为人口年龄结构的老龄现象，出现在人类社会面前，列宁在《逻辑学》中指出“现象比规律丰富”、“规律=部分”，“因此，规律、任何规律都是狭隘的、不完全的、近似的。”[2]我们以马克思主义的唯物辩证法原理的“两种生产”理论的基本观点，分析研究“人口红利”的转变因素，与时俱进对待人口老龄化问题。

二、人类自身生产与物质资料生产的一致性

人口再生产是人口不断更新的过程，与不同生产力的发展阶段相适应的人口出生率和死亡率，以及人口自然增长率三者相结合而形成的人口再生产类型有三种，即原始的人口再生产类型、传统的人口再生产类型和现代的人口再生产类型。这三种类型分别与生产力发展的不同阶段相适应。

1. 原始人口再生产类型

这种人口再生产类型与生产力水平极端低下的采集、狩猎

---

[1] 马克思恩格斯选集：第三卷[M].北京：人民出版社，1995：256.

[2] 列宁全集：第55卷[M].北京：人民出版社，1990：127.

经济相适应。其特征是人口死亡率高，出生率高，人口自然增长率低，平均预期寿命很短，世代更替迅速。出生率和死亡率比较接近，新古器时代以前的原始社会时期的人口再生产属于这种类型。

2. 传统人口再生产类型

这种人口再生产类型与以手工劳动为基础的农业经济相适应。其特征是高出生率、高死亡率和较低的人口自然增长率，平均寿命稍有延长。人口自然增长率略高于原始人口再生产类型，但仍然很低，人类历史上的奴隶社会、封建社会以及资本主义社会初期的人口再生产均属此类型。

3. 现代人口再生产类型

这种人口再生产类型与现代化科学技术为基础的工业化生产经济相适应。其特征是低出生率、低死亡率和低人口自然增长率，培元寿命延长，世代更替缓慢。在人类历史上，资本主义大机器生产以后的时期和社会主义社会的人口再生产均属此类型。

总和生育率的高低决定人口总量的增减，总和生育率高于世代人口更替水平（2.1），会导致人口增长过快，给社会经济发展和家庭社会带来困难和压力；总和生育率过低于世代人口更替水平，不足于维持世代人口更替，会导致人口问题减少，影响人口老龄化发展，以及劳动年龄人口数量减少和在总人口中所占比例下降，在一定条件下不利于社会经济发展。正确的办法是根据与人口与经济的实际情况发展条件，采取与物质再生产相适应的生育水平的政策和措施，促进和实现人口老龄化与社会经济协调发展。

特定国定和地区人口的年龄结构随着人口再生产类型的转变而变化。就世界人口来说，从原始社会经过古代、中世纪直到十八世纪后期的漫长的日子里，世界人口的超龄结构基本上没有多大变化，世界各地区之间也没有多大差别。西方人口学家估计，从原始社会到资本主义初期的人口年龄结构平均数如下：14 岁及以下儿童人口分别为 36.2% 和 37.8%，15–64 岁的劳动年龄人口分别为 60.9% 和 58.8%，65 岁及以上人口为 2.9% 和 3.4%。

18 世纪欧洲国家开始进入“高出生、低死亡、高增长”阶段，人口年龄结构出现变化突出的特点是 14 岁及以下人口比重提高到 40%，这是由婴幼儿死亡率下降，而生育率维持在原来水平上造成的。

人口变迁理论概述了出生率与死亡率之间的互动，及其给人口结构所带来的后果。人口变迁理论认为将社会分成三大类是可能的。这三大类即：工业化以前的社会、过度的社会和现代社会。三类社会的出生率与死亡率和增长率之间的互动如下：

工业化以前的社会 = 高出生率，高死亡率，低增长率

过渡社会 = 高出生率，低死亡率，高增长率

现代社会 = 低出生率，低死亡率，低增长率

人口变迁理论还提出，各个社会都是从高出生率，高死亡率这种多少有些原始的状态进入过渡的阶段，这时的社会死亡率减低，但是出生率没有变化。当出生率和死亡率都稳定在一个低水平上的时候，这个社会就开始进入现代社会和人口老龄化时代。

18世纪欧洲国家开始进入“高出生、低死亡、高增长”阶段，人口年龄结构出现变化突出的特点是14岁及以下人口比重提高到40%，这是由于婴幼儿死亡率下降，而生育率维持在原来水平上造成的。

人口再生产类型由原始人口再生产类型逐渐向传统人口再生产类型和现代人口再生产类型依次更替，由低级向高级转变，总和生育率逐步降低是社会经济发展的必然结果，是不依人们的意志为转移的客观规律。总和生育率下降是伴随着工业革命出现的。工业革命前欧洲的总和生育率相对稳定在每个妇女大约生育4到5个孩子。发达国家的总和生育率从18世纪最后几十年开始出现下降的趋势，这同第一次工业革命18世纪后期兴起是一致的。第一次工业革命首先从英国开始然后向西欧和北美局部地区逐步推进的工业化进程。而总和生育率下降，首先是法国开始，然后是德国和英国，19世纪逐渐扩展到整个西欧，20世纪扩展到南欧、东欧、美洲，澳洲和东亚。这表明发达国家和地区已经从19世纪起由高出生率、低死亡率，高增长率的过渡社会进入了低出生率，低死亡率，低增长率的现代社会。

我国的总和生育率1950年为5.8，1952年上升为6.47，1957年为6.4，1965年为6.08，随着计划生育工作的开展，社会经济发展和科学技术的进步，2000–2005年下降为1.8，预测2025–2050年将上升为1.9。这表明我国的人口再生产已经由20世纪的传统人口再生产类型转变为现代人口再生产类型。各个地区、部分国家1950–2050年总和生育率变化情况，详见表4。

表 4　各个地区、部分国家 1950–2050 年总和生育率的变化情况

地区 / 国别	1950–1955	1975–1980	2000–2005	2025–2030	2045–2050
全球	5.0	3.9	2.7	2.3	2.1
发达地区	2.8	1.9	1.5	1.7	1.9
欠发达地区	6.2	4.6	2.9	2.4	2.2
最欠发达地区	6.6	6.4	5.2	3.6	2.5
加拿大	3.7	1.7	1.6	1.8	1.9
法国	2.7	1.9	1.8	1.9	1.9
德国	2.2	1.5	1.3	1.4	1.6
日本	2.7	1.8	1.3	1.6	1.8
意大利	2.3	1.9	1.2	1.4	1.6
英国	2.2	1.7	1.6	1.9	1.9
美国	3.4	1.8	1.9	2.0	2.1
芬兰	3.0	1.6	1.6	1.7	1.9
巴西	6.2	4.3	2.2	2.1	2.1
韩国	5.1	2.9	1.5	2.0	2.1
俄罗斯	2.6	1.9	1.1	1.4	1.8
中国	6.2	3.3	1.8	1.9	1.9

资料来源：UNITED NATIONS：《WORLD POPULATION AGEING 1950–2050》

三、人类自身生产与物质资料生产的互动性

人类自身生产是社会的基本生产力，劳动力是发展生产力的

第一要素，劳动力资源是最重要的最宝贵的资源。从经济学的观点看，一个国家和地区的劳动力资源量的多少，是反映这个国家和地区经济实力强弱的重要指标。多则有利于经济发展，少则不利于经济发展。

人类自身生产是劳动力资源的基础，除了人口总量的变化对劳动力资源量产生影响以外，包括生命周期长短和平均健康水平在内的人口质量对劳动力资源量也产生影响。人口平均预期寿命的长短和健康状况，决定人一生中能从事劳动的时间的长短和社会所拥有的劳动力资源量。

工业化以前的社会，人口平均预期寿命短，“人活七十古来稀”成为工业化以前的社会的现实。一个人年近半百就会丧失劳动能力，一生中能从事劳动的时间有限，能为社会创造财富的时间不过 30 多年，致使经济发展缓慢。工业革命带来了科技进步，经济调整发展，医疗条件改善，生活水平提高和人口预期寿命的延长。也就是说，劳动力的各种替代日益增多、效力日益增大。劳动力的物质生产，突破了物质资料生产者本身生理的局限，人类自身生产由此不再像工业前社会，工业社会物质生产突飞猛进的发展，高度的社会分工和社会整合程度加深，城镇的就业压力的增加，以及劳动者不断加强自身素质提高，在智能、技能、职能上同社会同步发展，家庭的生产性功能日益减弱，人们的生育观转变，越来越多的劳动者选择了晚婚晚育，或者基本上不生育。亚当·斯密在《国富论》中指出“提高有用劳动力的生产力取决于两点：一是劳动者能力的提高；二是劳动者工作所用机械的改进”。[1] 20世纪之前的科学技术变革，使人类从手工劳动变为操纵机器的劳动。机器延长了人的手足，代替了人的体力劳动。20世纪，随着现代化科学技术的发展，出现了由计算机为代表的“控制机”。这种“控制机”逐渐取代了人工对于机器直接控制的职能，从而不仅使人的体力，同时也使部分脑力劳动得到了解放。[2] 物质劳动者的劳动工具在不断地升级换代，极大解放物质生产者生理机能。减轻物质劳动者的劳动强度，提高物质劳动者生命周期，预期寿命延长相应地延长了人们能够参与劳动的年限，现在一个人可以工作45–50年，相当于农业社会的一个半人，这不仅意味着社会劳动力资源的增多，而且使劳动力成本下降，有利于经济发展。

健康长寿有利于经济发展已成为国际学术界的共识。把人力资本作为一种投入要素引入生产函数，采用预期寿命、平均受教育年限以及工作经验等指标度量人力资本，研究健康、教育及工作经验与经济增长的关系。他们发现健康对经济增长有显著的正面影响，预期寿命增加1年能够促使产生增长4%；预期寿命和平均受教育年限的差异能够解释各国间收入差异的相当大的一部分，而工作经验在解释收入差异方面作用不大。[3] 另一位人口学家N·N·麦厅科夫高度评价延长寿命对社会发展的积极作用，他认为：“延长寿命与保持劳动的力量和能力是一致的，将来取得经济发展与人口发展之前‘协调’的根本办法是延长老年人口

[1] 亚当·斯密.国富论[M].北京：华夏出版社,2005：487.
[2] 王怀超.社会发展理论研究[M].北京：中共中央党校出版社,2002：117.
[3] 唐代盛,邓力源.人口红利理论研究新进展[J].经济学动态,2012（3）.

有充分价值的经济和社会积极性。”美国《未来学家》1997 年 7–8 月号的一篇文章认为，“人的健康寿命延长，很可能会降低成本费用，提高经济效率。长寿的到来也意味着真正文明的到来。”[1] 人口生产的发展促进人类健康长寿，健康长寿也有利于物质生产。

四、生产方式对人口生产的决定作用

人口老龄化发展的终极原因是社会经济的发展。恩格斯在《社会主义从空想到发展》中认为：“一切社会变迁和政治变革的终极原因，不应当在人们的头脑中，在人们对房屋的真理和正义的日益增进的认识中去寻找，而应当在生产方式和交换方式的变更中去寻找，不应当在有关的时代的哲学中去寻找，而应当在有关的朝代的经济学中去寻找”。[2] 人口老龄化也不例外，人口老龄的终极原因是社会经济发展的结果。

对待老龄问题的看法，在 1982 年《维也纳老龄问题国际行动计划》明确提出：老龄问题包括“人道主义”和“发展”的两个方面，即老年人问题和人口老龄化问题。人口老龄化作为发展问题，长期以来，我国针对人口老龄化问题的研究集中于老年人口问题变化或老年人口增长速度变化对经济增长的影响，而忽略了老年人口变化对生产力改变、社会保障、健康水平、养老服务、社会参与等动态指标影响。

老年人口作为人口增长的一部分，其原因也是社会经济发展到

[1] 熊必俊.健康长寿与经济发展[J].医学与社会，2006（9）.

[2] 马克思恩格斯选集：第三卷[M].北京：人民出版社，1972：425.

一定阶段的产物，一个名副其实的经济学家必须注意到人口影响的规模和重要性。并且，如果几个影响同时起作用，他就必须关心整体的影响，而不是在假定其他变量都不变（实际上它们并不是恒定的）的情况下，只关心某一种变量作用的大小。这种全面评价，需要研究变量之间的相互作用以及与其它变量的相互作用。[1]人口红利不仅表现在劳动力供应的数量上，而且还表现在健康水平、社会保障、养老基金储蓄、人力资本等方面对经济增长产生促进作用的动态指标中，单以老年人口问题变化或老年人口增长速度变化判断经济增长的影响，我们只能称之为“静态人口”，这种判定，夸大了人口老龄化挑战的严重性，加重了人们对人口老龄化发展趋势的担忧。现在人口红利文献因其侧重点的不同可以划分为两条主线：一条主线从供给的视角展开，因人口年龄结构变化导致劳动力供给增加所带来的“人口红利”（Mason & Lee，2004），这称之为人口红利的“结构效应”；一条主线从需求的视角展开，人口年龄结构改变对总消费、储蓄、投资、进出口以及国际资本流动产生影响，从而引发“第二人口红利（Lee & Mason，2006，2007），这称之为人口红利的“行为效应”。[2]因此，用马克思主义关于“两种生产”理论，用动态人口原理，分析和探讨人口老龄化问题。

人口老龄化是老年人口在总人口中所占比重不断加大的动态过程。导致人口老龄化的根本原因是人口出生率下降、人口死亡率下降、迁移和人口预期寿命延长。而这些因素都是在生产力提高和经济发

[1] 朱利安·L·西蒙.人口增长经济学[M].北京：北京大学出版社，1984：49.

[2] 唐代盛，邓力源.人口红利理论研究新进展[J].经济学动态，2012（3）.

展的过程中出现的。同时，人口预期寿命的延长，受抚养人口的增加，对生产、分配、投资、流通、消费、储备等领域，以及政府部门制定切实可行的法律和法规，人们的伦理道德行为，去适合老龄化社会的需要。而老年人问题是由于老年人自身利益所产生的社会福利、养老服务、社会服务、医疗保健、家庭养老、社会价值、赡养方式等。

在生产落后和社会经济发展缓慢的自然经济时期，天灾、人祸、贫困和疾病的落后生产方式导致人口死亡率很高，平均寿命很短。高死亡率必然导致高出生率，M.里维－巴奇（M.Live-Bacci）认为人口的社会贫困是人口迅速增长的直接结果，他认为世界上的贫困人口大多聚集于落后的农村，因为在那些贫困国家，农村的生育率高于城市的生育率。造成人口贫困化的因素很多，其中经济因素是最为重要的因素，其次是人口众多。加利阿尼在《货币论》一书中指出："贫困在达到引起饥馑和瘟疫以前，与其说是妨碍人口增长，不如说会促进人口的增长"。据有关资料统计，最穷国家的婴儿死亡率仍然是最富国的50倍。1999年，瑞典的婴儿死亡率为3.6‰，而在婴儿死亡率最高的国家，这个数字是130‰。在西撒哈拉地区，这一比率超过了150‰。据联合国儿童基金会（UNICEF）提供的数字，每天有超过3万名年龄不足五岁的幼儿由于种种原因夭折，有些资料提供的这一数字达4万。[1]事实表明在经济发展水平低、死亡率高、出生率高和平

[1]（美)雷辛格.六十亿人口的警示——21世纪的人口增长与食品安全[M].朱爱萍，等译.北京：中国农业出版社，2002.

均寿命低的情况下，老年人口数量少比重小，不可能出现人口老龄化。[1]

社会进步是由物质资料生产基础决定的，物质资料生产决定人类自身生产，人类自身生产反作用于物质资料生产。人口繁衍的数量和质量也是同物质生产和人口生产有一定的辩证关系，都是以人为主体。人们为了自己的存在和发展进行生产活动时，而生产方式的转变，人们必须调整自己的人口生产的数量和质量，去适应社会生产、产业分工、产业结构的变动。人口生产的放缓，影响着人口低出生率，低死亡率，低增长率，总和生育率的降低，人们越来越注重人的质量，人的发展地位，而淡化人口数量，人口质量提高，从而促进整个社会化大生产。社会生产的产业结构的推进，刺激产业结构从低级向高级、从传统产业向现代产业方向转变。

同时，现代产业侧重人口质量。产业革命带动了生产力的提高和科技进步，加速了社会经济发展，人口状况也相应发生了变化。社会经济条件、卫生医疗水平提高，提升了人们的抗病、治病能力，从而使人口死亡率下降。如英国的人口死亡率从产业革命前的22.2‰下降到1891年的16.4‰，德国从1880年的25.3‰下降到1910年的19.3‰，丹麦的死亡率由1880年的18.7‰下降到1920年的13.0‰，成为人口死亡率持续明显下降的第一次人口革命，为出生率下降创造了条件。

工业化社会生产率提高，使原有依靠劳动力数量的增加，转为强调劳动力质量的提高；使家庭在收入支配上，更加重视子女

[1] 邬沧萍.漫谈人口老龄化[M].沈阳：辽宁人民出版社，1986：24–25.

培养教育投资，提高孩子受教育年限，而不是增加家庭子女数量。同时，文化教育的发展为妇女文化水平的提高和参加社会发展创造了条件，妇女参加了工作使家庭生育子女的机会成本大大提高，让人们趋向晚婚或计划生育。

社会养老保障制度改变了“养儿防老、积谷防饥”的生育观，在漫长的农业社会，没有社会养老保险制度，老年人的养老问题由子女解决，人们为了“养儿防老”，不得不多生孩子，以致总和生育率长期居高不下。工业社会，社会化大生产带来的社会养老保险制度的建立，解决了人们养老的后顾之忧，改变了人们传统的“养儿防老”观念，其结果是总和生育率下降。

随着电器工业和钢铁工业为主的一系列新兴产业的凸显，发达国家的人口出生率，如英国的人口出生率从1851年的34‰下降到1901年的30‰，丹麦从1880年的32.1‰下降到1920年的25.1‰，德国的出生率，从1880年的37.0‰下降到1910年的33.6‰。表明继死亡率下降后，人口出生率持续明显下降的第二次人口革命。在再次人口革命，或多或少同生产方式的改变有一定的关系，生产方式变革决定着社会性质的变化，生产方式对人口生产起着决定作用。在两次人口革命过程中，发达国家的老年人口比重普遍加大，法国、瑞典、英国、爱尔兰、德国人口年龄结构相继成为老年型，第二次世界大战后，美国、加拿大和其他一些发达国家人口也进入老年型。

发展中国家虽然没有经历产业革命，但是随着民族独立、经济发展，生产力提高、工业化与城市化的进程，如巴西、印度、南非等国人口年龄结构已成为老年型。联合国对191个国家和地区的统计、预测表明，1999 年已进入老龄社会的国家和地区包括中国在内共有 62 个，占总数 32.4%。预计 2050 年进入老龄社会的国家和地区将增加到 175 个，占总数的 91.6%。人口老龄化是人类社会经济发展的必然趋势。

第二节　用动态人口红利促进代际公正

坚持以人为本，就是要以实现人的全面发展为目标，让发展的成果惠及全体人民。以人的全面发展为中心，综合运用各种有关变量发展条件提出的“动态人口红利”认定：依靠人的全面发展，开发老年人力资源，实现代际之间的年龄平等、年龄共享、年龄尊严的社会奋斗目标，不断提高国家、社会和家庭对老龄化的承受力，“动态人口红利”之窗就可以长开不闭。

一、用动态人口红利促进年龄平等

我国正处于现代社会与市场经济相适应阶段，同时已进入人口老龄化进程阶段。以人口老龄化带来的人口年龄结构上转变，给整个社会规范制度，社会成员之间的和谐相处，提出新的价值观念和规范标准。其实，在这一切转化之中或说在这一切转化以后，还存在着另一种更为深刻和全面的转化，即中国国民的社会心理也正在经历着从传统向现代的转化。而且，这种转化同社会结构中的转化一样表现出了新旧体制和事情之间的严峻冲突[1]。老年

[1] 周晓红.现代社会心理学[M].上海：上海人民出版社，2004：550-551.

歧视作为社会文化发展的产物，是由社会态度与行为造成人的社会心理失衡和失范，基于年龄原因，对老年群体成员的产生偏见，对此我们切勿掉以轻心。

老年歧视是一种社会文化的产物。这种歧视在权利关系、人际关系、家庭关系和社会交往中都有所表现。老年歧视首先是基本生活契约受到破坏。老年人得到赡养是其生存的基本权利，但是现代社会中，常常把老年人看成是弱者和依赖者，因而把老年人当成社会和家庭的负担。如何化解责任与负担的冲突？如何看待老年人过去的贡献、参与社会发展和利用自身技能老年人才开发之间的联系？这是现代人尤其是年轻人应该正确思考的问题。其次是应在经济建设中重视人文精神的建设。使年轻人在成长中受到理性、公正、关爱等精神的熏陶，学会对他人，尤其是对老年人的尊重，尤其不能忽视，甚至歧视老年人。老年人过去为社会做过贡献，他们有权享用社会经济发展的所有成果。第三，中华民族是具有敬老、养老传统美德的民族。弘扬优良传统，尊重老年人，保障老年人的合法权益，就是尊重历史，发展现实，关注未来。

我们对老年人的尊重，是基于他们漫长的人生岁月中对国家、对社会、对家庭的巨大贡献，当老年人“功成身退”之后，理应让他们共享社会、家庭的发展成果。老年人的今天也就是年轻的明天，老年人不是别人正是自己，全社会都应要关心老年人问题，关心老年人问题就是关心自己。

老龄政策的建立，有助于年龄平等的倾向，是构建和谐社会的基础。“夫欲善其功，必先利其器”，在我国2004年修正的《宪法》

中规定："中华人民共和国公民在年老、疾病或者丧失劳动能力的情况下，有从国家和社会获得物质帮助的权利。国家发展为公民享受这些权利所需要的社会保险、社会救济和医疗卫生事业。"和"禁止虐待老人、妇女和儿童。"对老年人的基本政策在2002年2月7日在北京召开的第四次全国老龄工作委员会首先提出"党政主导，社会参与，全民关怀"的老龄工作指导。而我国对于老年人的配套法律与法规以《老年人权益保障法》、《中共中央、国务院关于加强老龄工作的决定》、《中国老龄事业发展"十二五"规划》和《农村五保供养工作条例》等政策为主，2012年新修订《中华人民共和国老年人权益保障法》第一章第三条规定：禁止歧视、侮辱、虐待或者遗弃老年人。这一条为这一弱势群体的健康、保障和参与社会发展打下了良好基础。

谢觉哉同志曾在《爱父母》一文中说："人——从生到死即从小到老：中间是'养人'——劳动力强壮时期；两头是'人养'——幼小阶段和衰老时期。这是人类生活的自然规律，绝不因社会制度不同而改变。"[1]因此，对于每一个人都要经过老年这一人生最后一阶段，按照德国人的观点，雇员们在40岁左右就会被引导着去考虑人的衰老问题。这并不单纯是退休问题的难点[2]。美国国会早在1975年11月通过了《美国禁止歧视老年人法》，其中规定：禁止在获得联邦财政资助的项目和活动中，对老年人毫无理由的歧视。另与在1967年通过的《禁止在雇用

[1] 叶明德，沈松勤.中国敬老养老诗文选[M].北京：华龄出版社，1997：213.

[2] 林擎国.社会和人口统计分析概论[M].北京：中国统计出版社，1994：161.

中利用年龄歧视法案》呼应，此法案目的就是保证40岁以上的人在招聘和工作中不受任何形式的歧视。美国的企业界为何如此尊重求职者呢？原来有法律在约束着，如果企业敢在招工中对求职有年龄方面的歧视，说不定会因此吃官司。法律是最好的保护伞，它可以直接向年龄歧视说“不”。新华网2006年9月19日专电韩国政府日前宣布将修改教科书，在中小学新教科书中，将删除暗示老年人被动、没有活力、坐等赡养的表述，转而向学生传达“老年人也是日益老龄化社会的积极参与者”的观念。比如，新教科书将删除显示老年人躺在护理中心的图片，新教科书将于2007年启用[1]。在这方面，我们不妨采取拿来主义的做法，依照自己的实际情况制订出适合我国国情的《年龄歧视法》，或从社会、政策和家庭层面，给老年人一个安心、顺心、孝心的养老环境，那样的话，将会最大限度地促进年龄平等，消除社会上存在的老年歧视现象。

二、用动态人口红利促进年龄共享

实现代际和谐，建立“不分年龄，人人共享”的原则是我们老龄化社会奋斗的目标。以人为本是社会发展的核心。孟子曾说：“人有恒言，皆日天下国家，天下之本在国，国之本在家，家之本在身（《孟子·离妻上》）。”以人为中心向外不断外延。人类的发展需要社会财富分配的公平与公正为前提，社会的变迁，都是上一辈人奋斗，并传递给下一辈人的结果。人口由少

[1] 新华网.韩国修改教科书消除性别歧视，正视老龄问题[J/OL].北京.2006-9-19http：//www.xinhua.org。

儿人口、劳动年龄人口和老年人口组成。他们之间是互相合作、和谐和继承的关系，代际之间、上一代与下一代之间，祖辈、父辈与子辈之间的相互传承，使得人类社会向前发展。“发展”是毫无异议的，而我们的“发展”的基本涵义首先是社会经济的发展，其次是以经济的发展为基础的社会的均衡发展。任何国家的任何政府，如果不能在促进本国社会经济方面发挥积极的、直接的、有效的作用，进而通过合理的社会政策促进社会的均衡发展，就不能称之为有能力的政府，亦不能称之为负责任的政府。

对老年人的年龄歧视是代际关系不协调的一种表现，这一问题如果解决不好的话，那么整个社会的公正便不可能实现，发展也就在很大的程度上失去了意义，而且，还会造成诸多的离心因素，降低社会信任和合作的程度，使社会稳定受到很大的影响。从历史延续的角度来看，这一问题极具象征的意义：老年人今天的状况是中青年明天的状况，我们今天如何对待老年人，很大程度上意味着明天我们将受到如何的对待。[1] 因此，对于当代老年人应以科学的方法评价老年人的作用和地位，消除社会、家庭和文化对老年人的消极看法，用一种新的、积极态度和行为认识、善待老年人。基于以下的思路：

第一，老年人对社会的稳定和发展具有促进作用。在传统社会中老年人的价值主要是伦理价值，对社会的稳定和发展起到了极为重要的作用。而当代社会，老年人的价值是社会价值与精神

[1] 吴忠民.社会公正论[M].济南：山东人民出版社，2005：213.

价值，他们是文化传统的传递度、社会政策和集体观念的社会基石，是维系社会稳定和进步的重要纽带。

第二，老年人是社会经济发展的人力资源。就经济和技能而言，老年群体具有比较优势和积累优势，是劳动力市场中的“积优股”，有很高的人力资源，发挥老年人的人力资源优势，既是社会经济发展的客观需要，也符合老年人展示自我价值的主观愿望。老年人拥有的智力、经验、文化、知识、技能仍然是国家社会经济发展的宝贵财富。如老教授、老医生、老知识分子、老军人、老艺人等，他们量力而行，发挥特长，其对社会的贡献不亚于年轻人。

消除老年歧视，代际之间共享是年轻人必须日益深刻地懂得，要在建设一个更加公正的社会方面前进，我们就必须承认我们的长辈所取得的进步，恰如其分地评价他们的经济和现有的能力[1]。正如我国著名的社会学家费孝通提倡：“容忍别人，了解别人，欣赏别人”，建立一个“以人为本，以德为先，人人为人”的社会。

三、用动态人口红利促进年龄尊严

世界卫生组织提出的“给生命的时间、给时间的生命”，意味着既要使人们健康长寿，又要使人们有建树活得有价值。“老有所为”是使老年人实现自我和走向幸福的一个有效途径。

---

[1] 全国老龄办、中国老龄协会编.第二次老龄问题世界大会暨亚太地区后续行动会议文件选编[C].北京：华龄出版社，2003：119.

美国心理学家马斯洛，在1942年发表的《人的动机理论》一文中，提出“需要层次论”的观点，认为人有五种基本需要即：生命需要、安全需要、爱的需要、尊重的需要和自我实现的需要，并且把自我实现需要看作最高层次的需要。

人类社会发展到今天，随着人们生活的提高，现代人恐怕70多还不为老，出现“七十不为稀、八十不为老，九十不少见，百岁不难找”的新景象。由此可见，社会所赋予的老年含义，一般与实际老龄是脱节的，人到了法定的退休年龄，进入了法定的老人行列，实际上并未老化，劳动年龄也没有终结。大量的事实充分说明，许多老年人才从退休到实际衰老起码还有10–15年的时间，有人把这一时期称之为人生的第二个黄金时期。大部分人在这一段时间里完全可以根据自己的特长、专业、志趣、经验参与各种社会活动，为国家、为社会再做贡献。

我国著名教育学家陶行知总结出人生易老的几个方面：“穷则易老、忧则易老、愁则易老、惧则易老、惑则易老，厌学则易老、教倦则易老，没有工作称心则易老，不看有益之书则易老，不跟少年学则易老，不站在前线而自甘落伍则更易老。”看来，老与不老关键还是人的精神。徐特立老人58岁时参加了长征，巴金86岁时还笔耕不辍，已故大师刘海栗90岁高龄黄山作画，宝刀不老。难怪有人提出：“老去的是时间”。《老龄问题国际行动计划》所述：“人类的特点是，童年阶段长，老年阶段也是。在整个人类历史上，这一特点使得老年人能教育年轻人并将种种价值留传给他们；老年人的这一作用保障了人类的生存和进步。老年人的家庭、邻里以及各种社会生活中的存在依然传授着无可替代的人类课程。老年人不仅以他的生命，并且事实上也以他们死亡教导着我们所有人类，活着的人通过悲痛而开始懂得，死去的老人仍然以其劳动的成果遗留下的建树和制度以及他们的音容言行正在继续参与人类社会的生活。这可以鼓励我们更冷静地看待自身的死亡并鼓励我们对子孙后代所负有的责任。”

为了使老年人能更好地发挥社会作用，实现人生价值、充实、丰富精神生活，从老年社会学角度观其含义：

1. 树立正确的老年价值观

老年人虽然退出了工作岗位，但是并没有退出社会，老年人与社会是一种内在的、有机的联系，相互需求、相互依赖的关系。老年人离不开社会，社会发展也需要老年人。这两者不可能隔离开来。社会的发展，是一代一代拉力棒式的传递，在这一传递过程中，老年人起着承前启后的作用。老年人自己动手，融于社会，树立自己的价值观，即不是付钱让别人去做，或完全依靠他人去做，而是自立自助。它的积极意义在于老年人从被动消极地养老——抚养者，转变为主动积极地养老——生产者，结合成为生产和消费的统一。

2. 做好老年人的社会角色的转换

老年人一旦退休或离休，他们原来在社会上所扮演的角色就要有所改变，缩小了社会关系的范围，因此，老年要学会新的社会角色，掌握新的行为模式，以适应新的生活的过程。社会各阶层人群，要消灭对老年人歧视，要懂得老年人的心理、生理变化，有针对性地给老年人生活上照顾和心理上安慰。

3. 建立有利于老年人才资源和智力的合理运行机制

中华民族传统的尊老敬老美德发挥，使老年人在社会倍受尊重，诗人朱自清曾说过“但得夕阳无限好，何须惆怅怨黄昏。”实践证明，哪个地区或单位，重视老年人的智力开发，哪里的老年人就会在促进工农生产，繁荣经济，发展文化教育等方面起到很好作用。

总之，真正要把老年人作为人才在社会上尊重，认识其价值，发挥老年人才优势是一项社会系统工程，全盘考虑，统筹安排，并从我国国情出发，建立老年人才资源合理运行机制，发挥老年人专长，为参加社会发展提供有力组织保证。

第三节 动态人口红利是社会文明进步的产物

养老模式在各个不同的社会和不同的历史发展阶段不尽相同，它是由不同的生产力发展水平、不同的社会结构和不同的家庭结构所决定的。恩格斯在《家庭、私有制和国家的起源》中指出：“一定历史时代和一定地区的人们生活于其下的社会制度，受着两种生产的制约：一方面受劳动的发展阶段的制约，另一方面受家庭的发展阶段制约。劳动愈不发展，劳动产品的数量、从而社会的财富愈受限制，社会制度就愈在较大程度上受血族关系的支配。”[1]“养老”作为社会生活中的一件大事，当然不会例外。

社会文明发展历程，一般把氏族社会由氏族供养老人称为氏族养老；把农业社会由子女赡养老人称为家庭养老；工业社会由社会养老保险金供养老人称为社会关系。在三种不同的养老模式

[1] 马克思恩格斯选集：第四卷[M].北京：人民出版社，1972，2.

中，虽然代际经济交换的范围不同，但是通过代际经济交换来实现养老这一本质却是一样的。

一、氏族养老是由氏族生产资料公有制决定的

氏族公社是以血缘关系组织起来、自然形成的人类生活共同体，是原始社会的社会组织与经济组织的基本单位。氏族公社的成员以氏族为单位组织生产活动。当时主要以石器、弓箭作为生产工具，生产力十分低下，人们不能单独同自然和猛兽作斗争，氏族成员为了生存，只能依靠集体劳动，以采集天然食物和捕猎野生动物维持生活。生产关系的基本特征是生产资料归氏族公社成员共同占有和劳动产品平均分配，对老年人的供养由其所在的氏族集体承担，养老育幼的代际交换在氏族公社范围内进行。

正如恩格斯在《家庭、私有制和国家的起源》中的“易洛魁人的氏族”一节中所指出的那样：“一切问题，都由当事人自己解决，在大多数情况下，历来习俗把一切调整好了，不会有贫穷困苦的人，因为氏族制的家庭经济和氏族都知道它们对于老年人、病人和战争残疾者所负的义务。”[1]

希腊人的氏族把家庭看作家庭集团，家庭从来不是，也不可能是一个组织单位，国家在公法上不承认家庭。在罗马人的氏族中，同样实行土地共有，氏族占有共同的墓地，氏族成员的财产仍保留在氏族以内。正因此，所以希腊人和罗马人氏族的养老育幼的代际经济交换，和易洛魁人氏族一样在氏族的范围内进行。

---

[1] 马克思恩格斯选集：第四卷[M].北京：人民出版社，1995：92.

二、农业社会的家庭养老与自然经济相匹配

农业社会以土地为基本生产资料，属于自给自足型自然经济。家庭既是人口生产与再生产的基本单位，又是物质生产与再生产的单位，它具有生育、生产、消费、抚幼和养老的多种功能，血缘关系与经济关系结合在一起。父母养育未成年子女，以自己的劳动向他们提供生存资料；子女成年后，以自己的劳动赡养丧失劳动能力的父母，作为他们对父母养育自己的回报。这种以相互提供物质供养的反哺式家庭养老模式是代际交换在家庭范围内进行。在农业社会的经济条件下，老有所养在家庭中实现是天经地义的事，社会没有能力也没有必要向老年人提供养老保险。

三、工业社会的社会养老保险是工业化的产物

产业革命带来了生产方式的根本变化，机器生产创造了比以往手工生产高得多的生产力，人类开始由自然经济的农业社会进入商品经济的工业社会。生产单位由家庭转变为工厂，家庭成员成为自由独立的商品生产者，依靠参加社会化劳动而取得工资收入。作为工厂的雇员，他们所创造的物质财富不能完全归自己和家庭所有，而是在扣除为社会发展物质再生产和人口再生产所作的积累（马克思所说的六项扣除）以后，按雇佣关系的分配原则领取剩余中的一部分作为个人的工资收入。在这种情况下，家庭财产共有制解体，在家庭范围内育幼养老的代际物质交换的一部分发展为社会范围内一代人与另一代人之间的代际货币交换。家庭养老不能适应工业化和城市化的发展需要，丧失劳动力的老年

工人需要由社会养老保险来保证晚年的生活。

美国总统罗斯福 1934 年提出的“安全保障社会化”的理论认为：“在早先的日子里，安全保障是通过家庭成员之间的相互依赖实现的。大规模社会和有组织行业的复杂情况，使得这种简单的安全保障不再实用，我认为，解决这个问题，采取分散的办法是困难的。我坚信，社会保障就应该在全国范围内予以解决”。罗斯福“安全保障社会化”的主张和学术界社会养老保险理论促进了社会养老保险制度的发展。据统计全世界建立养老保险制度的国家和地区已由 1940 年的 33 个增加到 1999 年的 166 个，约占全球国家和地区总数的 80%。

家庭养老向社会养老的发展不是两者之间的简单取代，而是家庭与社会在承担养老义务中主次角色的换位。在工业社会里，家庭的养老功能只是弱化而不是消失，社会养老只能保障老年人的基本经济生活，他们的生活照料、精神慰藉和其他经济需要仍应由子女和家庭承担。马克思在《工资、价格和利润》中写道：“工人除了维持自己生活所必须的一定量生活资料外，还需要有一定量的生活资料来养育子女，因为他们将在劳动市场上代替他，并且还要延续工人的种族。”这说明即使在实行社会养老的工业社会里，父母与子女之间的代际经济交换仍然存在，子女仍然负有赡养父母的责任。

退休金是退休人员最主要的生活来源，其发放金额由职工退休时的社会经济发展水平和生活条件确定。为了保障退休人员的实际生活水平不致因物价上涨而降低，并享受社会发展，1944 年第 26 届国际劳工大会通过的《收入保障建议书》要求：“社会保障待遇标准应该随着主要收入水平或生活费用的任何变化而重新审查”。

1982 年维也纳老龄问题世界大会强调必须“确保老年人得到足够最低收入，合理地补偿以前的收入，以及继续调整受益水平，以命名老年人分享国民生产率和生活水平的提高”。这表明这项由劳工组织最先提出的建议，已经得到了国际社会的共识。

国际劳工局为了研究社会保障问题所组织的国际专家小组于 1987 年发表的调查报告认为：“社会保障的长期目标，应该是保障无工作者所得到的最低津贴，能够为其提供一种生活水平、至少应为可自由支配的人均纯收入的一半”。报告还强调：“长期的社会保障津贴或养老金是保证不了生活水平的，除非将它们定为指数。在经济增长期内将养老金与物价联系起来是不够的，领取养老金者有权分享正在上升的国民收入，以保持其在社会中享有的相应地位。因此我们建议，养老金的支付应该与收入指数或人均国内总产值的指数联系起来，并要考虑到失业和人口结构的变化。如上所述，最低养老金应该与平均收入联系起来。”报告还强调：“养老金指数化只不过是维护了老年人分享社会发展成果的权利。……如果单单把领取养老金的人看作是特殊群体，让他们被迫去遭受由其他因素引起的通货膨胀之苦，是不公平的”。1983 年国际劳工局的一项调查报告指出：“考虑到物价变化和在职人员工资收入的增加，目前大多数国家调整那些不在工作的人的津贴。一些国家通过法律确定长期津贴的调整指数，而另一些国家则由主管机构行使自决权。而且由津贴代替工资的比例，一直呈上升趋势。那些按传统方式提供统一金额津贴的国家，趋向于增设与工资收入挂钩的津贴。”

据不完全统计，目前国外对退休金保值和增长一般采取三种办法，一种是退休金随物价指数的上升而增加，美国、日本、瑞典、匈牙利、南斯拉夫等国采用。第二种是职工工资水平提高时，相应提高退休金，采用这种办法的有法国、德国、阿根廷、罗马尼亚、保加利亚等国。第三种是退休金与物价上涨和工资增长双挂钩，如英国规定退休金根据每年四月份或五月份的物价预测和工资的增长而调整；瑞士规定退休金每两年按物价和工资指数的变更调整一次。在普遍退休金之外加发与工资收入挂钩退休金的有瑞典、英国、挪威、丹麦、加拿大和新西兰等国。

我国政府一贯关心退休人员的生活，2012 年新修订《中华人民共和国老年人权益保障法》第 28 条规定“国家通过基本养老保险制度，保障老年人的基本生活。”第 34 条规定：“老年人依法享有的养老金、医疗待遇和其他待遇应当得到保障，有关机构必须按时足额支付，不得克扣、拖欠或者挪用。”，“国家根据经济发展以及职工平均工资增长、物价上涨等情况，适时提高养老保障水平。”这表明我国退休人员享受社会发展成果的权益已得到法律的保障。

第三章　动态人口红利与老龄社会

“动态人口红利”作为人口增长经济学研究的动态模式，其研究离不开老年人口群体。老年人口学以人口学的基本理论为指导，运用人口学的方法，研究老年人口这一群体的基本特征，人口老龄化现象发生的原因、过程及其变化规律。从不同的角度对老化过程作出解释，说明影响老化过程的经济、社会、文化、生态等诸多因素，对老化现象及其固有的一切规律间的相互关系进行综合分析和概括，为应对人口老龄化问题提供理论依据和建议。

既然“动态人口红利”是人口增长动态模式，那么研究“动态人口红利”的第一步就是追宗溯源，从了解老年学开始。老年学以个体衰老过程和人类群体老龄化过程为研究对象，因此要了解老年学和老龄问题，就得从“老”、“老年”说起。首先要明确“老”、“老年”的解说，以及“个体老化”与“人口老龄化”的定义。

第一节　动态人口红利的老龄社会表现

一、老龄社会的生产

人从婴儿、幼儿、少年、青年、壮年到老年，是自然发展的规律，是生理变化的必然现象，是生命变迁的过程。老年是人生最后的一个阶段。对于何谓“老”、“老年”的起点年龄是多少，古今中外有不同的界定和解说。

“老”字在我国商周时代的甲骨文中是个描绘为弯腰驼背扶杖而行的老人的象形字。“老”字在金文中的“老”字是一个由毛与匕合成的会意字。汉代许慎在《说文解字》中对“老”解释说:“考也，七十曰老，从人毛匕，言须发变白也。”这里所说的‘人毛’指人的胡须和头发，‘匕’是‘化’的古体字，化者变也。以上表明古代是以人的衰老形象来界定“老”的。

关于人生何时入老年，在不同的历史时期和不同的社会，以及不同的生活环境条件下的答案是不一致的。

“老年”的含义是从“年龄”方面考虑的，但是由于各个不同学科的专家学者在研究老年问题时的出发点和侧重点不同，所以他们所使用的“年龄”的含义也不尽一致。国际上用来确定老年人的大致有“出生年龄”、“生理年龄”、“心理年龄”和“社会年龄”。

出生年龄又称年代年龄或时序年龄，是指个体从出生以后所经历的年岁。所谓“天增岁月人增寿”，过一日历年增加一岁对每个人都是一样的，毫无例外。年代年龄的优点是简单明了，容易计算，便于统计，只要调查一下一个人的出生年月日，就能准确地计算出他的出生年龄。出生年龄的缺点是只能反映一个人出生后已经经历的年数，不能反映他在生理、心理、社会等方面的状态和活动能力。实际上同年龄的人之间在生理、心理、社会等方面的活动能力差异很大。所谓“未老先衰”和“老当益壮”，表达的是在某些人身上增龄与衰老的进程不同步，前者指的是出生年龄未到老年而提前衰老，后者指的是出生年龄已经超过老年的年龄标准而仍然身强力壮。由此可见，所谓“40 岁的人 60 岁的心脏，60 岁的人 40 岁的心脏”，前半句说的是“未老先衰”，后半句说的是“老当益壮”。由此可见，单以年代年龄来判断一个人是否衰老和进入老年的做法，是不够全面的。

生理年龄是就身体状况而言，是依据个体的细胞、组织、器官系统的生理状况和生理功能来判定个体年龄。通过对一个人维持生命所需要的器官系统的功能所作测量的结果与同龄人相比，可以推测出个人的预期寿命与同龄人的平均寿命相比是长些还是短些，从而能使人们了解一个人距离死亡的大致年数。生理年龄的缺点是测量比较困难。尽管美国根据人的 24 种器官功能编制了生理年龄测定表，日本和法国用 26 项生理指标来测量生理年龄，但是国际上对于生理年龄的测定还是没有一个统一的标准。

心理年龄是根据个体的心理活动程度来确定的个体年龄。它既受大脑和心血管系统状态的影响，又涉及到个人的记忆、学习、智力、技能、动机和情绪等心理活动的情况。心理年龄的优点是能反映出个人的能力，其缺点是测量困难。

社会年龄是指一个人在和其他社会成员的关系上扮演的角色或社会习惯方面所表现出的年龄。社会年龄的优点是能衡量一个人在社会中所起到的作用，缺点是测量的标准很难统一。

由于生理年龄、心理年龄和社会年龄都难于测定，所以国际上划分老年与非老年时，都是以出生年龄作标尺的。一般在确定老年的起点年龄时都是以人口中大多数人生理和心理机能的衰老时间为主要依据，排除个别特殊情况，以一个平均值为标准。

老年起点年龄的标准受时间、空间以及其他多种因素的影响。在不同历史时期、不同国家、不同地区、不同民族，由于生产力和经济发展水平、物质与生活条件、医疗卫生和人体素质的差别，导致不同人群出现衰老的时间有早有迟，所以老年的起点年龄不同。19 世纪末 20 世纪初，瑞典人口学家桑德巴尔 (SUND–BARG) 把 50 岁定为老年的起点年龄，其理由是 50 岁为大多数人的更年期，一般人到此年龄不再生育。法国是世界上第一个老年型国家，当时以 60 岁为老年的起点年龄，随着发达国家和地区人口平均寿命的延长，1950–1955 年为 66.2 岁，1975–1980 年为 72.3 岁，而且到 1990 年所有发达国家都已经进入老年型社会，于是这些国家又普遍使用 65 岁为起点年龄。1982 年在维也纳召开的老龄问题世界大会 (WORLD ASSEMBLY ONAGING) 在讨论老年人问题时，根据当时欠发达地区的人口预期寿命为 57 岁，最不发达地区还不到 46 岁的实际情况，提出这些地区的老年起点年龄为 60 岁。现在联合国在人口统计中使用 60 岁或 65 岁为起点年龄的标准。在确定老年型社会时两个起点年龄都可以使用，凡是 60 岁及以上人口占总人口 10% 以上者，或 65 岁和 65 岁以上人口占总人口 7% 以上的国家或地区，都可以判定为老年型国家或地区。

我国对于老年起点年龄标准的规定各个时期也不尽一致。《礼记 · 曲礼》篇载："人生十年曰幼，学。二十曰弱，冠。三十曰壮，有室。四十曰强，而仕。五十曰艾，服官政。六十曰耆，指使。七十曰老，而传。八十、九十曰耄……" 这里的艾是古代对老年人的尊称，孔颖达疏："发苍白色如艾也"。《方言》第六：

“艾，长老也。东齐、鲁、卫之间，凡尊老谓之叟，或谓之艾”。五十岁时当时老年的起点年龄。这里的“七十曰老”指的是官员七十岁退休，告老还乡。

另据《管子·海王篇》注:“六十以上为老男,五十以上为老女。”《晋书·食货志》载：“十二一下，六十六以上，为老小……”。

《文献通考》户口考载“晋朝以六十六岁以上为老。”《隋书》卷24《食货志》载：“男女三岁以下为黄，十岁以下为小，十七岁以下为中，十八岁以上为丁从课役六十为老，乃免。”

《唐六典》载：“凡男女胎生为黄，四岁为小，十六岁为中，二十有一为丁，六十为老。”宋以六十岁为老。

老年人又尊称为“寿”者：

《庄子·盗跖篇》载“上寿百岁，中寿八十，下寿六十。”

《淮南子·原道》载：“中寿七十”。

《吕氏春秋·安死篇》载：“中寿不过六十”。

此外历代官吏的致仕（退休）年龄规定：汗、唐、宋、元为七十岁，明为六十岁，清为六十岁左右。从以上记载年龄划分可以看出，我国历史上各个时期的老年起点年龄也不尽一致，但大多数朝代以六十至七十岁为标准。

我国在1964年召开的第一届老年医学学术讨论会时，建议以60岁为老年的起点年龄，再加上我国的退休年龄为男60岁，女55岁，因此我国直到现在仍然以60岁为老年起点年龄。为了在人口统计上与国际接轨，我国在全国人口普查时，采用65岁为老年的起点年龄。

二、老龄化发展趋势

汉语的“老化”和“老龄化”是从英语中的“AGING”和“AGEING”翻译过来的。在习惯上，“老化”一般用于个体，指的是人类个体的衰老，也就是个体随着增龄而衰老的过程。“老龄化”一般用于人口群体，指的是老年人口在总体人口中所占比重上升过程。

人有自然属性和社会属性，从自然属性来说，生、老、病、死是自然规律，除夭折、英年早逝或非正常死亡以外，每个人都有个体老化即个人的衰老过程。个体老化指人体随年岁增加在生理和心理功能上所产生的变化而言，即从怀孕、出生直至死亡所经历的各个阶段——胎儿期、婴儿期、童年期、青春期、成年期及老年期。强调的是随着时间的推移，人体组织结构与生理和心理功能日渐衰退的过程。有的学者认为个人老化从一出生就开始，他们把人的生命过程等同于老化过程。也有学者认为，老化是在有机体成熟以后，随着年岁增长而出现的规律性变化。

俗话说“天增岁月人增寿”和“无情岁月催人老”，是就出生年龄而论的。因为随着岁月流逝的自然规律，人人都要进入老年，每个人都不例外。但是在生理、心理、社会功能等方面，衰退来临的时间早迟和速度的快慢，却人各不同。即使在同龄人群之间，也有差别。因为在生理、心理和社会功能等方面的衰退是可以通过参与社会，特别是个人的努力与锻炼而推迟和减缓的。

“人口老龄化”指的是人口群体的老龄化，它是一种人口年龄结构的变化，是老年人口在总人口中所占比重不断加大的过程。

人口老龄化是一种人口年龄结构变化的社会现象，是人口转变过程中的一种必然。任何一个国家或地区的人口，总是由不同年龄的人群组成的。人口学上的三分法通常把人口划分为少年儿童人口（0–14 岁），劳动年龄人口（15–60 岁或 15–64 岁）和老年人口（60 岁及以上或 65 岁及以上），这是为了计算劳动力资源量、劳动资源比和供养系数而按一般是否具备劳动能力的大致年龄而划分的。在总人口中老年人数量增加，特别是老年人口在总人口中所占比例上升，就是人口老龄化的动态过程。与此相反，如果老年人口在总人口中所占比例下降，则是人口年轻化的动态过程。

总的来说，人口老龄化是社会经济发展进程中人口年龄结构变化的一种必然趋势，但是在特定的地区和特定的时间，当出生率上升的幅度较大，少年儿童年龄人口比重上升的幅度超过老年人口上升的幅度时，就会出现老年人口在总人口中所占比例下降的人口年轻化的现象。例如第二次世界大战结束后出现的“婴儿潮”就使部分地区 1950–1975 年间 60 岁及以上老年人口在总人口中所占的比重下降，出现了人口年轻化的暂时现象。例如：

欠发达地区从 6.4% 下降到 6.2%；

最不发达地区从 5.4% 下降到 5.0%；

亚洲从 6.8% 下降到 6.6%；

非洲从 5.3% 下降到 5.0%；

我国从 7.5% 下降到 6.9%。

三、老龄化带来的问题

人口老龄化作为21世纪人类社会问题已经摆在我们面前，已引起全世界的关注。联合国把1999年确立为国际老人年，主题是“建立不分年龄人人共享的社会”。提醒各国在下个世纪，老龄化社会是人类社会共存的，对任何国家都是不可逾越的阶段。

人口老龄化的过程在人类社会发展的历史长河中，相对来说还是比较短暂的。十九世纪中叶，法国人口年龄结构最早进入了老年型；四十年以后，瑞典也驶入人口老龄化的道路。由于发达国家的人口老龄化现象，是伴随着社会化大生产、社会化分工，带来的工业化、城市化进程逐步形成的，是一个缓慢的渐进的过程，在其前期中，对社会发展和老年人口自身的影响并不明显，也只不过停留在以姻缘、血缘为纽带的家庭成员和社会道义中，因此，也没有引起社会各界的关注。到二十世纪三四十年代，欧洲许多国家，老年人口的数量增加，老年人口占总人口的比例也迅速上升，老年人越来越成为一个不可忽视的社会群体。由此，第二次世界大战以后，先期进入人口老龄化的发达国家实行“普遍福利”政策，对老年人建立各种形式的养老和健康保险制度。但是，随着老龄化进程的加深，发达国家的养老开支财源枯竭状态正在与日俱增。由于人均寿命和出生率普遍下降，导致人口结构迅速变化，使得老人占整个人口的比例急剧上升，大家庭以及其他供养老人的传统方式已渐衰微。与此同时，正规制度，如政府支持的养老保险制度，已被证实为无法维持和难以改革。在大部分发展中国家，那些制度几乎面临崩溃，其他准备建立正规制度的国家也在冒重蹈覆辙的危险。危机不但威胁到老人，更使他们的子孙直接或间接加大抚养老人的重担。”同时，老年人自身最基本保障和改善自身的生活质量都难以为继。代际之间隔阂加剧，年轻人看不惯老年人，有的年轻人对老年人产生歧视，干涉老年人合法的权利，老年人基本生存权利都得不到保障，有的甚至虐待老年人；而老年人对年轻人产生误解，两代人在社会生活上发生冲突，无法回避的问题，摆在人们的面前，人们迫切需要再认识老龄问题，考虑其对社会与经济、法律与道德、文化与习俗的影响。

老龄问题是当今世界的重大社会问题之一，受到了联合国、各个国际组织和各国政府的关注。

1969 年 8 月 16 日，马耳他代表首先向第 24 届联合国大会提交“年长与年老者”问题的提案，指出人口老龄化在国与国之间的社会养老环境各不相同，“乃是一个具有世界性的复杂问题”，要求国际间加强合作，共谋解决发展之路。1978 年联合国第 33 届会议，决定举行一次老龄问题世界大会，以唤起世界各国政府部门对人口老龄化的关注。

1973 年联合国大会通过了《年长和老年人问题的决议》，1977 年通过了 32/182 号决议，请各国政府考虑召开一次老年人世界大会是否可取，并提出意见。1978 年通过了第 33/52 号决议，正式决定在 1982 年召开老年人世界大会。1979 年第 32/153 号决议，要求各国做好大会的筹备工作。1980 年第 35/129 号决议决定将“年长人问题世界大会”更名为“老龄问题世界大会”。

1982 年联合国在奥地利的首都维也纳召开老龄问题世界大

会，通过历史上第一个国际间指导老龄工作的纲领性文件《维也纳老龄问题国际行动计划》，它标志着国际间老龄事业从此以后进入了崭新的发展时期，为世界各国人口老龄化的到来，提供了政策制定，理论指导，调查研究的依据。统一了国际间人们对老龄问题的认识，规范了老龄问题的大环境，推动国际间老龄问题向着相互了解、相互尊重、相互协调、相互促进的方向健康有序地发展。2002 年新世纪初期，在西班牙马德里召开第二届世界老龄大会通过《老龄问题行动计划 2002》等文件。

"老龄问题世界大会"于 1982 年 7 月在维也纳召开，来自世界各个国家、地区和国际组织的 124 个代表团出席了这次大会。我国经国务院批准，派出由劳动人事部、民政部、外交部、卫生部、商业部、财政部、国家计划委员会、国家体育委员会、民族事务委员会、全国总工会、共青团中央、全国妇女联合会、中国社会科学院、新华社、人民日报社、中国红十字总会代表组成的代表团参加了大会。

大会主要讨论了解决世界人口不可避免的老龄化以后可能出现的一些涉及老年人保健、教育、就业和社会保障与社会福利等问题，以及人口结构变化与经济、社会发展的相互关系。

1982 年 9 月 21 日联合国第 37 届大会通过的《联合国关于老龄问题的决议》和《1982 维也纳老龄问题国际行动计划》对老龄问题概括为两个方面含义，一个是人道主义方面的问题，另外一个是发展方面的问题。

《1982 维也纳老龄问题国际行动计划》在"老龄问题的人道主义方面和发展方面"一节中解释说："人道主义问题涉及年长

者的特殊需要。虽然许多问题和需要是年长者同其他居民所共有的，但另外有一些反映了年长者的特点和要求。包括保健与营养、住房与环境、家庭、社会福利、收入保障与就业以及教育。“发展方面问题，涉及的是以总人口中老年人所占比重增加为其主要特征的人口老龄化所造成的社会经济问题，其中包括在对老年人的赡养系数日益加大的情况下，人口老龄化对生产、消费，储蓄、投资，以及反过来对一般社会经济状况和政策所产生的影响。”[1]

老龄问题包括“人道主义”和“发展”的两个方面，即老年人问题和人口老龄化。两者之间既相互区分，又相互联系。

人口老龄化问题是指人口总数中老年人口比例不断上升的过程，老年人的增加到一定程度给整个社会经济发展带来一系列问题，同时，人口预期寿命的延长，受抚养人口的增加，对生产、分配、投资、流通、消费、储备等领域，以及政府部门制定切实可行的法律和法规，规范人们的伦理道德行为，以适合老龄化社会的需要。而老年人问题是由于老年人自身利益所产生的社会福利、家庭养老、社会服务、社会价值、医疗保健、赡养方式等问题。

人口老龄化实际上是指人口自身发展的一种状态，是一个动态的变化结构。在人口年龄结构变动的过程中，少儿人口占总人口中比例下降，老年人口占总人口比例上升，作为人口群体的中位数不断提高的一个动态过程，是人口出生率、死亡率和迁移的结果，是人口转变过程中，或者早或者迟的时间概念的人口现象。

[1] 老龄世界大会资料辑录，老龄问题研究[M].北京：中国对外翻译出版公司，1983：240.

而老年人问题是现阶段面临的迫切需要解决的问题。自有人类就有老年人问题。个体老化是指每个人的生理年龄的增加到衰老的过程，主要是指生物现象，这个生物现象的个体从胚胎、发育、生长、成熟到衰老直至死亡。个体老化与生存的时间同伴，度一年，长一岁，单向发展，不可逆转的趋势。而群体老龄化是双向选择，人口年龄结构可以转换，是随着人口出生率、死亡率、自然增长率的变化而变化，若一个人口老龄化的过程，出生率上升，死亡率提高，加上迁入少儿人口，劳动年龄人口的增多，人口年龄结构特征就可能年轻型，因此，无论是否存在人口老龄化过程的国家和地区，都依然存在着老年人问题。个体老化增多，集中在一起，60岁以上年龄段，汇聚为一整体，庞大的群体，导致这段年龄群体人数增多，年龄结构比例上升，老龄化加速，反之，个体老化减少，群体老龄化缓慢。

在当今社会中，强调社会经济可持续发展原则，以人为本与“建立不分年龄人人共享的社会”，人的本质是要求发展，要不断满足人的物质和文化的需求，恩格斯《在马克思墓前的讲话》中说：“人们首先必须吃、喝、住、穿，然后才能从事政治、科学、艺术、宗教等等；所以，直接的物质的生活资料的生产，在一个民族或一个时代的一定的经济发展阶段，便构成为基础。人们的国家制度、法的观念、艺术以至宗教观念，就是从这个基础上发展起来的，因而，也必须由这个基础来解释，而不是象过去那样做得相反。”[1]老年人口作为总人口中

[1] 马克思恩格斯选集：第3卷[M].北京：人民出版社，1972：574.

的一部分，理所当然要满足老年人的各种需求，群体老年人经济供养、生活照料和心理疏导，以及人口老龄化带来的问题必然提到议事日程上来。同时，人口老龄化又同老年人自身需求，如社会保险、退休金、医疗费、福利投入等有一定的关系；但是，随着老年人口数量的增加，老年人问题解决不好，就要影响人口老龄化，这就是我们认为的影响社会经济的发展，可以说人口老龄化是求真，而老年人问题的解决是求实。解决了老年人问题不等于解决人口老龄化问题，而人口老龄化问题的解决，其归根结底将有利于老年人问题的化解。

纵观我国人道主义与发展问题的两个不同程度老龄问题，如何在社会转型过程中，以科学发展观指导老龄工作，适合生产力发展，探索适应社会经济可持续发展，适应老龄工作的规划，已摆在人们的面前。我们既要从实际出发，结合本国文化传统，综合经济实力，坚持实事求是的方针，又要吸收国外人口老龄化的国家经验和教训，从物质利益的分配，社会保障制度的法律和政策，老龄观念的教育和引导方面，真正找到解决老龄问题的“结合处”，去建立和发展我们的老龄事业。

人口老龄化是人类社会客观发展的必然结果，人类是无法避免的，但是对老龄问题的各项经济、政治、文化、社会、生态的政策是可以选择的。充分认识中国老龄问题的特殊性和特殊矛盾，正确认识全面建成小康社会、全面深化改革、全面依法治国、全面从严治党与老龄问题的实质，确立“积极应对人口老龄化是国家的一项长期战略任务”的理论依据。

按照以上对老龄问题的界定，我们认为一方面已经进入老年型社会的国家，既有为其数量众多和比重较大的老年人口提供养老保障、医疗护理和生活服务等人道主义方面的问题，又有解决人口老龄化与经济协调发展的发展方面的问题。另一方面，目前尚未进入老年型社会的发展中国家，尽管老年人口比例较低，暂时还不存在人口老龄化带来的发展方面的问题，但是由于生产力低下和经济发展落后，有些国家 2000 年的人均国民总产值仅为 200 美元左右，其中最低的埃塞俄比亚 1999 年仅为 100 美元，加之社会保障制度还没有设立，或者很不完善，以致人们的温饱问题都得不到解决，当然存在着满足老年人生存需要的严峻问题。由此可见，包括老年人的问题在内的老龄问题，在任何国家、任何社会和任何时候都存在，只不过发达国家和发展中国家需要解决的老龄问题的重点有所不同而已。

四、老龄化问题热中的冷思考

从 1982 年维也纳老龄问题世界大会召开前后，我国开始关注并重视人口老龄化的问题。就我国人口老龄化的发展趋势和特点以及应该采取的对策，发表了许多论文和看法，对于推动我国人口老龄化的研究，起了很好的作用。经过 30 多年改革开放以后，我国政治、经济、社会、文化得到又好又快的发展，同时，老龄问题也带动了社会结构整体的变动，人口老龄化发展趋势已经不再是原有的状况，老年型的人口年龄结构，必将引起社会保障、生活照料、精神慰藉与老年人特殊需求等诸多问题。人口结构是社会结构的根基，而人口转变模型依赖于社会、经济和生态的持续发展与改善，并最终导致彻底的社会转型和人类生活质量的总体提升。[1]老年人口数量上的增长，老年人问题逐渐地加以显现，而使未来我国养老负担加重。同时，我国还在经历一个养老保障体制的转变，新体制下的养老保障制度资金上的积累，受到转型期老体制成本的钳制而举步维艰，也就是“人的生产与物生产相适应”，老龄问题的“均衡发展”的问题，使老年人从“以需求为基础”转变为“以人为本与权利为基础”，统筹与兼顾人口老龄化与人口年龄结构上的调整，与当前社会结构调整一并加以考虑，人口老龄化引发的人权与权利、健康与营养、居住与环境、家庭与收入保障、文化伦理与代际公正是我国长期面临着的课题。

老年人口问题是一个社会生产力进程与发展阶段问题。在生产力水平低下的农业社会阶段，老年人口规模不会成为负担；在生产力水平较高的工业社会阶段，老年人口规模的庞大已成为一个社会问题。“父母在，不远游”是传统社会的理念，老年人问题是依靠婚姻、血缘、地缘、宗族之间完成养老阶段，最终养老是依靠家庭完成的。而工业社会阶段，社会化分工明确，人的照料资源是由社会分工来完成的，家庭养老功能弱化，必然只能通过社会养老服务体系建设来解决养老问题。

专家们认为，人口问题是一个社会生产力发展的阶段性问题。在生产力水平低下的农业社会阶段，巨大人口规模成为负担；在生产力水平较高的工业社会阶段，人口规模巨大不成为问题。人

[1]（美)雷辛格.六十亿人口的警示—21世纪的人口增长与食品安全[M].朱爱萍，等译.北京：中国农业出版社，2002：32.

少且素质高、结构合理能够创造出较高的社会生产力；而人多且素质高、结构合理能够创造出更高倍数的社会生产力。资源环境的消耗和使用不在于人口多寡，而在于生产力水平和有效使用方法及其整合程度。经济资本随着时间推移有可能贬值，而高能的人力资本却是增值的。人口数量巨大是一把“双刃剑”：人多风险大、资源紧缺，但另一方面，人多又迫使采取措施提高巨大人口的素质，形成巨能人力资本，去发明新技术、开发新能源、创造新经济、创生新职业，满足人口多的消费需要和发展需求。人均GDP低根本在于生产力不发达，在人口方面看来是一个结构性的问题，即人口资源大国如果不能转变为人力资本大国，就很难成为一个高度现代化的强国。人口老龄化研究，我们应注意老龄化与非老龄化的因素，从人口老龄化与老年人自身需求，结构与变迁，均衡与冲突，人与社会的视角，确定三者之间关系，提出研究者的思路。

1、量与质

作为人口老龄化社会结构之一的人口结构变动，人口老龄化引发人口年龄结构上的转变，必然影响社会结构的调整。人口老龄化是人口统计学的概念，是指总人口中，老年人口增长比例占总人口到一定程度的常用指标。准确地说人口老龄化是人口年龄结构的老龄化。从某种意义上讲，是一种人为划分，既有实际操作意义。人口老龄化是结构上，而老龄化是依据老年人口数量多少，是一个量的问题。而目前我国社会又处于一个转型期，人口老龄化的影响与社会转型期两者相互叠加，加重了我国人口老龄化战略研究难度，因此，出现两难的境地，一方面要解决人口老龄化问题，另一方面关注人口老龄化下的老年人问题。虽然两者是前后关系，老年人问题在前，而人口老龄化在后。由于国情不同，我国老年人口庞大，数量之多，世界之举。同时，我国在人口年龄结构未转变前，城乡二元结构，老年人问题就已十分严重。给转型期的老年人，在社会保障、养老、医疗、照料的养老保障制度的质（平等与公平）上带来一定的问题。而目前人口老龄化的到来，老龄化与老年人问题并存，老年群体不是孤立群体，与少儿人口、劳动年龄人口有关，而是与其他群体进行社会互动或进行社会关系交往，相互结合共同和谐生活。因此，人口老龄化作为人口结构变动之一，人口老龄化达到较高程度也就是量，老年人群体的质引起社会的关注，积极老龄化是一个量和质相统一的概念，“老龄化”是老年人口占总人口的比重，是一个量的概念，“积极”是老龄化的品质。“积极老龄化”是指提高老年人的生活质量，多数老年人处于健康、参与和保障的机会尽可能获得最佳机会的过程，同时也不因社会发展受过度人口老化的影响。

2、结构与变迁

工业化助推了社会与文明的发展，社会与文明发展产生了人口老龄化。人口老龄化是人类社会文明发展的产物，社会文明的发展又为人口老龄化的解决提供有效的途径。社会学的创始人孔德当时把社会学分为“动态”与“静态”。以后，传统社会学在分析社会学结构和社会过程中，就从结构与变迁两个方面着手。结构就是构成一个整体事物的各组成部分关系的统称；变迁就是指事物运动和变化的顺序和过程。研究人口老龄化问题应放在社会学现象或某一社会问题应放到社会背景中去研究，人口老龄化作为人口学表现，是人口结构上的变化，而人口变化直接影响着社会结构。由此同社会学联系起来，分析与研究人口老龄化动态的过程中，发现问题、回答问题、提出应研究的问题、提出解决问题的办法，评估解决问题各种方案的可行性和科学预测事情发展的趋势。[1]

人口老龄化问题是对人口年龄结构上静态的横断切面的共时性进行解剖，了解它由哪些部分构成，这些部分之间的位置和关系如何，对社会整体系统影响如何；变迁研究是对社会发生、运行、变化的历时性的研究，进行探索性研究、描述性研究、解释性探究。[2]

按照这种研究问题的视角，当我们研究人口老龄化问题时，既要同人口老龄化对政治、经济、社会、文化与生态的影响，又要对它进行变迁研究，这样才能整体把握研究的方向。当社会结构产生新的要素，社会控制能力的弱化，规范和制度就失灵，社会结构将产生变化，引起社会上一系列社会变迁。在人口年龄结构上研究人口老龄化问题，应注意以下几点：（1）正确判断人口老龄化问题；（2）客观描述人口老龄化问题；（3）科学解释人口老龄化问题；（4）有效解决人口老龄化问题；（5）正确对待人口老龄化问题；（6）科学预测人口老龄化问题。也就是，人口老龄化引发经济社会问题，应重新完善与建立适应老龄社会的秩序。老龄社会是从人口年龄结构的角度来识别人类社会形态的一个新概念，它是指对应于老年型人口年龄结构的新的社会形态。[3]同时，又要在研究的过程中，注重典型调查与实地访谈。例如，在我们研究农村空巢家庭项目中，应把农村空巢家庭这个特定历

---

[1] 邬沧萍.社会老年学[M].北京：中国人民大学出版社，1999：37.

[2] 邬沧萍.社会老年学[M].北京：中国人民大学出版社，1999：37.

[3] 党俊武.老龄社会引论[M].北京：华龄出版社，2004：97.

史时期家庭结构，既要从外部社会结构与变迁，工业化、信息化、城镇化、市场化与对家庭小型化的趋势的影响，又要从农村经济建设逐步发展，从家庭联产承包制度下，农民生产积极性极大提高，加上农业社会化大生产，生产极大发展，同时，市场化加速社会流动。当今农村社会水平流动、垂直流动、个人流动、代内流动、代际流动与结构性流动与非结构性流动日趋频繁，改善家庭财产与个人收入是人们追求目标，同时也要体现自己利益和效率的“最大化”。在传统社会里，社会控制与传统文化价值观，家庭成员的规范有助于社会或家庭的巩固与维系。而随着现代化的来临，家庭养老功能的缺失，一方面强调在国家制度推崇家庭养老，而另一方面农村实际是家庭养老已名存实亡，留在家庭中的老年人，心存着家庭养老的幻想与家庭收入的拮据矛盾的心理，只能让子女是“父母在，就远游”在外打工，留守老人只能是“望子兴叹”。

3、均衡与冲突

社会学均衡是社会的常态，而变迁是暂时的，变迁的最终目的是为了达到新的均衡。社会功能主义论认为，社会的组成是由各部分（政府、单位、学校、社区、家庭、个人）有机部分构成，其结构内部存在着结构上的分工，每个组成部分在社会结构里各自发挥着自己地位的功能。功能主义论的代表帕森斯认为，整个社会作为一个系统，将社会各组成部分进行分类，构成社会的功能模块，探索作为系统的社会与各功能模块之间的关系，以及模块之间的关系。[1]均衡是社会系统的常态和本质特征，假设外

[1] 邱泽奇.社会学是什么[M].北京：北京大学出版社，2005：59.

部社会环境的干扰或各功能模块内部发生变化，必然影响到其他部分以及影响到整体发生变化，影响着原有的均衡，社会系统内部开始进行调整与协调，达到新的均衡。因此，功能主义论是从社会内部找出社会脱序失衡的原因，以求得社会各系统有次序和均衡的发展，同时，强调文化规范与共有的价值观念在社会结构中的整体合作。

社会具有两面性，一方面是和谐，另一方面是冲突。冲突论认为，社会内部的社会成员一部分人对另一部分人压抑，形成这种格局的基础是权利分配和社会角色的强制安排，以及有限的社会资源，人与人之间、人与群体之间、人与社会之间争夺社会资源始终是社会的主旋律。老年人与其他人群之间存在着利益分配的调整问题，也就是二次分配问题，代际之间分配的调整与协调，应引导年青人改变对老年人认识，减少冲突，增加和谐。让他们懂得“衰老”价值观，“衰老”是大多数人迟早要面临的自然规律的过程。如果每个人都想到自己晚年时受到公正的待遇，那么，年青人还会容忍老年人遭受其不公平行为吗？现在的老年人正处于社会转型期之中，但是他们已经丧失了年龄相关的优势、社会地位优势、财富的优势，老年人的社会地位、收入、就业、家庭、保障、住房、以及身体机能退化等。改变年青人对老年人忽视与排斥作法，在目前社会追求个性化与张扬的同时，放弃个人的追求自我，讲究功利的价值观念，重新审视自己的社会角色，倡导代际之间“共融、共建、共享”价值观念，代际人要守望相助，老少互尊、互爱、互助的价值观念。因为，越是发达的物质文明社会，人们对文明素质，人文精神与人道主义的要求也就越高。

冲突论强调冲突是社会常态的、动态的，社会变迁是造成冲突的主要原因，所以，在人口老龄化研究中应以代际之间、老年人群体与其他人群互动中的冲突与权力为社会学研究的视点，构建老年人社会保障的指标体系（老年人预警指标系统），释放具有“安全阀”性质的老人生活与生命质量的量化指标，例如，香港老年人口数300人以上要建立一个老年活动中心，人口老龄化指标超过15%~20%，应建立城乡一体化老年人老龄事业经费投入、检查、监督的机制等。

4、个人与社会

研究人口老龄化，不能脱离人与社会的关系，虽然人口老龄化研究是“动态”的人口研究，预测未来，但是，研究不能离开人口老龄化本身，是由于人口低出生率、低死亡率、低自然增长率的结果。而结果本身是由于我国采取人口计划生育政策，人为干预人口增长的方式，而出现的老龄社会。老年人口增加，少儿人口的减少，劳动年龄人口不断缩小，迫使我们在研究人口老龄化的同时，必须研究老人与社会之间的关系，因为，人本身离不开社会。

个人与社会两者之间既相融合，又相分离。每个现实的人，包括老年人在内都离不开社会群体，社会群体是个人存在的基础，个人只有依赖于社会群体才能完成生存的需要、生产的需要、安全的需要和精神的需要。由此，社会群体是个人生存所需的一切，社会群体是人类生活的基本特征。人的社会化过程，掌握知识、技能和经验只有通过社会才能实现。同时，社会的发展，又是通过所有人的努力而实现，一切个人活动的总和构成社会的整体的发展。

伦理始终是社会的伦理，道德永远是人的道德。个人与社会之间的关系，集中地表现为个人利益与社会利益之间的关系。交换理论代表霍曼斯认为，利己主义、趋利避害是人类行为的基本原则，由于每个人都想在交换中获得最大利益，结果使交换行为本身变成一种相对的得与失。[1]人之所以愿意去组成社会，就在于自己欲望和需求的满足，个体是难以完成社会财富的私人占有，追求自己解决自身生存问题，“人只有依赖社会，才能弥补他们缺陷，才可以和其他动物势均力敌，甚至对其他动物取得优势。[2]”人一旦没有约束，贪婪的欲望和无休止私欲的需求，社会群体的一部分优势群体压制或排斥另一部分弱势群体社会地位，在财富、权力、声望上歧视弱势群体，支配上一辈创造的财富，忽视代际之间的平等、自由、合作理念，优势群体始终占据社会财富支配地位，影响着代际之间和谐。可见，人就要学会做一个有道德的人，有规则的人，他的道德与规则约束在社会群体中，社会本身意味着伦理与价值观是最低层次，中间是权利与制度，最高是社会政策层次。虽然这三个层次是在不同的历史阶段形成的，但是社会建立的规则与伦理、权利与义务、制度与政策是社会文明的标志。“社会是由人而缔造出来的，但社会却因其规则而自恃地存在着。相对人来说，规则就是制约，就是对人的欲望、需要和绝对自由的遏制。”[3]人口老龄化是文明时代的产物，文明时代是人创造的，生活在人口老龄化中的老年人理应享受在

[1] 邱泽奇.社会学是什么[M].北京：北京大学出版社，2005：59.

[2] 休谟.人性论：下册[M].北京：商务印书馆，1980：580.

[3] 唐代兴.公正伦理与制度道德[M].北京：人民出版社，2003.

文明社会中的社会政策，不应把老年人排斥在外，社会政策是促进人的生存与发展，促进社会充满活力，促进社会和谐，因此，包括老年人在内，满足老年人正当的家庭赡养与扶养权利、社会保障权利、参与社会发展权利，使老年人在年老时的收入保障、生活照料、精神上慰藉，以及老年人特殊需求的服务上，让老年人有独立、参与、照顾、自我实现与尊严享受社会群体之中。

我国正处在人口老龄化进程加速时期。尽管国家在制定社会公共政策时，已考虑到保障老年人的合法权益。但在市场经济发展过程中，政策实施者似乎更注重在岗人员的利益，而忽视退休老年人权利。只注意眼前利益，忽视长远规划，只注意事业上报喜，忽略以人为本。我们已经迈向现代化的步伐，人的现代化是根本，但政策制定还以传统方式思考，畏缩不前，不与时俱进，不与时代发展同步，过分强调家庭养老地位，家庭是社会初级群体，工业化使家庭小型化，空巢家庭比例升高，城乡家庭养老之间，存在着针对性的家庭帮扶政策，社会流动加快，“市场经济，地养不起人，户也管不住人”。而家庭中，存在着“城市有子女照顾不了，农村有子女照顾不好”的局面，部分年青人难有时间照料老年人，而社会养老服务未能及时跟上，导致部分老年人在社会上、经济上以及精神上均缺乏安全感。随着老龄化的加速，若不采取措施，这种代际之间不和谐还将日益扩大。

第二节　动态人口红利与老龄经济增长

人口是社会生产力不可缺少的前提和要素。当我们讲人是生产者时，是就人的本质而言的，这并不意味着每个现实的人在社会生产中都是生产者。[1]总体人口是由少儿人口、劳动年龄人口和老年人口组成的，在统计中，一般把少儿人口和老年人口列为消费人口，把劳动年龄人口列为生产人口。确定地说，只有劳动年龄人口中从事劳动的人口才是生产者与消费者的统一。劳动年龄人口是全社会财富的生产者，在总体人口中处于核心地位。人口年龄结构反映劳动年龄人口与少儿人口、老年人口的比例，因此年龄结构的变化，必然对社会经济发展产生有利和不利的影响。人口老龄化带来人口年龄结构的变化对经济、政治和社会各个领域也都会产生广泛的影响。例如，受人们深切关心的代际支持体系的产期多变性，将会对老年人和年轻人的福利产生影响。特别是在家庭规模小型化，和作为传统护理人员的妇女走出家庭去就业的情况下，有家庭提供照料的可能性就越来越小了。

由于越来越多的人寿命延长，导致退休金、养老金以及其他社会津贴的支付期延长。为了使养老保障制度有效地运转，需要进行必要的支付改革和完善。

一、对传统观点和对老龄化悲观论调的质疑

传统观点认为老龄化对经济发展的不利影响，主要有：

（一）在少儿人口比重不变的情况下，人口老龄化会导致劳动年龄人口比重下降和劳动力资源相对减少，甚至出现劳动力不足。

（二）人口老龄化会导致劳动年龄人口老龄化，影响劳动生

[1] 张纯元.人口经济学[M].北京：北京大学出版社，1999：77.

产率提高。

（三）人口老龄化会导致老年人供养系数上升，劳动年龄人口负担加重，劳动成本提高。

（四）人口老龄化会导致国家用于老年人的养老、医疗保险支出增加，影响扩大再生产。

（五）人口老龄化会导致依靠养老金生活的人口比重上升，有储蓄能力的人减少，支出储蓄存款的人增多，不利于资本形成。

人口老龄化对社会经济发展确有某些不利影响，作为唯物主义者，我们承认这一客观存在，而且不排除在人口老龄化加重情况下，在一定时期和一定程度上会制约社会经济的发展。但是这种不利影响毕竟是局部的，暂时的和可以缓解的。我们还应看到人口老龄化对社会经济发展的有利因素，用辩证观点和科学的对策来认识和减轻不利影响和充分利用有利因素，才是对待人口老龄化挑战的正确态度。

对人口老龄化持悲观态度的人，用孤立、静止和片面的观点看待人口老龄化。形而上学的方法论使他们夸大了人口老龄化对社会经济发展的不利影响，看不到或者不重视人口老龄化的积极因素。

既然社会财富是人创造的，那么人口老龄化与社会经济发展之间的矛盾，也得靠人来解决。人口的预期寿命不是静止的，而是在不断延长。寿命延长相应带来有效劳动岁月的延长，这不仅意味着劳动力资源的增多，而且也会使劳动力成本下降。

悲观论者甚至视人口老龄化为灾难，原因就在于他们得出的人口老龄化严重影响的结论是在不考虑人口寿命延长，只是把现在的劳动年龄上限一成不变地沿用至未来50年而得出的。据联合国统计和预测，发达国家的人口平均寿命1950–1955年为66.5岁，2040–2050年为80.8岁，尽管2050年的预期寿命比1955年延长了14.3岁，但是在统计上劳动年龄上限（65岁）却一直不变，仍然沿用95年前的标准。用这种标准计算出的结果能反映未来的现实吗？如果我们在人口预期寿命延长的同时相应调整劳动年龄上限，劳动年龄人口比重就不会无限度地下降，老年人的赡养系数就不会大幅度上升，劳动力不足也能有所缓解。

对人口老龄化的不利影响夸大的另一个原因是在评价社会承受人口老龄化的能力时只强调了人口老龄化的加重，而没有把科技进步、人口素质提高、生产力提高和社会经济在不断发展的有利因素考虑进去。1985年发达国家的老年人口比重为16.1%，2025年为25.3%，40年提高了9.2个百分点。如果我们用当前的社会经济发展水平来衡量几十年后对人口老龄化的承受能力显然是不科学的。

二、人口老龄化是社会经济发展的必然结果

社会的存在与发展离不开一定的条件，其中包括自然环境、人口、文化、物质生产方式等等。马克思说：“任何人类历史的第一个前提无疑是有生命的个人的存在。”[1]如果说自然环境是社会赖以存在与发展的基本条件的话，那么作为社会的主体和基础的人口，则是社会存在和发展的首要前提。马克思主义关于“两种生产”的理论，揭示了社会经济发展与人口发展之间的本

[1] 马克思恩格斯选集：第1卷[M].北京：人民出版社，1972：24.

质联系，论述了社会经济发展决定人口发展，人口发展反作用于社会经济发展的辩证关系。社会经济发展，是一个国家调节“人与自然”之间和“人与人”之间关系总能力的综合表现，又被视为一个国家综合国力总体水平的基本表述。人口老龄化作为人口年龄结构的变化，既涉及“人与自然”之间的关系，又关系到“人与人”之间的代际经济交换，是一个需要多方面合作加以综合处理的社会经济问题。21 世纪是全球人口老龄化的世纪。在新世纪里社会经济要发展，而人口老龄化进一步加重又是必然的趋势，研究两者之间的辩证关系，采取有效的对策与措施，使两者在对立统一的矛盾运动中趋向协调发展，既有重要的现实意义，又有长远的历史意义。

马克思主义认为：“一切重要历史事件的终极原因和伟大动力是社会经济的发展。”老龄化也不例外，老龄化发展的终极原因和伟大动力也是社会经济的发展。

人口老龄化是老年人口在总人口中所占比重不断加大的动态过程。导致人口老龄化的根本原因是死亡率下降、出生率下降和人口预期寿命延长。而这些因素都是在社会发展、生产力提高和经济繁荣的过程中出现的。

在生产落后和社会经济发展缓慢的自然经济阶段，天灾、人祸、贫困和疾病等落后环境导致人口死亡率很高，平均寿命很短。高死亡率必然导致高出生率，亚当·斯密曾这样说：“贫困似乎会促进繁殖。”加利阿尼在《货币论》一书中指出：“贫困在达到引起饥馑和瘟疫以前，与其说是妨碍人口增长，不如说会促进人口的增长。”史实表明，在社会经济发展水平低、死亡率高、出生率高和平均寿命低的情况下，老年人口数量少、比重小，人口年龄结构呈正金字塔形，不可能出现人口老龄化。

产业革命带来了生产力的提高和科技进步，加速了社会经济发展，人口状况也相应发生了变化。随着生存条件的改善，及公共卫生和医疗技术的发展，增强了人们的抗病、治病能力，从而使人口死亡率下降。如英国的人口死亡率从产业革命前的 22.2‰下降到 1891 年的 16.4‰，德国从 1880 年的 25.3‰下降到 1910 年的 19.3‰，丹麦从 1880 年的 18.7‰下降到 1920 年的 13.0‰[1]，成为人口死亡率持续明显下降的第一次人口革命，为出生率下降创造了条件。

工业化生产把原来追求劳动力数量转化为强调劳动力质量，家庭在收入支配上开始把砝码加在提高子女的质量上而不是增加数量上；文化教育事业的发展为妇女文化水平的提高和参加社会发展创造了条件；妇女参加工作使生育子女的机会成本（母亲在孕期和抚育孩子期间所放弃的收入）大大提高，使人们趋向节制生育；退休与社会保障制度的建立，改变了人们“养儿防老”的生育观。由于以上诸多因素，使一些欧洲国家的人口出生率呈下降趋势，如英国的人口出生率从 1851 年的 34‰下降到 1901 年的 30‰，丹麦从 1880 年的 32.1‰下降到 1920 年的 25.1‰，德国则由 1880 年的 37.0‰下降到 1910 年的 33.6‰，表现为继死亡率下降后人口出生率持续明显下降的第二次人口革命。在两次人口革命过程中，发达国家的老年人口比重普遍加大，法国、瑞

[1] 邬沧萍.漫谈人口老龄化[M].沈阳：辽宁人民出版社，1986：24–25.

典、英国、爱尔兰、德国相继成为老年型国家。第二次世界大战后，美国、加拿大和其他一些发达国家也进入了老年型国家的行列。

发展中国家虽然没有经历产业革命，但是随着经济独立，生产力提高，工业化与城市化的发展，以色列、古巴、阿根廷、乌拉圭等国家也步入老年型国家的行列。联合国对191个国家和地区的统计和预测表明，1999年已进入老龄社会的国家和地区包括中国在内共有62个，占总数的32.4‰。预计2050年进入老龄社会的国家和地区将增加到175个，占总数的91.6‰。老龄化是人类社会发展的必然趋势，21世纪将是全球老龄化的世纪。

三、发达国家实现人口老龄化与经济协调发展的主要途径

人口老龄化与社会经济发展之间，不存在截然对立的矛盾，通过调动一些积极因素，在人口老龄化进一步发展的情况下，仍然能够保持社会经济继续发展的史实，可以证实上述论断。

经济合作与发展组织成员国中除土耳其外都是老年型国家，尽管这些国家65岁及以上的老年人口比重都已超过11%，但是他们的经济发展并未因人口老龄化的发展而停滞。法国和日本可以说是老龄化与经济可以协调发展的最有代表性的国家，法国于1865年65岁及以上老年人口占总人口的比重已经超过7%，成为世界第一个老年型国家。进入老龄社会以后，由于政府为解决老龄问题制定了包括从物质基础到思想认识的“全方位”老龄政策，并采取了相应措施，重视利用老年人力资源发展经济，缓解了老龄化的不利影响，从而使这个已经历了135年的老年型国家，尽

管老年人口比重从1850年的7%上升到2000年的16%，居世界第7位，但是并没有被日益加重的老龄化拖垮，而且人均国民总收入仍在不断增长，2001年为22690美元，列世界第15位。

日本的人口老龄化速度超过所有的发达国家，但在1970年成为老年型国家后，由于朝野重视，采用了多种积极政策与措施，从而减轻了老龄化的消极影响，保持了经济不断增长的势头，2001年老年人口比重达到17.2%，居世界第2位，人均国民总收入为35990美元，居世界第2位。

经合组织以及法国和日本的实践表明，人口老龄化与社会经济发展是可以相互协调，走向良性循环的。

各个发达国家进入老年社会后，尽管由于国情和历史文化背景不同，在促进人口老龄化与社会经济协调发展方面所采取的对策不尽一致，但是在缓解人口老龄化不利影响方面却有很多相同的措施，主要有：

1、把老龄工作纳入国家发展计划

很多国家在政府和议会设立老龄问题工作部门和咨询结构，把老龄问题纳入国家发展规划。例如：

美国政府设有“老人署”，白宫聘有总统老龄问题顾问，总统定期主持召开“白宫老龄问题会议”，讨论老龄问题和政策。参、众两院设有老龄问题特别委员会，关注有关老龄政策和立法问题。

日本总理府设有老龄问题研究室，厚生省设有“老人对策室”，各级政府不定期邀请专家学者参加“老龄问题研究会”，并把老龄问题纳入政府工作计划。

英国政府由卫生部、劳动保障部和社会服务部，分工负责老年人的养老、医疗和服务工作。

2、鼓励生育，适时调整人口政策

为了缓解人口老龄化发展的不利影响，一些发达国家采取鼓励生育政策，对多子女家庭给予经济补偿，提高人口出生率，使劳动年龄人口比重和老年赡养系数以及总供养系数，保持在有利于社会经济发展的水平上。例如：

法国政府对于有 2 个及以上子女的家庭发给家属津贴。第一个和第 2 个孩子，每人每月 684 法郎，第 3 个及以上的孩子，每人 876 法郎。

德国对多子女的家属津贴的标准是：第 1 个和第 2 个孩子每人每月 250 马克，第 3 个孩子每月 300 马克，以后再生的每个孩子每月 350 马克。

芬兰的孩子津贴标准是：第 1 个孩子每月 535 芬兰马克，第 2 个孩子每月 657 芬兰马克，第 3 个孩子每月 779 芬兰马克，第 4 个孩子每月 901 芬兰马克，第 5 个及以上的孩子每人每月 1023 芬兰马克，对于单亲家庭的孩子每人按月加发 200 芬兰马克。

日本 1997 年的总和生育率为 1.34，是世界上最低的。为了转变这一局面，政府决定设法提高人口出生率。除了奖励生育外，厚生省增加了研究经费，帮助那些想要孩子却苦于怀不上胎的夫妇。政府“天使”五年计划的目标是建立各种托儿机构，解决生孩子的后顾之忧。

3、改革和完善社会养老保险制度

改革和完善社会养老保险制度是世界各国迎接人口老龄化挑

战的一项重要措施。2001 年 6 月 6 日，世界银行发表的一份报告说，为了防止老年人陷入贫困，避免退休金制度崩溃，富裕国家和发展中国家,都必寻找新的办法,改革国家养老金计划。报告说,虽然这个问题比较容易解决，可是世界银行赞成实行“多支柱养老金计划”，包括传统的公共养老金计划和个人账户，以及公共和私人养老金相结合的形式。前几年已有不少国家接受了世界银行的这项建议。

此外，有些国家还最大限度地扩大养老保险的覆盖面，并对退休人员无退休收入的配偶发给家属保险津贴。例如：

美国的《老年人和遗属保险》供养亲属津贴的标准规定：支付给予 65 岁受保工人的妻子和丈夫年金 50%，受保人死亡后，其 65 岁或以上的配偶，领取受保人年金的 100%。

意大利的养老保险制度规定，受保人的配偶津贴标准为受保人年金的 50%。受保人死亡和其配偶领取受年金的 80%。

瑞士 1982 年生效的《养老金、遗属和伤残保险》制度规定：受保人 65 岁的丈夫和 62 岁的妻子的配偶津贴为受保人年金的 50%，受保人死亡后，其配偶领取受保人年金的 80%。

4、发展高科技，促进社会经济发展，提高对人口老龄化发展的承受能力

解决老龄问题的根本出路在于发展经济，发展经济的最大动力是发展高科技。美国的实践表明，信息革命能减缓人口老龄化发展的压力。美国全国老龄问题研究所人口统计项目负责人理查·德苏茨曼认为，经济增长率远比人口老龄问题重要得多。美国发展高科技所带来的经济高增长率在减轻人口老化的压力方面

很有作为。

5、提高领取退休金的法定年龄，鼓励延缓退休，为养老保险基金开源节流

20 世纪 70 年代资本主义世界的石油危机和失业率居高不下，以及老龄化进一步的发展，导致发达国家社会养老保险出现了基金困难的局面，部分国家甚至陷入了养老基金入不敷出的困境。为了保持收支平衡，保持养老保险制度持续发展，一些国家相继采取了提高领取退休金法定年龄，鼓励延缓退休的措施。据国际社会保障协会统计，已经有 30 多个国家和地区制定了提高领取退休金法定的计划，其中美国每年提高 2 个月，计划到 2007 年提高到 67 岁。日本争取在 2025 年前后把领取退休金法定年龄提高到 70 岁。

6、接收国外移民计划，弥补劳动力不足

20 世纪 70 年代流动在国际间的“外籍工人”有 1400 多万人，进入西欧的占 50%。法国早在 1962—1968 年就接收了国外移民 175 万人，今后还需要移民 200 万人。瑞典每年接收移民 1 万多人，现在外来的移民已占全国人口总数的 20%。欧盟统计办公室 2001 年 1 月 8 日公布的资料表明，移民使欧盟的人口增加，缓解了劳动力不足的困难。1999 年欧盟接收移民 72 万人，2000 年上升到 81.6 万人。联合国预测，不少工业国家都将面临沉重的老龄化压力，需要吸收外国移民作为新的劳动人口。

发达国家通过吸收移民来缓解劳动力不足，应对老龄化挑战的做法，已达成国际共识。预测 2000~2025 年，发达国家每年平均接收移民 128 万多人。

发达国家的实践表明，人口老龄化是可以与社会经济协调发

展的。只要政府在制定规划和政策时，充分利用人口老龄化对社会经济发展的有利条件，采取有效措施，应对老龄化挑战，促进经济发展，就能建成“不分年龄、人人共享”的老龄社会。

第三节　动态人口红利与渐进式延迟退休年龄政策

马克思主义认为人口是社会的基本生产力，是社会经济活动的主体。人口对于社会经济发展的作用，主要是通过生产者和消费者的统一体而实现的。但是，从人的自然属性来看，并不是人的一生都是生产者，是否是生产者，首先要受年龄的限制。按一般的划分，未成年的少年儿童人口和丧失劳动能力的老年人口，属于消费人口；从事劳动的劳动年龄人口属于生产人口，这意味着，处于劳动年龄阶段的人口才是生产者与消费者相结合的人口。所以对三个群体的年龄范围，除少年儿童人口为0–14岁外，劳动年龄人口和老年人口都有两个标准，一个是发展中国家使用的劳动年龄人口标准为15–59岁，老年人口标准为60岁及以上；另一个是发达国家使用的劳动年龄人口标准为15–64岁，老年人口的标准为65岁及以上。

劳动力是发展生产力最主要的因素，劳动力资源是最重要和最宝贵的资源。从经济学的观点看，一个国家和地区的劳动力资源量的多少，是反映这个国家和地区经济实力的重要指标。联合国在人口年龄结构的统计中，把劳动年龄人口视为劳动力资源，按此标准，凡是低于法定劳动年龄下限和高于法定劳动年龄上限的人口，都不属于劳动力资源。

一、劳动年龄上限不能一成不变

劳动年龄人口指的是在一定年龄范围内有劳动能力的人口。劳动年龄的上限主要是依据特定国家和地区在特定阶段社会生产力水平和人口平均预期寿命制定的。由于社会生产力水平和人口平均预期寿命在不断提高和延长，所以劳动年龄上限也应该相应提高，不能一成不变。否则，在人口老龄化发展的过程中，就有可能导致劳动年龄人口比重下降和老年赡养系数上升，不利于社会经济发展。

更需要我们注意的是，随着科学进步和教育的发展，孩子们在校学习的岁月在不断延长。发达国家青年人进入劳动队伍的时间已经推迟到18岁以上，有些国家在人口统计上把劳动年龄的范围改变为18–65岁，实际上等于把劳动年龄下限提高了3岁。在这种情况下如果不提高劳动年龄上限，劳动年龄人口数量的减少将会更为严重。

遗憾的是这个问题并未引起有关部门的注意。几乎所有国际组织和很多国家政府，在人口统计特别是预测上，仍然维持使用原定的劳动年龄上、下限，用50年前的标准，预测50年后的前景，结果是人为地夸大了人口老龄化的严重性。以联合国1996年对发达地区1950–2050年人口的统计与预测为例，尽管在100年中人口平均预期寿命将延长14.3岁（1950年为66.5岁，预测2050年为80.8岁），生产力水平已经提高而且还将大大提高，但是在预测2050年人口年龄结构时，仍然使用64岁为劳动年龄上限作标准。预测结果2050年劳动年龄人口比重58.3%，65岁以上老年人口比重 24.7%，老年赡养系数为 43.4，总供养系数为 71.3，这种由 100 个劳动年龄人口来供养 29 个孩子和 42 个半老年人的情况能够出现吗？如果出现这种情况，社会经济能够继续发展吗？

这种预测结果不可信，只能把它理解为使用标准不当所出现的一种夸大了人口老龄化发展的假象。值得庆幸的是，有一些学者和政府人员，已经意识到提高劳动年龄上限的必要性。越来越多的国家用提高法定领取退休金年龄的办法，变相地来提高劳动上限。现在法定领取退休金年龄为 67 岁的国家有 3 个（丹麦、冰岛和娜威），据国际社会保障协会统计 1995–1998 年这已有 30 个国家和地区制定了提高法定领取退休金年龄的计划，其中美国已经开始每年提高两个月，2007 年提高到 67 岁。

中新社 2008 年 9 月 2 日电称，美国越来越多在二战后出生的一代把退休年龄推后，一直工作到 70 岁左右。据美国劳工统计局数据，将近 70 岁仍在工作的人，已从 1985 年的 18% 上升到 2006 年的 29%。2007 年超过 65 岁的就业的人数将近 600 万。这种超过退休年龄继续工作的趋势表明，适时提高劳动年龄上限不但是可行的，而且必将成为“势在必行”。

二、提高劳动年龄上限是增加劳动力资源的有效措施

老年群体是一个巨大的智力资源宝库，是一支成熟的、无需投资培养的智力大军，他们所具备的政治思想优势、社会威望优势、实践经验优势和时间优势，中青年人不可取代，是老年人才资源开发的源泉。

我国现行的退休制度是上世纪 50 年代初制定的，至今已有 60 年。60 年来，随着社会发展、人民生活水平的提高和医疗卫生条件的改善，人的寿命已大大延长。据有关资料显示，1950 年全国人民平均寿命 40.8 岁，增长 33.2 岁，但仍然执行 60 年前男 60 岁、女 50 岁（干部 55 岁）的退休制度。

进入 21 世纪以来，大多数人到了法定退休年龄从工作岗位上退了下来以后，身体素质和工作能力基本上仍处于壮年阶段，仍可继续胜任本职工作，只是由于制度规定，必须退出工作岗位。每个人从退休到辞世，一般都有 20 年以上。以从 60 岁退休到 80 岁仍然有工作能力计算，还有 20 年时间，占人生里程的四分之一。在这段时间内，蕴藏在他们中的智力资源如何发挥，不被重视而造成浪费，是个很值得重视研究的问题。提高劳动年龄上限是促进老龄化与社会经济协调发展的重要措施之一，其好处有五：

（一）可以提高劳动年龄人口比重，增加劳动资源；

（二）可以减缓人口老龄化发展和老年人口增加的速度；

（三）可以降低总供养系数和老年赡养系数；

（四）可以推迟领取退休金的时间，减少发放的岁月；

（五）可以延长员工的工作岁月，降低劳动成本，为社会多创财富。

三、有劳动能力的老年人仍然是人力资本和人力资源

由许涤新主编，商务印书馆 1981 年出版的《政治经济学辞典》对劳动力资源的界定为：“在劳动年龄范围内有劳动能力的人口，

即已参加或可能参加劳动的人”。[1]

1986年,我国劳动人事部出版的劳动人事部专修试用教材《人口与劳动资源》对劳动资源的解释是：劳动资源是指在劳动年龄范围内有劳动能力的人口，即已参加或可能参加劳动的人口。即：

劳动资源 = 劳动适龄人口 – 劳动适龄人口中不能从事劳动的人口

或：劳动资源 = 已参加劳动的适龄人口 + 可能参加劳动的适龄人口[2]

尽管以上对劳动力资源的表达方式不同，但实质上都是把法定的劳动年龄人口以外的人口一概排除在劳动力资源之外，而不管他们之中是否还有具有劳动能力的人口。对这种界定是否科学还有不同的看法。

从人口过程来看，人作为生产者要受本身自然生理条件的制约，也就是说，人必须具有劳动能力才能构成劳动力和属于劳动力人口的范围。马克思在述劳动力时指出：“我们把劳动力或劳动能力，理解为人的身体即活的人体中存在的，每当生产某种使用价值时就运用的体力与智力的总和。”[3]马克思关于劳动力的这一定义，说明了劳动力的三个基本特征：

1. 人的生命是劳动力的自然基础。“劳动力只是作为活的个体的能力而存在”。

2. 劳动力是人们生产某种使用价值时所运用的能力，劳动

[1] 熊必俊.老有所为的理论与实践[M].北京：经济管理出版社,1993：50–51.

[2] 王胜泉.人口劳动资源[M].北京：劳动从事出版社,1986：154.

[3] 马克思恩格斯选集：第23卷[M].北京：人民出版社,1995：190.

以外其他活动所耗费的体力与智力不是用于劳动，因而不构成劳动力。

3. 劳动力是人的综合性能力，是由体力和智力组合而成的。

劳动人事出版社 1987 年出版的《劳动经济学概论》认为，劳动力资源（也称劳动资源或人力资源）是指能够从事各种工作的劳动力人口。即：

劳动力资源 = 劳动适龄人口中具有劳动能力的人口

+ 劳动年龄以外实际从事劳动的人口

在马克思关于劳动力的论述中，没有提出构成劳动力的任何年龄界限。这说明，凡是具有劳动能力的人，不论年龄大小都是劳动力。具有劳动能力的老年人当然也不例外。人的劳动既包括体力劳动，也包括脑力劳动，但是体力劳动与脑力劳动不能截然分开。一方面，最简单的体力劳动也有一定的智力要求；另一方面，最复杂的脑力劳动，也要消耗一定的体力。至于习惯上把劳动者划分为体力劳动者和脑力劳动者，只不过表明了两者以何者为主，两者各有侧重与分工而已。

劳动经济学认为，劳动力有两种含义，一是指人的劳动能力；二是指有劳动能力的人。后一种含义为前一种含义的基础。无论什么人，只有在他具有一定劳动能力条件下，才能是劳动力。

美国《劳动经济学》一书的作者唐·白劳德和马克·杰克逊认为："最广义的劳动力概念是指总劳动力，即在任何一国内的所有 16 岁以上的非管制人员。"[1]

---

[1]（美国）唐·马克·杰克逊.劳动经济学[M].北京：科学普及出版社，1989：61.

这里只有劳动力年龄的下限，没有上限，意味着少年儿童不是劳动力，而那些16岁以上具有劳动能力的人（包括老年人在内）都是劳动力。

苏联出版社的高等学校劳动经济专业教科书《劳动经济学》对劳动力所下定义是："'劳动力'这一概念，在狭义上被当作有劳动能力人口或劳动资源"；对劳动力资源所下的定义是"劳动力资源是参加或能够参加劳动的那一部分人口。"[1]上述概念和定义表明，凡是参加或能够参加劳动的老年人口，都应属于劳动力资源范围。

关于劳动力资源的范围问题，刘庆唐主编的《劳动就业概论》认为："这个问题的实质是年龄的法律规定问题。劳动资源一般是以劳动年龄作为划分的依据，严格地说，在劳动年龄以外的人，不能包括在劳动资源范围之内。但是，不足劳动年龄和超过劳动年龄的人参加社会劳动是一个极为普遍的现象，即使是经济比较发达的国家也是如此。从劳动力资源的符合平衡来说，这部分人还须划入劳动力资源的范围之内，这也反映了从实际出发的原则。"[2]

张纯元教授主编由北京大学出版社1983年出版的《人口经济学》认为："劳动力资源是全部人口中有劳动能力的那一部分人口，即劳动力人口构成的……一个总人口中，蕴藏的劳动力资源量，不完全等于劳动力年龄人口数，而是等于劳动力年龄人口

---

[1]（苏联）H・A・伊万诺夫.劳动经济学[M].中译本.北京：三联书店，1987：380.

[2] 刘庆唐.劳动就业概论[M].北京：劳动人事出版社，1986：220.

加上劳动力年龄外有劳动能力的人口再减去劳动力年龄内没有劳动能力的人口。”[1]

经过这几年的研究和探讨，大家比较一致的看法是，劳动年龄人口是劳动力资源的主体，而不是其全部。对劳动力资源比较全面的概括应该是：劳动年龄人口中有劳动能力的人口和劳动年龄以上实际参加劳动的人口。

论证“有劳动能力老年人是劳动力”的重要意义在于确定这一界定对于开发老年人力资源，变人口年龄化的压力为动力，以及实现人口年龄化与社会经济协调发展和可持续发展至关重要。

开发利用老年人力资源的作用和意义，已经引起了世界各国的重视。1982 年维也纳老龄问题世界大会要求各国政府“研究人口老龄化对经济发展以及经济发展对老龄化的影响，以使老年人的潜力得以发挥。”大会所通过的《国际行动纲领》强调指出：“单以人们的年龄长幼来判断是否达到就业阶段，同时人们一旦丧失了就业身份（包括退休）就可能被完全置于社会次要地位的做法，是某些国家社会——经济发展过程中可悲的矛盾现象。”大会指出：“把老年人笼统地划分为‘受供养者’的问题是一个首要的人道主义问题和人权问题，必须通过具体的政策和方案来解决。”决议与行动纲领的中心意图是强调老年人不都是依附于别人的消费者，应该尽可能地为有劳动能力的老年人提供就业机会，使之有利于社会经济发展。

[1] 张纯元.人口经济学[M].北京：北京大学出版社，1983：107-109.

第四章　动态人口红利释放积极的人口老龄观

社会发展是人的发展问题的前提，人的发展问题是社会发展的根本问题，社会发展必须围绕着解决人的自身发展问题而展开，包括老年人在内。社会对人的自身发展的性质，决定着社会生产力发展的广度、力度、强度和速度。人的发展问题的根本性解决，应该从两个方面着手：一是社会要明确人的发展目标，即全面解放人；二是社会要积极开放全面激励人的发展的途径，即为人的发展创造平等、民主、自由、公正的社会平台。[1]同时，社会发展又是一个持续不断的过程，涉及到代与代之间的关系的定位，社会发展是一条前后连续的链条，后人的社会产生劳动只能在前人创造的既定社会生产劳动条件基础上进行。后人的社会生产劳动成果都凝结着前人的劳动心血特别是当代科学技术广泛应用于社会生产劳动过程，过去的社会生产劳动知识技能的积累显得更为突出和重要。社会生产劳动过程愈是社会化，当前社会生产劳动成果所包含的社会劳动积累就愈多。历史唯物主义认为，人类社会发展财富是靠一代又一代人创造、积累、传递、承接再创造下去的。

每一代的生产劳动都是对前代人的继承和发展，没有前一代

[1] 唐代兴.公正伦理与制度道德[M].北京：人民出版社，2003：178.

人的努力，就没有下一代人的成果。老年人在社会生产劳动年龄阶段创造的物质财富和精神财富、积累的无形资产和有形资产仍在继续产生经济效益与社会效益，并随着社会的发展而延续。没有他们的社会生产和劳动创造，就没有社会财富的积累，也就谈不上社会发展进步。也就是说，社会发展进步已经凝聚了老年人的辛勤和劳动，包含着他们“过去劳动”价值的转移和增值；老年人的历史功绩具有延伸性，而绝不仅仅是终止在他们的劳动年龄阶段。老年人享受的待遇，应是对他们自己包括他们前人遗留下来的劳动成果的补偿，是其过去通过生产劳动而积累的社会财富的延期支付，并不是后人对老年人的无偿奉献或恩惠。所以，虽然他们因年老而离开工作或劳动岗位，仍应和其他社会成员一起共享社会发展的成果。这是合乎情理，天经地义的，并不是谁的恩赐，更不需向谁去乞求。任何社会没有任何理由剥夺他们的这种权利。“前人栽树，后人乘凉”，是社会发展的规律。同样，“吃水不忘挖井人”，也是基本的社会制度道德。现在社会发展了，生活好了，当然不能忘了“栽树人”、“挖井人”，理应给曾做出了“透支”性贡献的当今的老年人以特别的、追加性的补偿回报。

对待人口老龄化问题，我们既不能悲观失望，又不能隔岸观火。在 2011 年 10 月第三次全国老龄工作会议上，首次提出积极的人口老龄观，以积极的态度、积极的政策、积极的行动应对人口老龄化。对于劳动年龄人口的年龄界限不是永久不变的，把老年人视为能动的主体，主要以劳动年龄范围的主要依据是人们对于人口老龄观与尊老敬老价值观为基础，社会生产力发展对劳动力数量和质量的要求，社会保障制度完善和发展，人口预期寿命和科学教育发展水平。随着社会生产力的发展，人口素质提高和预期寿命延长，需要而且有可能相应提高劳动年龄上限，使劳动年龄人口比重保持在有利于社会经济和养老保险可持续发展的水平上。结合运用马克思主义“两种生产”理论，以动态人口红利，释放积极的人口老龄观，提升开发老年人才资源途径，应对人口老龄化。

第一节　用动态人口红利体现积极的态度[1]

积极的态度就是人们以积极的人口老龄观与敬老养老的伦理道德观、宗教哲学观、代际公正老龄观为基础，对人口老龄化的态度评价。从社会心理学角度研究，人的社会行为的背后一定有其社会态度支撑。态度是刺激（态度时象）与反应（生理的、心理的、行为的）之间的媒介变量，刺激和反映分别为可测的独立变量和从属变量。[2]个体态度是群态度的基础，群体态度是在个体态度的基础上，由个体间的互动而产生出的共同态度，没有个体基础，群体态度即是“空中楼阁”，空洞无物；群体态度是由个体态度中共有的部分构成的。因此，改变对个体态度，并由个体态度转变构成群体态度。没有社会的发展进步，就谈不上解决老年人问题。老年人问题的解决，有赖于社会财富均衡发展、社会公平和公正的正常运转、社会的支柱性环境的优先三个方面

---

[1]　熊必俊.老龄经济学[M].北京：中国社会出版社,2009：137-146.

[2]　沙莲香.社会心理学[M].北京：中国人民大学出版社,2005：180.

内容。以积极态度对待人口老龄化，就要告诉青少年以积极态度为自己将来养老做好财富与精神上准备，尤其是健康与心理的准备，健康老化就是人的生命过程，贯穿一个人的一辈子，我们不能到了老了以后才注意健康问题，而要从青少年开始，就对健康有足够认识。

一、敬老养老的伦理道德观

我国历代思想家、政治家对保障老有所养，从伦理、道德、文化、礼法等方面有诸多论述。诸如：

1、儒家伦理思想的创始人孔丘是我国封建道德理论的奠基人。孔子伦理道德的核心是“仁”。涉及到敬老养老方面他对“仁”的解释为：“仁”是一种“爱人”的意识，首先是孝亲，其次是扩展到对社会上一般人的爱。

孔子认为行仁的基础是“孝弟”。《论语·学而》中说：“弟子入则孝，出则弟，谨而信，泛爱众”，孔子曰“……君子务本，本立而道生。孝弟也者，其为仁之本与！”南宋哲学家朱熹对此的注释是“善事父母为孝，善事兄长为弟”。

孔子就“何以为孝”还在《论语》中有更多的论述。如孟懿子问孝，子曰，无违。樊迟御，子告之曰，孟孙问孝於我，我对曰无违。樊迟曰。何谓也？子曰“生事之以礼，死葬之以礼，祭之以礼”。

孔子主张养老为本，敬老为先。他在回答子游问孝时说：“今之孝者是谓能养，至于犬马皆能有养，不敬，何以别乎？”这里强调的是养老是天经地义的，但是若能养其亲而敬不至，与养犬马又有什么区别呢！

子夏问孝，孔子的答复是："色难。有事弟子服其劳，有酒食先生撰，曾是以为孝乎"。意思是子孙不仅要服务奉亲，而且要承顺父母之意，重视精神赡养，这正是难以做到的。

子路曰愿闻子之志，子曰老者安之，朋友信之，少者怀之。[1]

孟子发展了孔子的伦理思想，他把孔子主张的"仁"发展为同"义"的概念结合起来，以"仁义"为最高道德。孟子说"仁之实，事亲是也；义之实，从兄是也"。"亲亲仁也；敬长义也"。他强调"事孰为大，事亲为大"，"未有仁而遗其亲者也"，"孝子之至，莫大乎尊亲，尊亲之至，莫大乎以天下养"。他还说"朝廷莫如爵，乡党莫如齿，辅世长民莫如德"，提倡"老吾老以及人之老"，强调尊老尊贤的重要性。并认为"人人亲其亲，长其长，而天下平"。[2]

荀子是战国时代后期的大儒，他继承了孔子的学说，认为"礼"是最高的道德，在《荀子·大略》中说："夫行也者，行礼之谓也。礼也者，贵者敬焉，老者孝焉，长者弟焉，幼者慈焉，贱者惠焉。"

作为儒家经典著作的《孝经》和《礼记》对敬老养老也多有论述。《孝经》中说："教民亲爱莫善于孝，教民礼顺莫善于悌"。又说"夫孝，德之本也，教子所由生也"[3]。《礼记·礼运》中说："大道之行也，天下为公，选贤与能，讲信修睦，古人不独亲其亲，

[1] 论语[M].济南：山东友谊书社，1990.

[2] 孟子[M].上海：上海古籍出版社，1987.

[3] 孝经[M].济南：山东友谊出版社，1993.

不独子其子，使老有所终，壮有所用，幼有所长”。[1]

2、墨家的伦理思想主张“兼爱”，反对“自爱”，墨家的代表人物墨翟在《墨子·非乐上》中说：“天下兼爱则治，交相恶则乱”。他所说的兼爱，就是爱人犹已，他强调父子、兄弟不能只重自爱而轻互爱。他在《墨子·上贤下》中说“有力者疾以助人，有道者劝以教人”[2]，也是在一定意义上提倡尊老敬贤和扶困助贫的体现。

3、道家的伦理思想不同于儒家和墨家，主张“小国寡民，无为而治”。尽管其代表人物老子对道德持怀疑和否定的态度，但是他在《老子》一书中仍对孝慈在家庭和睦中所起的作用予以认定。《老子》第18章的“六亲不和，有孝慈”和第19章的“绝仁弃义，民复孝兹”[3]就是对孝慈的肯定。

道家的庄子对人生持悲观厌世的态度，他所追求的是一种个人精神绝对境界。但是尽管如此，他也不否认养老是天经地义的道理，他在《天下》篇中强调：“以衣食为主，蕃息畜藏，老弱孤寡为意，皆有以养，民之理也”。[4]

4、法家的伦理思想认为法制高于道德。法家不否定道德规范及其作用，但是强调最高的行为准则应当是法而不是道德。法家的创始人管仲在被齐桓公任命为卿时，首行九惠之政，《人国篇》载：“人国四旬，行九惠之政，一日老老……所谓老老者，

[1] 王云五方.礼记今注今译[M].台北：台湾商务印书馆，1978.
[2] 魏英敏，金可溪.伦理学简明教程[M].北京：北京大学出版社，1984.
[3] 王云五.老子今注今译[M].台北：台湾商务印书馆，1970.
[4] 庄子[M].上海：上海古籍出版社，1989.

凡国都皆有掌老（掌管老人福利的官员）。年七十以上，一子无征，三月有肉；八十以上，二子无征，月有馈肉；九十以上，阖家无征，日有酒肉，上供棺椁，邓子弟精膳食，问所欲，求所嗜，此之谓老老。”[1]由此可见，管仲是以法和政令来保障老有所养。

以上儒、墨、道、法各家的伦理思想，以及代表人物对有关敬老养老的主张和论述，都是由其所在时代的经济关系决定的，其中有些部分与当前我们所提倡的社会主义道德原则和规范，具有原则性的区别。根据“古为今有”的精神，在敬老养老方面弃其糟粕，取其精华，吸收一些有益的东西，作为参考，还是很有必要的。

二、敬老养老的宗教哲学观

宗教是人类古老的意识形态之一。人类有宗教观念，起源很早。而流传于世界的三大宗教——佛教、基督教和伊斯兰教，也有二千年左右的历史了。在各民族的发展史中，几乎没有宗教观念和宗教活动不在其间发生重要作用的。宗教从不仅仅是作为一种观念而存在于人类社会中，而且它一旦掌握群众，结成了团体，便成为一种社会力量。据不完全统计，当今世界信仰宗教的人比不信仰宗教的略多一些，大约每五个人中就有三个人是宗教的教徒。在不少国家和地区，宗教在政治、经济、哲学和文化等领域中仍有很大的影响，有些国家甚至把宗教尊为国教。

---

[1] 周建卿. 老人福利[M].台北：台湾商务印书馆，1983：202.

我们中华民族在自身发展中，宗教也曾无例外地发挥过作用。特别在文化和道德规范上，宗教的功绩不容抹煞。

尽管人们对宗教的看法和评价不尽一致，你可以有信仰宗教的自由，也可以有不信仰宗教的自由，但是一些宗教的敬老养老观，特别是其中的一些有益于人类社会进步与发展的道德规范和训教戒律，还是值得我们借鉴的。

世界上宗教的教种繁多，在这里我们只能对在我国影响比较大的佛教、基督教、伊斯兰教有关敬老养老的训诫略作选述。

1、佛教

佛教相传创立于公元前六至五世纪，其基本教义是四谛说、八正道、十二因缘和三法印、因果报应、业报轮回、三世论等。[1]佛教早期的经典《阿含经》是释迦牟尼的弟子根据他宣讲教义的口述汇集而成的。《阿含经》分为四部分，即《长阿含经》、《中阿含经》、《杂阿含经》和《增阿含经》。

在《长阿含经》中有要求信徒孝敬父母和做到父慈子孝的训教，其中强调“善生者，夫为人子，当以五事敬顺父母。去何为五？一者供养，能使无乏。二者，同有所为，先告父母。三者，父母所为，恭顺不逆。四者，父母正令，不敢违背。五者，不断父母所为正业。善生，夫为人子，当以此事敬顺父母。父母复以五事敬亲其子。云何为五？一者，制子不听为善。二者，指授示其善处。三者，慈爱入骨彻髓。四者，为子求善婚娶。五者，随时供给所须。善生，子于父母敬顺恭奉，则彼方安稳，无有忧畏。”

[1] 雷镇阊，林国灿.宗教知识宝典[M].北京：中国广播电视出版社，1991.

《长阿含经》还要求其信徒尊师受徒，强调“善生，弟子敬奉师长复有五事。云何为五？一者给侍所须。二者，礼敬供养。三者，尊重戴仰。四者，师有教敕，敬顺无违。五者，从师闻法，善持不忘。善生，夫为弟子，当以此五法敬生师长。师长复以五事敬礼弟子。云何为五？一者，顺法调御。二者，诲其未闻。三者，随其所在，令善解义。四者，示其善友。五者，尽以所知，诲授不吝。善生，弟子于师长，则彼方安稳，无有忧畏。”

《长阿含经》还载有亲敬亲族的训教：“善生，夫为人者，当以五事亲敬亲族，云何为五？一者给施，二者善言，三者利益。四者同利，五者不欺。善生，是为五事亲敬亲族。亲族亦以五事亲敬于人。云何为五？一者，护放逸，二者，护放逸失财。三者，护恐怖。四者，屏相教诫。五者，常相称叹。善生，如是敬视亲族，则彼方安稳，无有忧畏。”

佛教在僧众长幼间强调尊老敬长，长幼有序。例如，走路时长者在前，幼者在后；就坐时长者在上座，幼者在下座。一般比丘见长老，则脱鞋偏袒右肩，后礼拜。

2、基督教

基督教的基本主张是“博爱”，它包括两个方面，一是爱上帝，二是彼此相爱。耶稣认为“爱人如己”是仅次于“爱上帝”的最大诫命，“是律法和先知一切道理的总纲”[1]

《圣经》是基督教的经典，被认为是上帝启示的记录，是永恒的真理，是基督徒信仰的依据和宗教生活、日常生活的规范。

[1] 雷镇阊，林国灿.宗教知识宝典[M].北京：中国广播电视出版社，1991.

“箴言”是阐述宗教生活和世俗生活的格言，是用以诫他人或自己为目的的一种文体，也是古代贤哲阐述世俗生活的伦理道德观点的格言。《旧约全书》在“箴言”一章中表明了基督教的敬老观，强调老年人的“白发是荣誉的冠冕，在公义的道路上必能得着”。[1]

二十章说:“强壮乃少年人的荣耀，白发为老年人的尊荣”。[2]

在《圣经》里也记载有耶稣和基督教对敬老爱老的训诫。《圣经》强调老年人是智慧的代表，教导教徒要尊敬老年人。主张人们在陈述意见时，应该让老年人有发言的优先权《旧约全书·约伯记》第三十二章指出：“我说，年老的当先说话，寿高的当以智慧教训人”。[3]

《旧约全书·利未记》的第九章要求信徒“在白发人面前，你要站起来，也要尊敬老人”。在《新约全书·彼得有书》的第五章中又强调“你们年幼的也要顺从年长的”[4]。

基督教主张博爱，特别强调对老年人要谦让，不可深责。《新约全书·提摩太前书》第五章要求人们“不可深责老年人，只要劝他如同父亲，劝少年人如同弟兄，劝老年妇女如同母亲”。[5]

基督教把子女必须孝敬父母规定为信徒和人们必须遵守的训诫。《旧约全书·出埃及记》第二十章提出的“上帝十戒”中的

[1] 中国基督教协会.旧约全书[Z].南京爱德印刷厂,1987:737.
[2] 中国基督教协会.旧约全书[Z].南京爱德印刷厂,1987:740.
[3] 中国基督教协会.旧约全书[Z].南京爱德印刷厂,1987:631.
[4] 中国基督教协会.旧约全书[Z].南京爱德印刷厂,1987:143.
[5] 中国基础教协会.新约全书[Z].南京爱德印刷厂,1987:279.

第五戒为“当孝敬父母”。[1]

除了十戒要求子女必须孝敬父母之外，在《旧约全书》和《新约全书》其他章节中对此还有诸多阐述。例如：《旧约全书·箴言》第一章说：“我儿，要听你父亲的训诲，不可离奇你母亲的法则”；[2]第三章说：“我儿不要忘记我的法则。你心要谨守我的训命。”；[3]第四章说：“众子阿，要听父亲的教训、留心得知聪明。……要持定训诲、不可放松。[4]

第二十三章说：“你要听从生你的父亲，你母亲老了也不可蔑视她”。[5]

在第三十六章中警告不孝敬父母的子女说：“戏笑父母，蔑视而不听从母亲的，他的眼睛比为谷中的乌鸦啄出来，为鹰所吃”。[6]

《新约全书·以弗所书》第六章也明确提出：“你们作儿女的，要在主里听从父母，这是理所当然的。要孝敬父母，使你得福，在世长寿。这是第一条带应许性的诫命。”[7]

《圣经》除了教诲子女听从父母外，还要求子女对父母予以精神慰藉。在《圣经》里记载了耶稣和基督教对信徒在精神方面如何敬老爱老的训诫。《旧约全书·箴言》第二十三章说：“人

[1] 中国基础教协会.新约全书[Z].南京爱德印刷厂,1987: 91.
[2] 中国基础教协会.新约全书[Z].南京爱德印刷厂,1987: 275.
[3] 中国基础教协会.新约全书[Z].南京爱德印刷厂,1987: 726.
[4] 中国基础教协会.新约全书[Z].南京爱德印刷厂,1987: 727.
[5] 中国基础教协会.新约全书[Z].南京爱德印刷厂,1987: 742.
[6] 中国基础教协会.新约全书[Z].南京爱德印刷厂,1987: 748.
[7] 中国基础教协会.新约全书[Z].南京爱德印刷厂,1987: 255.

生智慧的儿子，必因他欢喜。你要使父母欢喜，使生你的快乐。我儿，要使你的心归我，你的眼目也要喜悦喔的道路。”《旧约全书·箴言》第十章说：“所罗门的箴言：智慧之子，使父亲欢乐，愚昧之子，叫母亲担忧”。[1]

《圣经》主张对不孝敬父母的儿子给予严惩，以致处死。《旧约全书·申命记》第二十一章说：“人若有顽梗悖逆的儿子，不听从父母的话，他们虽然惩治他，他仍不听从，父母就要抓住他，将他带到本地的城门，本城的长老那里，对长老说，我们这儿子顽梗悖逆，不听从我们的话，是贪食好酒的人，本城的众人就要用石头将他打死。这样，就把那恶从你们中间除掉。”[2]

《旧约全书·利未记》第二十章说：“凡咒骂父母的，总要把他治死”。[3]

3、伊斯兰教

伊斯兰的阿拉伯语是Islam，译成汉语为“和平”、“安宁”、“纯净”、“顺从”，因此伊斯兰教又有“和平教”之称。伊斯兰教的学者指出“伊斯兰”一词就宗教方面的意义而言，就意味着“归顺安拉的旨意”，“服从安拉的戒律”。[4]

伊斯兰教认为《古兰经》是真主的语言，原载于“天园”珍藏的“天经原本中”，写在“一块受保护的天牌上”。作为伊斯兰教的根本经典《古兰经》，内容及其丰富，涉及面非常

[1] 中国基础教协会.新约全书[Z].南京爱德印刷厂，1987：731.
[2] 中国基础教协会.新约全书[Z].南京爱德印刷厂，1987：238.
[3] 中国基础教协会.新约全书[Z].南京爱德印刷厂，1987：143.
[4] 雷镇阊，林国灿.宗教知识宝典[M].北京：中国广播电视出版社，1991.

广泛，其中包括伊斯兰教的伦理道德规范及穆斯林的日常行为规则。如行善、济贫、顺从、忍耐、释放奴隶、善待父母、互相帮助等等。[1]

伊斯兰教提倡尊老敬贤，强调要善待父母，主张厚养薄葬，即生前对老人多尽赡养义务，一旦父母归真，要节俭办丧事。

《古兰经》卷八的第六章转述真主禁戒的事项，其中第一项就是“你们来吧，来听我宣读你们的主所禁戒你们的事项：你们不要以物配主，你们应当孝敬父母。”在卷十六的第十九章再次强调：“只要活着就要谨守，完纳天课，〔他使我〕孝敬我的母亲，他没有使我做霸道的、薄命的人。”

中国伊斯兰教回族学者根据《古兰经》，结合儒家思想，概括出来一整套中国伊斯兰教伦理观念，作为穆斯林的君臣、父子、夫妇、兄弟、朋友等五个方面应遵循的原则，称之为“五典”，由称“五伦”。[2]

中国伊斯兰教认为“五典”是万物之本。其中夫妇为生人之本，是人道之纲，“修此而后家道正，家道正而后乡国正矣”；父子是尊卑之本，“父子定，则乡而长幼，国而君臣，由是而皆定矣”。其具体内容中的父慈子孝之道虽然带有浓厚的儒家风格，但确实也源于伊斯兰教伦理观念。

“五典”本身是封建社会的产物，但是作为尊老爱幼和协调人际关系的一些原则，它在当时确实是起过一定作用的。

---

[1] 雷镇阊，林国灿.宗教知识宝典[M].北京：中国广播电视出版社，1991.

[2] 马坚译.古兰经[M].北京：中国社会科学出版社，1989：109.

三、敬老养老的代际公正的老龄观

由于人们追求经济的发展，人们尽其可能重视效率，忽视社会公平，同时把社会转型期的成本转移到弱势群体上，社会的发展成为少数的特权，占有大量的社会资源，为我所用，社会政策失去了应有的公正，意味着畸形安排。对于这些少数人来说，掌握权力来塑造并保持有利于自己的制度，同时避免或削弱制度对他们的消极影响，总是乐此不疲的。相应的，社会的整体利益结构失衡情形，必定会导致这些群体无偿占有或不恰当占有其他群体合理利益情形的出现，往往会导致此群体利益的增进是建立在另一群体的受损基础之上现象的出现。[1]也就是说，少数人的特权为强势群体应有的，而且比其他人群增加的利益多得多，从而忽视了弱势群体的地位，老年人在社会上没有相应的地位。我在这里不是说一部分离退休老干部，而是普通的广大城乡老年人，如果老年人问题解决不好，那么社会公正从何谈起。当代的老年人，尤其是 70–80 岁的老年人，他们大都是共和国的创业者和建设者，他们在中青年时期，承载着共和国兴建的辛劳与苦难，把自己的体力、精力与血汗无怨无悔地献给了国家。他们到了晚年之后，老年人逐渐被遗忘。人们应根据自然法的如下箴言而行动："你为自己谋利益，要尽可能地少损害别人。"[2]

公正是社会的一种基本价值观念与准则，公正是人文精神的源头与活水，同时，公正是社会可持续全面发展和共同富裕的基

[1] 吴忠民.走向公正的中国社会[M].济南：山东人民出版社，2008（7）.

[2] 赵迅.社会契约视域下的国家责任[J].法学杂志，2008（3）.

本原则。公正＝正义，约翰·罗尔斯《正义论》所述："公正是社会制度的首要价值，正像真理是思想体系的首要价值一样。"[1]古希腊哲学家苏格拉底对正义提出"正义四原则"：无论在任何情况，都不能为不义；不可伤害和虐待别人；不义、伤害、恶待这三项中，违反一项，就是违反所有三项；正义的契约必须履行。[2]公正对于社会可持续、对于每一位社会成员都具有重要的价值。我这里谈的公正，是在公正的社会发展过程中，既要注重社会选择，又要注重社会政策的导向的取向，也就是人口老龄化问题与社会政策协调发展问题。

目前，在强调以人为本，和谐社会。和谐社会首要问题就是社会公正，如果失掉社会公正的基础，那么一切都无权谈起。就像温家宝总理在2010年全国"两会"记者招待会上说："公平正义比太阳更有光辉"。正义的主要问题是社会的基本结构，或更准确地说，是社会主要制度分配权利和义务，决定由社会合作产生的利益之划分的方式。一个社会，当它的制度最大限度地增加满足的净余额时，这个社会就是安排恰当的。这样，一个人类社会的选择原则就被解释为是个人的选择原则的扩大。社会正义则是应用于集体福利的一个集合观念的合理慎思的原则。[3]

社会公正与公平的实现，不是靠经济的拉动，而是依靠社会政策制度的均衡发展。正义的主要问题是社会的基本结构，或更准确地说，是社会主要制度分配权利和义务，决定由社会

[1] 约翰·罗尔斯.正义论[M].何怀宏等译.北京：中国社会科学出版社，2006：3.

[2] 景天魁.社会公正理论与政策[M].北京：社会科学文献出版出版社，2004：8.

[3] 约翰·罗尔斯.正义论[M].何怀宏等译.北京：中国社会科学出版社，2006：7（23）.

合作产生的利益之划分的方式。同时一个社会体系的正义，本质上依赖于如何分配基本的权利义务，依赖于在社会不同阶层中存在着的经济机会和社会条件。[1]社会发展的生产劳动成果，不应成为少数人的特权，生活在社会转型期的老年人，理应享有这一权利。当代的老年人同“一般社会”老年人相比，起到了承上启下的作用，他们曾经为社会所做的事情更大一些。他们这批人“贡献最大，享受最小；牺牲最多，共享最少”，我们不能让这批老年人饱含着泪水享受现实生活，在回忆辛酸的往事中，而撒手人寰。当我们回首这一代老年人时，尤其是七八十岁的老年人，他们大都是共和国的创业者和建设者，他们在中青年时期，承载着共和国兴建的辛劳与苦难，承载着个人历史伤痛与荣耀，把自己的体力、精力与血汗无怨无悔地献给了国家。当别的老人受到冷落时，难道不是自己老人受伤害吗?

第二节　用动态人口红利完善积极的政策

积极的政策是构建全方位积极应对人口老龄化的策略。老年社会保障是社会保障体系的一个组成部分。社会保障制度是国家通过立法，动员全社会各方面的资源，对社会成员的基本生活予以保障的社会安全制度。世界各国和地区，由于在历史背景、社会制度、经济发展等方面，各有不同，因此，社会保障的内容不

[1] 约翰·罗尔斯.正义论[M].何怀宏等译.北京：中国社会科学出版社，2006：7.

尽一致。按国际社会保障协会的归纳，目前国际上的社会保障制度，一般包括老年、伤残、遗属保障计划（old-Age，Disability and Survivor Programs），疾病和生育保障计划（Sickness and Maternity Programs），工伤保障计划（Worklnjury Programs），失业保障计划（Unemployment Benefit Programs）和家津贴（Family Allowances）。我国的社会保障主要包括社会保险、社会救济、社会福利、社会优抚和社会互助。其中社会保险是社会保障体系中的核心部分。

老年人是总体人口中的一个组成部分，而且是一个特别需要保障的弱势群体，因此人们又把与老年人本身直接有关的社会保障项目，称之为老年社会保障。

社会保险是国家和社会对劳动者因年老、失业、疾病、工伤、生育而减少或丧失劳动收入时，给予经济补偿，以保障其基本生活。社会保险具有强制性、普遍性和共济性的特征。我国的社会保险主要包括养老保险、失业保险、医疗保险、工伤保险和生育保险。

一、养老保障是社会保障的重中之重

任何人类历史存在的第一个前提，无疑是有生命的个人的存在。没有人口，就不可能有任何社会物质资料的生产和社会物质生活。但是，人口作为一个生物群体，首先必须具备赖以生存的生活条件，正如马思和恩格斯在《德意志意识形态》一书中所指出的："我们首先应当确定一切人类生存的第一个前提，也就是一切历史的第一个前提，这个前提就是：人们为了能够创造历史，必须能够生活。”[1]这段话明确肯定生活是人们生存的第一需要。生存权是最基本的人权，老年人也不例外。如果说社会保险是社会保障的重点的话，那么保障老有所养就是社会保障的重中之重。

老年人作为社会的资深公民和家庭的尊长，是在完成了国家、社会和家庭赋予他们的生产和生育的责任后进入老年的。按照代际交换的经济观，“老有所终、壮有所用、幼有所长”的大同思想，和“老者安之、朋友信之、少者怀之”的伦理道德观，国家、社会和家庭理当为他们提供维持生存的物质和劳务帮助，保障他们“老有所养”。

“老有所养是老年人的天赋人权”这一观点为国家社会认同，在联合国、国际劳工组织、其他涉老机构以及一些国家所颁布的有关宣言、公约和宪法中，都有保障生存权和维护老年人经济权益的具体内容。

1948 年 12 月 10 日经联合国大会通过的《世界人权宣言》第 3 条规定：“人人有权享有生命、自由与人身安全”。

第 22 条规定：“人既为社会之一员，自有权享受社会保障，并有权享受个人尊严及人格。”

第 25 条规定：“人人有权享受本人及其家属康乐所需之生活程度，举凡衣、食、住、医药及必要的社会服务的均包括在内：且于失业、患疾、残疾、寡居、衰老或因不可抗力之事故发展必须的经济、社会及文化各种权利之实现：此种实现之促成依赖国

[1] 马克思恩格斯选集：第 1 卷［M］.北京：人民出版社，1995：32.

家措施与国际合作并致有他种丧失生活能力之情况时，有权享受保障。”[1]

1966年12月9日签订的《联合国人权公约》第11条规定：“一、本盟约缔约国确认人人有权享受其本人及家属所需之适当生活程度：包括适当之衣、食、住及不断改善的生活环境。缔约国将采取适当步骤确保此种权利之实现……二、本盟约缔约国确认人人有免受饥饿的基本权利。”

把保障生存权纳入地区性人权公约和国家级宣言的有：

1950年11月4日在罗马签证的《欧洲人权公约》第2条规定：“任何人的生存权应受到法律的保护”。

1969年11月22日在哥斯达黎加的圣约瑟城签订的《美洲人权公约》在保护生存权方面的第4条规定：“每一个人都有使其生命受到尊重的权利。这种权利从胚胎时起就应受到法律保护”。

1776年《美国独立宣言》强调：“人人生而平等，他们都从他们的‘造物主’那边被赋予了某些不可转让的权利，其中包括生命权、自由权和追求幸福的权利”。

1789年8月颁布的《法国人权宣言》提出：“国民议会确认并宣布在权利方面，人生来是而且始终是自由平等的。一切政治结合的目的都在于保护人的天赋的和不可侵犯的权利；这些权利是：自由、财产、安全”。

除此以外，有些国家还把保障包括老年人在内的生存权写入宪法，例如：

---

[1] 王德路，蒋世和.人权宣言[M].北京：求实出版社，1989.

1919 年德国威马宪法规定：“经济生活之秩序，以使各人获得人类应得之自由生活的目的，并须适合正义之原则。”

法国第四共和国宪法在序言中称：“对于全体人民，尤其对于童、母亲及老年劳动者，国家应保障其健康、物质上之享用、休息及闲暇。几因年龄、身体或精神状态、经济状况，致不能劳动者，有向公众获得适当生活方法之权利。”

日本宪法第 25 条规定：“凡本国人民应享有最低生活水准与健康的权利，并责成中央与地方政府负责执行各项社会福利政策，使人民确实享受法律所赋予的具体利益。”

中华人民共和国宪法第 44 条规定：“中华人民共和国的公民在年老、疾病或者丧失劳动能力的情况下，有从国家和社会获得物质帮助的权利。”

二、保障老有所养是老年人的天赋人权

保障老年人生存权的第一个前提是对维持其生存所必需的经济收入的保障。1950 年国际老年学协会成立公报宣称：“有鉴于老年人口日益增多，对于老年人有重大影响的社会经济因素进行研究，实属必要，同时所有老年问题研究的结论，应即提供有关政府参考，以期付诸实施而增进老年人福利。”

1952 年由国际劳工组织召开的第 35 届国际劳工大会，通过了《社会保障最低标准公约》，公约第五部分“养老补助金”规定，要“使受保护者获得养老补助金而无虞。…养老补助金应予以计算和定期支付”，而且“应在全部老年生涯中予以支付”。

1982 年在维也纳召开的“老年问题世界大会”把保障老年人

的经济收入列为重要议题，会议提出必须确保老年人有足够的收入以维持最低标准的生活费用。

维也纳老龄问题世界大会所制订的《老龄问题国际行动计划》针对老年人所存在的收入保障问题向各国政府提出建议，建议具体要求："各国政府应采取适当行动保证所有年龄较长人士能有适当的最低收入，并应发展国家经济以造福全体居民"。

为了达到上述目的，行动计划还要求各国政府在以下五个方面作出努力：

1. 根据向所有老年人都提供保险的原则建立或制定社会保险制度。如果这一办法不可行，则应试用其他办法，例如以实物提供补助，或向家庭和地方合作社机构直接提供协助。

2. 确保所提供的最低补助能够满足年长者的基本需要，并能保证他们独立生活。不论社会保险金额是否要根据以往的收入情况计算，都应作出努力来维持其购买力。应设法防止年长者的储蓄受通货膨胀的影响。

3. 各种社会保险制度应使妇女和男子同样获得其权利。

4. 在社会保险的范围之内，而且在必要时，也以其他方式满足失业的或无工作能力的年龄较长工人对收入保障的特殊要求。

5. 应探讨其他机会，提供退休后的收入补助的奖励，为年长者谋求新的个人储蓄办法。

1991 年联合国第 46 届大会通过了《联合国老年人原则》。原则的第一条首先强调的是老年人的收入。具体条文为："老年人应能在有收入、有家庭和社区的帮助以及自助的情况下，获得足够的食物、水、住房、衣着和保健。"

大会注意到国家与国家之间老年人的处境差别很大，为了使低收入的老年人能够获得补充收入以维持生活，原则的第二条规定："老年人应该得到工作机会，或有机会参加其他创造收入的活动。"

1992 年联合国第 47 届大会期间召开了"老龄问题特别全体会议"，通过了《老龄问题宣言》，提出了《2001 年解决人口老龄化问题方面的奋斗目标》。宣言和奋斗目标再次强调：要"通过立法，确保老年人获得社会福利"，要"建立、加强和执行为老年人提供收入保障的计划，使老年人的收入水平与国家的经济发展保持一定的平衡。"

鉴于发展中国家社会保障制度还不够完善，甚至有些国家和地区还没有建立，因此奋斗目标要求"在没有退休金和其他类似收入保障体系或这种体系比较薄弱的地区建立'安全网'"。奋斗目标还要求"制订国家计划以推动老年人就业"并"研究确定退休老年人就业获得报酬的方式，这种报酬方式，应当是灵活的、逐渐支付的和延续的。"

2002 年联合国在马德里召开的"第二届世界老龄问题大会"制定了联合国《2002 年马德里老龄问题国际行动计划》，《行动计划》把老年人的收入保障和预防贫困列为需要解决的一个重要问题。强调收入保障和社会保护 / 社会保障措施，必须解决老年人的收入保障和消除贫穷的问题。首先是制定并实施各项政策，以确保所有人到老年时都有足够的经济收入和社会保护。最迟到 2015 年把贫穷的老年人口减少一半。

以上情况说明，保障老有所养就是保障老年人生存权，已成为各国的共识。

三、公平与公正是代际变换的理论依据

1. 社会交换理论与代际经济交换学说

20 世纪 50 年代，社会交换理论作为一种社会学理论流派在美国兴起。这一理论是对近代西方的功利主义经济学、功能主义人类学和行为主义心理学的继承、综合和发展。社会交换理论强调对人和人的心理功能的研究，把人及其相互之间的社会关系作为研究对象，认为社会交换是社会生活的基本过程，并用交换关系来分析人与人之间的互动、社会关系和社会结构。社会交换理论的创始人 G · C · 霍曼斯认为，人与人之间的互动基本上是一种交换过程，人与人交换行动的动机是为了获得酬赏，希望得到与其付出代价和成本相等同的酬赏与利润。尽管霍曼斯主张以心理因素来探讨人类的社会行为，但是，经济毕竟是人类社会存在与发展的基础，因此这种社会交换理论离不开人类的经济交往，社会交换的理论和原则，在一定程度上适用于经济生活范畴，其中既包括代人之间互通有无横向的经济交换，也包括几代之间养老育幼纵向的代际经济交换。

社会学家拉斯 · 索克勒特罗姆（Lars · Soclerstrom）1981 年在《社保保险》一书的序言中写道："如果几代人生活在一起，那么家庭就特别适合于保障安全。在这种情况下，这个联合体就是一个灵活的组织，它使一个人顺利地度过其生命周期的各个阶段，如儿童期，工作期和老年期。"戴维 · B · 布林克霍夫（David · B · Burinkerhoff）等人在 1985 年出版的《社会学》中，

进一步把社会交换理论运用于经济生活中的养老育幼方面。他们认为社会保障“实际上是一种进行代际转移的系统项目。在这个系统中，由目前从事生产的一代决定这样一个他们愿意支付税收的水平，以维持老年人的特定生活水平。在所有文化中，工作年龄人口生产产品供自己及其后代使用”。

在社会学家探讨社会交换理论的同时，美国著名的经济学家保罗·萨缪尔森（Paul·A·Samuelson）在1958年提出了“生物利率理论”，从经济学角度充分注意到人的一生中在不同年龄阶段生产和消费的差异，将整个人口划分为工作人口和退休人口两部分，并以此为依据，从“时期”的角度看待这两部分人口之间的经济关系。他在揭示这两部分人口的关系时，论述了代际经济交换问题，并提出了货币是使老年人取得社会保障的一种契约的新见解。以萨缪尔森为开端而发展的代际经济交换学说，进一步为剖析养老的实质提供了理论依据。

2. 年龄分层与代际经济交换

年龄是人口固有的生物属性，按照“天增岁月人增寿”的自然规律，每个人除了在生命周期中的任何一个阶段发生意外死亡之外，都要经历婴儿、幼年、少年、青年、中年，而最终进入老年。马克思主义认为，人口是社会的基本生产力，我们说人是生产者是就人的本质而言，并不意味着每个现实的人在现实社会生产中都是生产者。人作为生产者要受其自然生理条件的限制，首先是受年龄的限制。人出生以后，必须经过发育和成长的过程，到达一定年龄后才能成为劳动力而进入劳动生产领域。随着岁月流逝，人会因增龄而逐渐衰老，以致退出劳动力队伍。因此，能成为劳动力的阶段，只是生命周期中的一部分。劳动年龄阶段是社会生产中的生产者，非劳动年龄阶段的幼年和老年人为消费者。

任何一个人口群体都是由幼年人口、劳动年龄人口和老年人口三部分组成的。不同年龄的群体在人类经济、社会活动中占有不同的地位，在经济交换中扮演着不同的角色。这些不同年龄角色的个人或群体，所占有的“资源”不同，所提供的产品和劳务不同。同时他们对社会产品和劳务服务需要也不同。而这些需求不可能在不同时期完全靠自己劳动生产来满足，因此就只有在代与代之间不同阶段相互交换各自所能提供产品及服务来解决。未成年人不具备劳动能力，不能参加劳动生产，需要由成年人供养，成年人为供养未成年人所付出的劳动产品是他们为自己年老后取得赡养权利的投资；未成年人成年后赡养老年人是他们对幼年时供养人投资的偿还。史实证明：人类自身的繁衍和人类社会的存在与发展，必须是而且也只能是通过抚幼养老的代际经济交换来实现的。从这个意义上来说，代际经济交换对于每个人都是必不可少的。实现代际经济交换是不同年龄人群的共同需要。我国古代思想家所提倡的“老有所终、壮有所用、幼有所长”大同思想，可以说是在提倡养老育幼代际交换与合作方面首开世界之先河。

3. 养老育幼是通过代际经济交换实现的

人类自身的生产和物质资料的生产是人类社会存在和发展的必要条件。人类历史的第一个前提是必须有人的存在，因为只有有了人，才能有人类社会和人类的历史。但是作为具有自然属性的人的个人生命是有限的，因此必须要有种的繁衍，通过生育后代来延续人类的存在，否则人类就会绝种，也就谈不上人类社会的存在和发展了。正如恩格斯所指出的：人类历史“是人类本身的发展过程”。所谓“不孝有三，无后为大”，从广义的社会意义来理解，则是强调人类自身生产和再生产对人类社会存在与可持续发展的绝对必要性。

生育子女并把他们抚育成为劳动力所需要的劳动产品是父母用自己的必要劳动生产出来的。没有父母的供养投入，年幼的子女就无法生存和成长。特别是在农业社会，父母丧失劳动能力后，如果没有子女的赡养，就无法安度晚年。这种父母与子女之间的相互依存，互相供养，就是通过两代人之间的经济交换来实现的。

4. 养老育幼的代际交换是人的社会属性的体现

唯物主义认为，人是由动物进化而来的，并据此而承认人有自然属性。正如恩格斯在《反杜林论》中所说的：“人来源于动物界这一事实已经决定人永远不能完全摆脱兽性，所以问题永远只能在于摆脱得多些或少些，在于兽性或人性的程度上的差异”。

人的自然属性是人口存在和发展的自然基础。人口作为一个生物群体，同其他生物一样，有其自然属性，即人口的生物本性。它是指人体在生物学和生理学方面的特点，诸如有出生、成长、衰老、死亡的生命过程，以及类似动物身体结构和自然欲望。

但是人口作为社会生活的主体所具有的本质特性，则是人口的社会属性。人是“社会动物”，任何具体的、现实的人，总是生活在一定的社会环境之中。人在从事物质资料的生产活动中，一方面与自然发生关系，用劳动改造自然，并以此去获取维持生存与发展所必需的物质资料；另一方面，人与人之间结成一定的不以他们自己意志为转移的关系，即生产关系。人作为生物人，他和其他生物一样需要获取维持生存物质资料，但是作为社会人，他的任何活动都是在社会联系中进行的。因此，决定人之所以为人的条件，不是人的自然属性，而是人的社会属性。只有承认人的社会属性是本质属性，才能承认人口现象本质上是一种社会现象。

马克思早在《1844年经济学－哲学手稿》中就说过："诚然，饮食、男、女等也是真正人类的机能。然而，如果把这些机能同其他人类活动割裂开来并使它们成为最后的和唯一的终极目的，那么，在这样的抽象中，它们就具有动物的性质"。性欲的本能对于动物来说是一种自然本能，对于有道德观念的人来说，却进化为爱情和婚姻。正如马克思恩格斯所说："每日都在重新生产自己生活的人们开始生产另外一些人，即增殖，这就是夫妻之间的关系，父母和子女之间的关系，也就是家庭"。[1]

第三节　用动态人口红利释放积极的行为

积极的行为就是在人口老龄化的背景下，老年人口数量上的持续增长，人口老龄化问题的解决，有赖于经济社会转型升级和人口素质的总体提升。积极的行为，主体是老年人，老年人才资源开发利用，既可为国家和社会创造财富，又可提高老年人的自我保障能力，还可以增强社会活力，维护社会稳定。同时，让老年人口由被动人口转向能动人口，由无为人口转向有为人口，由

[1] 马克思恩格斯选集：第1卷[M].北京：人民出版社，1995：32.

静态人口转身动态人口的嬗变，提升自身价值，参与社会发展。

一、由被动人口转向主动人口

老年是人生最成熟的阶段，老年人理所当然地能参与社会发展。哲学是系统化、理论化的世界观，它包括社会历史观与人生观。马克思主义哲学辩证唯物主义与历史唯物主义，是迄今为止的唯一科学的世界观，也是唯一科学的社会历史观人生观，作为老年哲学的基础与核心的老年观，是马克思哲学世界观与历史世界观的一部分，也是马克思主义哲学人生观的一部分。

老年观涉及老年价值观、道德观和幸福观。马克思主义哲学辩证唯物主义与历史唯物主义是彻底的唯物主义，它要求人们如实地反映客观世界的本质及其运动、变化、发展的最一般规律，作为人们行动的依据和指南。科学的老年观同样要求如实地反映老年人的本质及老年人活动的基本规律，作为老年人行动的依据和指南。

老年哲学认为，对人生的老年阶段，既要唯物地去观察，又要辩证地去分析，就老年人的本质来看，既要看到老年人的自然本质及其特点，又要依据马克思关于“人的本质并不是单个人所固有的抽象物。在其现实性上，它是一切社会关系的总和”[1]这一著名论点，着重看到老年人的社会本质及其特点。

从自然规律看，老年人已处于人生的后期阶段，这对老年人来说，无疑是一种劣势，是一种不以人们的主观愿望为转移的客

---

[1] 马克思恩格斯选集：第1卷[M].北京：人民出版社，1995：8.

观存在，而作为社会的人，老年人则保留着一定的甚至极大的优势，那就是老年人有着丰富的生活经验，对世事人情有着广泛的阅历和深刻的体会，有着较多的知识和技能，以及在人生坎坷道路上经受过多方面的磨练等。在这个意义上说，老年阶段应该公正地被看作是一个人最成熟的阶段。他们理所当然地还能够参与社会发展，做出贡献。尽管随着年龄的增长，在体力上逐渐衰减，但是这并不能影响他们在其他方面的“老有所为”。古罗马的政治学西塞罗（M·T·Clcero）在他著名的《论老年》中说：“否认老年能从事力所能及的工作，纯属无稽之谈，这种情景是说，当别人在爬桅杆，在甲板上奔忙，在船底淘水时，舵手在航行中沁有用处一样，舵手虽然没有做年轻人做的事，但是他静静地坐在舵尾上掌着舵，是做了更重要、更有用的实事，成就大事并不一定要靠力气、灵便或敏捷，而是靠谋划、威信和主张。老年人不但不缺少这些东西，反而往往随着年龄的增长而不断增添这种能力。”[1]

1982 年维也纳的世界老龄问题国际行动计划强调，由于向年老过渡是一个逐步的因人而异的过程，因此，尽管某些国家和文化采取了法定的退休年龄，其一切政策和方案不是应该基于如下事实，即年老只是每个人的生命期、事业和经验的自然延续，而他的需要、能力和潜力在整个生命期间都一直存在。[2]

国外老年社会学最有影响的老年理论之一的“活动理论”认

[1] 西塞罗文集(中译本)[M].上海：上海三联书店，1989：12.

[2] 老龄问题研究[M].北京：中国对外翻译出版公司，1983.

为，尽管人的生理机能会随衰老而衰退，但仍可发挥自己的经验，知识为社会做贡献。“老年人若要获得一个使他们感到生活满意的生活方式，就必须维持足够的社会互助。……创造一个有社会意义和得到承认的新角色。”[1]世界卫生组织在提出延长寿命的口号“给生命以时间”以后，又提出了“给时间以生命”的口号，后者的真意是要求“老年人参与社会发展，使生活过得有意义。”

马克思的价值观认为，人对社会所做的贡献是衡量人生价值的尺度。老年人所有的宝贵经验和技术专长，只有通过“老有所为”才可以转化为有益于社会的生产力，从而变成社会价值。这正是“老有所为”的积极作用与重要意义所在。

二、由无为人口转向有为人口

退休和劳动都是老年人享有的权利，应该受到尊重和维护。退休是指国家为丧失劳动能力与将要丧失劳动能力的老年职工或者根据国家法定年龄所规定的离开现任工作岗位，安度晚年的社会保障制度。我国宪法规定：“国家依照法律规定实行企业事业组织的职工和国家机关工作人员的退休制度。退休人员的生活受到国家和社会的保障”。退休制度的建立，一方面体现了党和政府对广大年老工作者精神和物质的关怀；另一方面也表明在符合规定条件的时候退休养老是年老职工享有的一种权利。退休制的执行是坚持干部正常的新老交替，保持领导班子和职工队伍生产

---

[1]（美）戴维·L·德克尔.老年社会学（中译本）[M].天津：天津人民出版社，1986，178-179.

与活力的必要措施，从这一点来谈，达到法定退休年龄办理退休手续又是职工应尽的义务。

在社会主义社会，每个人都成为社会的真正主人，劳动既是每个有劳动能力的人的最基本的权利，也是对社会应尽的义务。人尽其才、地尽其利、物尽其用是所有社会成员的共同愿望和要求。老年人特别是有劳动能力的老年人享有宪法所规定的劳动权利。按法定年龄退休只是离开责任的工作岗位，而不是劳动的终止。我国的法定退休年龄是20世纪50年代按照当时的人口健康水平和平均预期寿命规定的，对目前来说显然偏低，在这种情况下，一部分退休人员继续参加劳动和再就业势属必然，理应受到社会的关注和支持。他们的劳动权利应受到法律的保护。

维护老年人从事劳动的合法权益符合社会主义国家的就业决策理论。我国劳动就业的决策目标是逐步实现充分就业，不断提高劳动生产和不断改善人民的物质文化生活。《十年规划》对劳动就业的要求是："充分开发和合理利用劳动力资源，拓宽就业渠道、积极解决劳动就业问题。"

充分开发和合理使用劳动力资源至少应包括两个层次的内容：第一，从微观上看，每一个有劳动能力和要求就业的人（包括有劳动能力要求再就业的老年人）都能参加力所能及的劳动；第二，从宏观上看，全社会的劳动力资源（包括老年劳动力资源），基本上都能得到合理的安排与使用。这既是社会主义就业规律的客观要求，也是体现我国宪法有关公民享有劳动权利的基本保证。

1982年维也纳老龄问题世界大会通过《老龄问题国际行动计划》，对老年人的就业与退休提出了类似的见解。在《发展方面的变化和人道主义问题》一节中明确指出："社会政策和实践规定了老年人的权利和义务，例如在年老时有权工作和有权退休"，《行动计划》要求："对于所有的人，不管年龄大小，他们属于该社会、参加其工作和为之做出贡献的权利都应受到社会保证。老年人应获得保证，由于过去对社会做出的贡献，也将继续享有此类权利。"[1] 2002 年马德里老龄问题世界大会通过《老龄问题国际行动计划》指出："承认老年人的贡献提供机会、方案和支持，鼓励老年人参与或继续参与文化、经济、政治、社会生活和终身学习"，"在实现为所有人提供就业的目标过程中，必须认识到，老年劳动者继续就业不一定减少年轻人在劳动力市场的机会；老年劳动者能够为改善国民经济收入和产出作出有价值的持续贡献，从而对社会的所有成员都有利。如果制定其他计划，用老职工的经验和技能培训年轻的新雇员，还有利于经济全局"。"在出现潜在劳动力短缺问题时，可能导致必须对现有的奖励办法进行重大改革。鼓励更多的劳动者乐意推迟完全退休并作为兼职或全职雇员继续受雇。"[2]

三、由静态人口转向动态人口

具有劳动能力的老年人属于劳动力和劳动力资源。社会生产力是由三个要素构成的，即劳动者、劳动资料和劳动对象，其中作为劳动者的人，在生产中起着决定性的作用。人口是社会经济

---

[1] 老龄问题研究[M].北京：中国对外翻译出版公司，1983：64-67.

[2] 全国老龄工作委员会办公室，中国老龄协会.第二次老龄问题世界大会既亚太地区后续行动会议文件选编[C].北京：华龄出版社，2003：16-19.

活动的主体。马克思和恩格斯曾经指出："任何人类历史的第一个前提，无疑是有生命的个人存在。"[1]人口对经济发展的作用主要是通过人作为生产者与消费者的统一而实现的。

人作为生产者，是一切社会财富的创造者。社会生产行为是人类社会存在发展的最重要和最基本的实践活动，劳动力人口，正是"全部社会生产行为的基础和主体"。[2]社会生产行为是通过具有一定生产经验和劳动技能的劳动者利用生产资料，改造自然、创造物质财富而实现的。

从人口过程来看，人作为生产者要受本身自然生理条件的限制，也就是它必须具有劳动能力才能构成劳动力和属于劳动力人口的范畴，马克思在论述劳动力时指出："我们把劳动力或劳动能力，理解为人的身体即活的人体中存在的，每当生产某种使用价值时就运用的体力与智力的总和。"[3]马克思关于劳动力的这一定义，说明了劳动力的三个基本特征：

1. 人的生命是劳动力的自然基础。"劳动力只是作用活的个体的能力而存在。"[4]

2. 劳动力是人们生产某种使用价值时所运用的能力，劳动以外其他活动所耗费体力与智力不是用于劳动，因而不构成劳动力。

3. 劳动力是人的综合性能力，是由体力和智力组合而成的。在马克思、恩格斯关于劳动力的论述中，没有提出构成劳动力的

[1] 马克思恩格斯选集：第1卷[M].北京：人民出版社，1960：23.

[2] 马克思恩格斯选集：第46卷[M].北京：人民出版社，1960：37.

[3] 马克思恩格斯选集：第23卷[M].北京：人民出版社，1960：190.

[4] 马克思恩格斯选集：第23卷[M].北京：人民出版社，1960：193.

任何年龄界限，这说明，凡是具有劳动能力的人，不论其年龄如何，都是劳动力。具有劳动能力的老年人当然也不例外。人的劳动既包括体力劳动，也包括脑力劳动，但是体力劳动与脑力劳动不能截然分离。一方面，最简单的体力劳动也有一定的智力要求；另一方面，最复杂的脑力劳动，也要消耗一定的体力。至于我们在习惯上把劳动者划分为体力劳动者和脑力劳动者，只不过是表明两者以何者为主，各有侧重与分工而已。

劳动经济学认为，劳动力有两种含义：一是指人的劳动能力；二是指有劳动能力的人，后一种含义是以前一种含义为基础的，无论什么人，只有在他具有一定劳动能力的条件下，才能称为劳动力。[1]《劳动经济学》一书的作者唐·白劳德马克·杰克逊认为，最广义的劳动概念是指总劳动力，即在任何一周内的所有16岁以上的非管制人员。[2]这再次说明，具有劳动能力的老年人也是劳动力。

一个国家和地区的劳动力资源的绝对量，是这个国家和地区具有劳动能力的总人数，它包括劳动适龄人口中的劳动能力的人数，也包括劳动年龄以外实际从事社会劳动的人数[3]。上述概念和定义表明，凡具有劳动能力的老年人应属于劳动力和劳动力资源范围。

包括老年人力资源在内的劳动力资源同样是一种经济资源，

---

[1] 张一德，袁伦渠.劳动经济学概论[M].北京：劳动人事出版社，1987：11.

[2] (美国)唐·白劳德、马克·杰克逊.劳动经济学[M].中译本.北京：科学普及出版社，1989：61.

[3] 张一德，袁伦渠.劳动经济学概论[M].北京：劳动人事出版社，1987：26.

有效地开发利用可以为社会创造更多的财富。我国是一个经济基础落后的发展中国家，需要开发利用丰富的劳动力资源来弥补资金和物质资源的不足。开发利用劳动力资源应该是全社会的劳动力资源，既包括在职人员，也包括待业人员和有劳动能力的离退体人员与社会老年人。

第五章　动态人口红利与社会可持续发展

第一节　我国人口老龄化对可持续发展的影响

一、劳动年龄人口比重下降导致劳动力不足

劳动年龄人口是劳动力来源的基地，在总体人口中处于核心地位。劳动年龄人口数量多寡及其在总人口所占比重的大小，是一个国家或地区经济发展的重要因素。从总体来说，人口老龄化发展会导致劳动年龄人口比重相对下降。在人口老龄化的初期阶段，由于少年儿童人口比重下降的幅度较大，而老年人口比重上升的幅度较小，甚至小于少年儿童人口比重下降的幅度时，就会出现劳动年龄人口比例不是下降而是上升的现象。一旦总和生育率达到更替水平，少年儿童人口比重回升而老年人口比重只升不降时，劳动年龄人口比重就会立即下降。

中国 15–59 岁劳动年龄人口数量，从现在到 2020 年呈增长趋势，预计 2010 年增长到 9.268 亿人，2020 年达到 9.345 亿人。但是随着人口老龄化发展，2022 年以后，将出现递减的趋势，2030 年、2040 年和 2050 年将分别递减为 8.879 亿、8.654 亿和 8.357 亿。劳动年龄人口比重从 1970 年起，由于少年儿童人口比重下降的幅度大于老年人口比重上升的幅度，因此，劳动年龄人口比重呈上升趋势，由 1970 年的 53.5% 依次提高到 2000

年的65.1%，预计2010年将达到67.9%。从此以后将逐年下降，2020年、2030年、2040年和2050年将分别为64.5%、59.2%、57.0%和55.1%（见表1）。中国早期进入老年型社会的上海在前几年已出现了“青年人赤字”，北京到2010年也将出现劳动年龄人口出大于进的局面。这种劳动年龄人口比重从2022年起递减的趋势将会在全国出现，如不加以调整和扭转将会严重制约经济发展。[1]

表1 中国人口年龄结构变化情况

年龄段 / 人数（百万） / 比重（%） / 年代	0–14岁	15–59岁	15–64岁	60岁以上	65岁及以上
1950	192.0 34.6	321.2 57.9	337.9 60.9	41.6 7.5	25.0 4.5
1970	329.8 39.7	444.4 53.5	465.2 56.0	56.5 6.8	35.7 4.3
1975	366.5 39.5	479.5 53.6	520.5 56.1	64.0 6.9	40.8 4.4
1990	317.7 27.5	738.2 63.9	772.9 66.9	99.4 8.6	64.7 5.6
2000	317.8 24.9	830.9 65.1	873.0 68.4	127.6 10.0	85.5 6.7
2010	267.5 19.6	926.8 67.9	982.8 72.0	161.1 11.8	105.1 7.7

[1] 田雪原，战捷，赵天明.人口老龄化与经济发展［M］.//二十一世纪上半叶中国老龄问题对策研究.北京：华龄出版社，2000.

（续表）

年龄段 人数（百万） 比重（%） 年代	0–14 岁	15–59 岁	15–64 岁	60 岁以上	65 岁及以上
2015	277.6 19.7	931.4 66.1	1007.5 71.5	200.1 14.2	124.0 8.8
2020	284.0 19.6	934.5 64.5	1008.4 69.6	230.4 15.9	156.5 10.8
2030	283.5 18.9	887.9 59.2	1000.4 66.7	328.5 21.9	216.0 14.4
2040	276.3 18.2	865.4 57.0	951.9 62.7	376.5 24.8	290.0 19.1
2050	283.6 18.7	835.7 55.1	941.9 62.1	397.4 26.2	291.2 19.2

资料来源：田雪原、战捷、赵天明：《人口老龄化与经济发展工》载《二十一世纪上半叶中国老龄问题对策研究》，华龄出版社，2000 年。

二、供养系数上升导致我国劳动力成本加大

人口老龄化发展所带来的劳动年龄人口比重下降，必然导致老年赡养系数和总供养系数上升。中国老年赡养系数从 1970 年起一直上升，1975 年为 12.9，1999 年为 13.5，预测 2010 年为 17.4，2030 年为 37.0，到 2050 年进一步上升为 47.5 时，劳动年龄人口与老年人口之比接近于 2 ∶ 1（详见表 2）。

20 世纪 70 年代中期以前，由于少年儿童抚养系数高，所以

总供养系数也高，1970 年和 1975 年分别为 86.9 和 86.6。此后，随着少年儿童抚养系数下降，总供养系数下降，1990 年为 56.5。预测 2010 年达到低谷时仅为 47.3。随后少年儿童抚养系数回升，老年赡养系数上升，总供养系数也相应提高。2030 年和 2050 年将分别达到 68.9 和 81.4，见表 2。大大超过当前发达国家水平（48–55）。由 100 个劳动年龄人口供养 70–80 个非劳动年龄人口，不但会使社会不堪重负，还会大大提高劳动力成本，降低产品的竞争力和社会经济发展的速度。[1]

表 2　中国 1950–2050 年供养系数变化情况

	1950	1970	1975	1990	2000	2010	2015	2020	2030	2040	2050
（0–14 岁 /（15–59 岁）	59.8	74.2	73.7	43.0	38.2	29.9	29.8	30.7	31.9	31.9	33.9
60 岁有以上 /（15–59）岁	13.0	12.7	12.9	13.5	15.4	17.4	21.5	24.7	37.0	43.5	47.5
〔（0–14）岁 +60 岁有以上〕（15–59）岁	72.8	86.9	86.6	56.5	53.6	47.3	51.3	55.1	68.9	75.4	81.4

资料来源: 田雪原、战捷、赵天明:《人口老龄化与经济发展》,载《二十一世纪上半叶中国老龄问题对策研究》，华龄出版社，2000 年。

［1］ 劳动部课题组.中国社会保障体系的建立与完善［M］.北京：中国经济出版社，1994：58.

三、离退休人员数量增多和基本养老保险基金支出加大，影响社会财富积累

随着人口老龄化程度递增，城镇职工基本养老保险基金支出增长幅度逐渐加大。据统计，全国离退休人员 1995 年为 2241.2 万人，2000 年为 3607.8 万人，2010 年为 6305.0 万人，2012 年达到 7445.7 万人。同时，城镇职工基本养老保险基金 1995 年支出 847.6 亿元，2000 年支出 2115.5 亿元，2010 年支出 10544.9 亿元，2012 年支出 15561.8 亿元。[1] 从 2000–2010 年全国离退休人员和城镇职工基本养老保险支出增长幅度相比，全国离退休人员十年增长幅度 746.6%，城镇职工基本养老保险基金支出十年增长幅度 398.9%。全国离退休人员增长幅度快于城镇职工基本养老保险基金支出。从十年增长幅度显示，我国人口老龄化进程加快，离退休人员将不断增加，城镇职工基本养老保险基金支出将不断加大。

离退休人员总数增长速度比在职职工增长速度快。离退休人员与在职职工之比，1984 年为 1 ∶ 8.0，1992 年为 1 ∶ 5.7，2000 年为 1 ∶ 4.2，2010 年为 1 ∶ 4.1. 在离退休人员总数和退休金总额不断上升的同时，城镇职工基本养老保险基金支出占城镇单位就业人员工资总额比重也在不断上升。1995 年为 10.5%，2000 年为 19.3%，2010 年为 22.3%，2012 年为 21.9%。[2]

---

[1] 中华人民共和国国家统计局.2013年中国统计年鉴[M].北京：中国统计出版社，2013：851.

[2] 中华人民共和国国家统计局.2013年中国统计年鉴[M].北京：中国统计出版社，2013：132.

城镇职工基本养老保险基金支出费用增加，也相应地提高了所占国内生产总值（GDP）的比重。从 1995 年为 1.3%，提高到 2000 年的 2.1%，2010 年的 2.6% 和 2012 年的 2.9%。[1] 当然，国家用于退休金的支出过快增长，及其在国内生产总值中所占比重的加大，也不利于社会财富积累和经济社会的可持续发展。

二十年来，全国离退休人员数量和城镇职工基本养老保险基金收支及累计结余保持持续增长态势。据统计，全国参加养老保险的人数从 1990 年的 6166.0 万人，增加到 2010 年的 25707.3 万人；养老保险基金收入从 1990 年的 178.8 亿元，增加到 2010 年的 13419.5 亿元；在养老保险支出方面，从 1990 年的 149.3 亿元，增加到 2010 年的 10544.9 亿元；见表 3。从 1990–2010 年城镇职工基本养老保险人数中的离退休人员年均增长速度快于在职职工年均增长。1990–2010 年城镇职工基本养老保险离退休人员年均增长 9.8%；1990–2010 年城镇职工基本养老保险在职职工年均增长 6.8%。

从 1990 年 –2010 年养老保险基金收入年均增长幅度，稍微高于养老保险基金支出年均增长幅度。1990 年 –2010 年城镇职工基本养老保险基金收入年均增长 24.0%；1990 年 –2010 年城镇职工基本养老保险基金支出年均增长 23.7%。见表 3。以上数据表明，人们大可不必为养老基金的短缺而担忧。在未来的发展中，中国城镇职工人口的老龄化速度将进一步加快，退休人口的快速增加

[1] 中华人民共和国国家统计局.2013年中国统计年鉴［M］.北京：中国统计出版社，2013：44.

将不可避免。根据经济学家的预测，退休人员在职职工的比例将在 2020 年为 0.313，2030 年为 0.382，2040 年为 0.400，2050 年为 0.391. 劳动力人口的老龄化对社会保障的影响将进一步加大。即使实行了现收现付与基金积累相结合的新制度，在在职职工的个人所得税后，一方面要负担相当比例的退休职工，另一方面还要承担自身的养老金积累，这对于提高在职职工的生活水平和中国经济的可持续增长是不利的。所以，中国在建立与社会主义市场经济相适应的现代化社会保障制度过程中，必须充分考虑到人口教具化的因素。[1]

表 3　1990-2012 年城镇职工基本养老保险有关数据

指标 \ 年份		1990 年	2000 年	2010 年	2012 年
参加养老保险人数（万人）		6166.0	13617.4	25707.3	30426.8
其中	在职（万人）	5200.7	10447.5	19402.3	22981.1
	离退休（万人）	965.3	3169.9	6305.0	7445.7
城镇职工基本养老保险基金收入（亿元）		178.8	2278.5	13419.5	20001.0
城镇职工基本养老保险基金支出（亿元）		149.3	2115.5	10544.9	15561.8
城镇职工基本养老保险基金累计结余（亿元		97.9	947.1	15365.3	23941.3

注：此表根据《2013 年中国统计年鉴》中华人民共和国国家统计局编，中国统计出版社 2013 年版。

[1] 姜向群，万红霞.人口老龄化对老年社会保障及社会服务提出的挑战[J].市场与人口分析，2005（4）.

在我国进入全面建成小康社会时期，党的十八届三中全会报告中指出：“建立更加公平可持续的社会保障制度”。社会保障作为一种普惠制度安排和面向全民的公共产品，不论社会成员，城乡、阶层、职业、收入、宗教信仰，都平等地享有社会公平发展权利。政府职能转变就是促进社会公平，社会保障制度作为政府职责，在建立和完善老年社会保障中具有立法和行政的职能，是其它社会群体所不可替代的。

由于我国是一个发展中国家，总人口和老年人口均为世界之“最”，又缺乏实践社会保障的经验，从这样一个实际出发，实行“公平可持续”社会保障方针是正确的。在社会养老保险方面我们实施的公平的方针就是“社会化、全覆盖”，可持续就是“保基本、以人为核心”。把“公平可持续”作为我国社会保障制度顶层设计的指导思想，无疑是对的。因为它反映了我国经济发展的状况，社会发展的状况以及人口发展状况是符合实际的、实事求是的。只有做到“公平”，才能实现“持续健康发展”，才能将更多人群纳入到养老保险框架内，使保障制度体现最大限度的社会全覆盖，并通过保基本做到可持续，这是我国社会保障制度活力所在。

“可持续”作为以人为核心的社会保障制度顶层设计的指导思想，是“既满足当代人的需要，又不危及后代人满足其需求的能力的发展”。这个定义有两个要点：发展是第一位的，不发展谈不上可持续，而且不发展也谈不上满足人的需求问题（包括老年人在内）。第二是发展是有限度的，特别是不能危及后代人的发展与后代人的社会财富积累。在积累社会财富的同时，还应认识到，建立社会养老保障制度是代际之间进行社会再分配的调节机制，起“调节阀”、“稳定器”的作用并应充分认识到社会养老保障制度是政府一项长期工作，没有“终极模式”和“最优模式”。首先，我们都应把当前社会保障制度看作是适宜的。也就是说，这些现行保障制度是从当前经济发展水平和人口老龄化实际情况出发做出的。根据发达国家保障制度发展的历程，我们不可能一切准备好时再迎接人口老龄化，边准备、边完善是社会保障制度发展的客观规律。同时，随时要根据实际情况进行微调，把它变为政府经常性工作。

第二节　动态人口红利应对老龄化挑战和机遇并存

一、社会公共资源尚未形成合理有序收入分配格局

由于我国总和生育率下降和人口预期寿命延长，我国已在2000年进入老年型社会，而且老年人口比重正在继续上升。在人口老龄化超前于经济发展的情况下，我们面临老龄人口比重上升的挑战。2013年底，我国60岁及以上老年人口为2.02亿，占总人口的14.9%。全国老龄工作委员会办公室的研究报告表明：预测2020年和2050年老年人口将分别达到2.48亿和超过4亿，老年人口比重分别为17.17%和30%以上。

用传统的观点看，人口老龄化的迅速发展，对于经济发展主要有以下几方面不利影响：

1. 劳动年龄人口比重下降，劳动资源减少

劳动力是发展生产力最主要的因素，劳动资源是最宝贵的资源。发达国家的史实表明，老龄化已经导致劳动年龄人口比重下

降，劳动资源减少，甚至出现劳动力不足。这一规律在我国也不例外，尽管我国在现阶段由于0–14岁少年人口比重下降的幅度大于60岁及以上老年人口比重上升的幅度，出现15–59岁劳动年龄人口比重保持在19.6%的左右，而老年人口比重从12.7%上升到17.9%，从而使劳动年龄人口比重将从2010年的68.3%下降到2020年的64.4%，减少3.9个百分点。2050年劳动年龄人口将进一步下降到53.3%，比2000年的65.6%减少12.3个百分点。劳动年龄人口减少，非劳动年龄人口增多不利于经济发展。

2. 老年赡养比上升和总供养比上升，劳动年龄人口负担加重

老龄人口比重上升和劳动年龄人口比重下降，将导致老年赡养比重从2000年的15.9%，分别上升为2015年的23.06%，2030年的40.2%和2050年的58.75%。与此同时，总供养比从2000年的50.4%，上升为2015年的51.6%，2030年的66.2%和2050年的87.6%。老年赡养比和总供养比的上升，一方面会提高劳动力成本，降低我国产品在国际市场上的竞争力，不利于经济发展；另一方面劳动人口的负担加重，不利于代际关系协调与社会和谐。

3. 老年人口比重上升和劳动年龄人口比重下降会导致社会保障基金入不敷出

老年人口是养老基金的支出者，劳动年龄人口是养老基金的缴纳者，老年人口比重上升和劳动年龄人口比重下降的结果是养老金支出增多，收入减少，在以现收现付为养老保险基金收支主要模式的情况下，必然导致当年的基金入不敷出，不得不动用过去积累的基金来弥补。据劳动保障部2001年预测，按法定退休年龄计算，我国城镇职工养老保险统筹基金2010年收入为

3505.00亿元，支出为4300.97亿元，超支855.97元；2020年收入为6558.96亿元，支出为8172.47亿元，超支503.51亿元。长期积累的基金是社会保障的基础，基金入不敷出，必然影响社会保障制度的可持续发展。

二、出生率下降和预期寿命延长应对发展经济的机遇

出生率下降和预期寿命延长一方面是人口老龄化的两大成因，另一方面又是发展经济应对老龄化拐点的积极因素。

1. 出生率下降对经济发展的积极作用

我国从20世纪70年代末实行控制人口增长的计划生育政策，从而使：

（1）总和生育率从1978–1980年的3.3下降到2000–2005年的1.8，少生了4亿多人口，促进了社会经济发展，为健全社会保障体系奠定了良好的基础；

（2）少儿抚养比从1978年的63.72%下降到2000年的44.2%，同期总供养比从73.0%下降到55.3%，减轻了家庭和社会保障的负担；

（3）出生率下降带来的少生优生，有利于提高人口素质和提高劳动生产率；

（4）育儿负担减轻，有利于提高妇女的劳动参与率；

（5）未来育龄妇女减少，有利于继续减缓人口增长速度；

（6）未来老年人口的数量和比重相对稳定，有利于人口老龄结构趋于合理。

联合国的统计和预测表明：我国的总和生育率1950–1955年

为6.2，大大高于发达地区的2.8；2000–2005年为1.8，高于发达地区的1.5；2025–2030年为1.9，高于发达地区的1.7；2045–2050年为1.9，与发达地区的1.9持平。[1]

2. 预期寿命延长对经济发展的经济作用

人口是社会的基本生产力，劳动力资源是最重要和最宝贵的资源。从经济学的观点看，一个国家和地区的劳动力资源量的多寡，是反映这个国家和地区经济实力强弱的重要指标。多则有利于经济发展，寡则不利于经济发展。

人口是劳动力资源的基础，除了人口总量的变化对劳动力资源量产生影响以外，包括寿命长短和平均健康水平在内的人口质量对劳动力资源量也产生影响。预期寿命的长短，决定人一生中能从事劳动的岁月的长短和社会所拥有劳动力资源的多少。农业社会人口预期寿命短，一个人年近半百就会丧失劳动能力，一生中能从事劳动的岁月不多，能为社会创造财富的时间不过30多年，致使经济发展缓慢。工业革命带来了科技进步，经济高速发展，医疗条件改善，生活水平提高和人口预期寿命的延长。预期寿命延长相应地延长了人们能够参与劳动的岁月，现在一个人可以工作45~50年，相当于农业社会的一个半人的劳动岁月。这不仅意味着社会劳动力资源的增多，而且使劳动力成本下降，有利于经济发展。

预期寿命延长有利于经济发展的论断已成为国际学术会的共识。苏联人口学家C·A·托米林在《人口学与社会卫生学》一

[1] UN《World PopulationAgeing 1950–2050,2002.

书中指出："平均寿命每增加一岁，就是经济状况的一项重大成就，因为这意味着大大节约了国民经济的资金，这种情况是国民经济平衡所估计不到的。"

另一位人口学家N·N·麦奇科夫高度评价延长寿命对社会发展的积极作用，他认为："延长寿命与保持劳动的力量和能力是一致的，将来取得经济发展与人口发展之间'协调'的根本办法是延长老年人口有充分价值的经济和社会积极性。"[1]

世界卫生组织的一项声明中强调："寿命延长和节制生育所取得的成果是人类20世纪的双重胜利。"

美国《未来学家》1997年7–8月号的一篇题为《寿命延长将对人类产生重大影响》的文章认为："人的健康寿命延长，将延长工作年限，而不会改变固定的童年时间和培训时间，因此，工作年限与寿命的比例将增大，总的劳动力和生产成本会下降。通过降低非生产时间在生命周期中所占的百分比而提高生产力。"文章还强调："延长的寿命已经改变了我们。老年的意义将发生改变，较年长的人将由他们的经验、积累的智慧和个人的交际关系而更有价值。长寿的到来意味着人类真正文明的到来。"[2]

我国人口预期寿命已从1950年的40岁延长到2000年的71岁，预测2025年将分别延长到76岁和79岁，充分利用寿命延长这个积极因素，将是我国发展经济，应对老龄化挑战的一项重要战略措施。

---

[1] （苏联）N·N·麦奇尼科夫.乐观主义研究[M].莫斯科，1964：137.

[2] 美国未来学家[J].1997（7–8）.

三、老龄化对劳动生产率的影响

国际上关于劳动年龄人口老龄化对劳动生产率影响的看法，可以说是“仁者见仁，智者见智”，莫衷一是。综合起来大体上可以归纳为“弊大于利”和“利大于弊”两种观点。

1. 弊大于利论

持这种观点的人强调：劳动生产率高低的决定因素之一，是劳动者素质的高低。身体素质是劳动者素质的自然条件和基础，由于自然规律，进入中年的劳动力随着增龄会逐渐不同程度地出现人体功能的衰退，其中包括体力、耐力、智力、抗病力、精力、适应能力和体力恢复能力等。基于以上原因，他们认为在劳动年龄人口中，老年劳动力比重的上升，必然会对劳动生产率的提高产生不利影响，主要表现在以下三个方面：

（1）老年劳动力对社会经济发展的不利因素首先表现为体力和耐力衰退，难以继续胜任原来承担的比较繁重的体力劳动。

（2）老年劳动力抗病能力、康复能力和恢复体力的能力低，由此产生发病高、病休假长和医疗费用高等问题，这些情况显然会增加企业的劳动成本和负担，不利于生产率的提高。

（3）老年劳动力因智力衰退，接受新事物的能力下降，创新精神不足，不能适应技术革新和产业结构调整所带来的职业的转换和必要的调动，不利于企业的改革和竞争。

美国老年经济学家R·C·克拉克在《个人与人口老龄化经济学》一书中重点论述了经济生产年龄人口老龄化影响劳动生产率的提高。他认为在劳动年龄人口中，年龄构成不同对经济发展也有不同的影响。处于年轻力壮时期的劳动力和处于接近衰老时期的劳动力，在经济活动中的作用有很大的差别。[1]

《人的生命力与社会秩序》一书的作者E·L·桑代克在研究中发现年龄对劳动生产率的影响在50岁以后最为明显。美国劳工统计局考察了不同行业中年龄变化与劳动生产率的关系，结果表明，鞋厂、服装厂和家具工厂的工人的劳动生产率在45岁以后明显下降。人近老年，体力和记忆力逐年衰退影响个人生产劳动的速度和质量；一个国家的经济生产年龄人口老龄化，对总体生产率提高与经济增长的抑制作用将增大，在知识变化迅速的部门更为严重。激烈竞争需要劳动者具备高度的适应能力，而这正是老年人的弱点。

日本政府和学术界对劳动年龄人口老龄化也很重视，日本厚生省和日本大学对日本劳动力老化系数（45–64岁人口/15–44岁人口）的统计与预测是：1975年为0.29，1980年为0.32，1985年为0.34，1990年为0.36，1995年为0.39，2000年将上升为0.40以上。日本大学人口研究所代所长直广雄川在题为《日本人口老龄化的积极影响》一文中，预测日本的经济增长将因人口老龄化和劳动力老化而趋向下降，到下一世纪初增长率可能接近于1%，甚至等于零。他认为这是因为劳动力增长率下降以及劳动力质量因年龄结构变化而有所下降的结果。

2. 利大于弊论

关于劳动年龄人口老龄化对劳动生产率的影响如何，有些政

[1] R·C·Clark. The Economics of Individual and Population Aging.

府和学术界的观点与以上观点不完全相同或甚至相反。例如，美国劳工统计局对公务办事员做过评定性的研究，内容包括鉴定性测试、工作效果和年龄三个方面，测试结果表明，有些测试题，年轻人测试成本差，另一些老年职工成绩差，最重要的是，在基层领导对雇员的工作效果进行全面评定时，“看不出老年组和青年组之间有任何差别。”另外，对 6000 名打字员、键控员和政府机关和私营企业中一般办事人员进行的调查表明，“在工作效果方面，没有因年龄不同而有显著差别。”此外，在一些工人的调查报告表明，在生产成果上，老年组和青年组略低于 35–44 岁年龄的职工，在某些情况下，差别明显，在另外一些情况下，差别不太明显。

持利大于弊观点的单位和个人强调说，事实上，试验和调查数据一直证明，所谓年龄增加则生产率大为下降的看法是没有根据的。老年职工与青年职工相比，有同样的劳动能力，或仅仅稍低些。体力和脑力变化的某些具体方面以及这些变化的性质，在生命过程中是因人而异的。而且，这种变化对于工作效果的影响有多大，取决于对每个人工作的具体要求。

美国杜克大学经济学教授，老年经济学家约·杰·斯彭格勒认为：“虽然人们通常认为一个人的能力在‘生理成熟’之后不久即达到顶峰，但是有些学者却认为这种否定年龄与生产率关系的观点是站不住脚的。尽管缺乏活力与年龄之间有些相互关系，但是没有证据能说明劳动者在 60 岁以前在学习接受能力上存在着内在的年龄差别和经验的重要性。劳动者在 35 岁以后，其‘决定性的思维能力’可能下降，但是老年人的工作能力，一般地说能与青壮年保持一样高，或者更高一些。在大多数的智商检验中，劳动者在65岁以前的成绩并没有下降，当然，遗传与家庭环境不同可能使人与人之间在学习、工作能力和记忆力方面有差别。”[1]

1956年，美国劳工部就45岁及以上老年职工对劳动力市场的适应能力进行了专题研究。题为《老年职工对劳动力市场的适应：对七个主要劳动力市场情况的分析》的课题研究报告，提出以下结论：

（1）老年职工（45岁及以上）往往比青年职工更安心工作，工作调动率较低；

（2）雇主给予老年职工的工作成绩评定等级往往高于45岁以下的职工；

（3）老年职工比45岁以下职工的劳动生产率高；

（4）老年职工的工伤事故比青年职工少，由工伤事故引起的每年的缺勤人数也比较少；

（5）中老年职工的干劲比青年职工大；

（6）老年职工的工作积极性往往比45岁以下的青年职工高。

德国的经济学家乌尔丽克·索萨拉认为：企业里职工老龄化，也不一定是坏事。那些30年后将达到退休年龄的职工，从现在起就得进修、提高和充实自己，以应付各种挑战。另外，企业还要对50岁以上的职工有针对性地充分加以利用。他们长期的

[1]（美国）J·J·Spengler. Macroeconomic response to age–structural change[M].The Eeonomics of Individual and Population Aging, 142.

工作经验可以借鉴，而且还有较多的时间，因为他们的孩子都长大了。

以上两种不同的观点，都提出了各自的调查和依据，乍看起来，都有道理，很难判断谁是谁非。但是，如果更科学地来衡量或评估劳动年龄人口老龄化对劳动生产率的影响，就必须结合不同的工种、不同的地区和不同的生产力发展水平作具体分析，不能一概而论。

就工种来说，劳动强度高的行业，对体力的要求高，老年劳动力难以适应，劳动年龄人口老龄化对劳动生产率的提高不利；反之，在技术产业中或行政管理部门，对职工脑力的需求高于对体力的需求，劳动年龄人口老龄化对生产率的提高影响就不大，而且，熟练老工人的丰富经验对生产率的提高，还会产生有利的积极作用。

以地区而论，经济发达的国家和地区，提高劳动生产率靠的是科学技术，那里主要是技术密集型产业，劳动年龄人口老龄化的不利影响就小，而在发展中国家的农业生产或手工生产多是以体力要求为主体的劳动密集型行业，在那里，劳动年龄人口老龄化的不利影响就大。

至于劳动年龄人口老龄化对劳动生产率的影响，持乐观态度的人越来越多。1982 年维也纳老龄问题世界大会认为："在发达国家里，工作所要求的条件对于体力要求越来越少，在那里，老年工人数目的日益增多，不一定会对劳动生产率产生不利影响。"21 世纪将是高技术大发展的时期，高技术发展必然导致产业结构和职业结构的变化，对劳动者智力的要求高于对体力的要求。约翰·奈斯比特在《大趋势》一书中指出："在高技术的信息社会里，使用的是脑力，而不是像工业时代那样使用体力，价值的增长不是通过劳动，而是通过知识实现的。"[1]

老年人是人类知识和经验的创造者、继承者和传播者，在现代化社会里，他们的智力和技能可以弥补体力的不足，不会严重影响劳动生产率的提高。

第三节 对实现动态人口红利与社会可持续发展的建议

一、老年法律体系纳入法制轨道

1、建立健全老年法律体系，保障老年人的合法权益

中国已进入老龄社会，老年人问题和人口老龄化问题都将是重大的社会问题，解决这些问题的政策措施，归根结底要体现为法律法规体系的健全和完善。中国已于1996年颁布了《中华人民共和国老年人权益保障法》，但是，总体来说，有关老年的法律建设还滞后于人口老龄化的发展，在处理很多涉老的民事纠纷方面，缺乏专项法律和法规依据。为了切实维护老年人的权益，发展老龄事业，我们应尽快制定社会保障法、养老保险法、医疗保险法、社会救济法、家庭瞻养法、社会服务法、老年人住宅法、老年人福利法和老龄事业发展法。实践证明，建立健全老年法律法规体系，可以更好地调整老年人与非老年人之间的关系，制裁侵犯老年人合法权益的不法行为，有利于促进家庭和睦，保证社

[1]（美国）约翰·奈斯比特.大趋势[M].北京：中国社会科学出版社，1984：52.

会经济健康发展。

2、建立和完善与人口老龄化进程和经济发展水平相适应的养老保障体系

保障老有所养是老龄化过程中必须解决的首要问题。维也纳大会要求各国政府“根据向所有老年人都提供保险的原则，建立或制定社会保险制度”，强调养老保险应考虑人口年龄结构变化以及国民经济能力，同时应努力实现持续的社会经济发展；发展中国家为养老计划提供资金时需要慎重考虑，以便确保这些计划实现而不妨碍社会经济发展。这些论述对于我们来说更具有现实意义。在中国经济尚不发达的条件下，建立一个既能保障老年人的经济收入和医疗护理需要，又不影响社会经济发展的老年社会保障体系，将是实现人口老龄化与社会经济协调发展的一项重要措施。

为了适应中国人口老龄化进程和社会经济发展的需要，我们应建立一个公平与效率兼顾、基金来源多渠道、城乡有别的社会养老、家庭养老与社会助老服务相结合的多层次养老保障体系。城镇职工的养老保险由国家基本保险、企业补充保险和个人储蓄保险组成，国家基本保险实行社会统筹与人人账户相结合的制度，保险费由国家、单位和个人共同承担。养老保险基金的短信宜采用现收现付与部分积累相结合的模式，即在现收现付的基础上，建立个人账户储存积累，多征集一部分保险费为积累基金，为21世纪人口老龄化高峰期的退休金剧增作准备。这样既能保障近期内老年人的经济生活，又能缓解未来的压力。据有关部门预测，如果按职工工资总额的3%建立养老保险积累，到2030年积累基

金总额可以达到 142.518 亿，超过同年的退休金支出。严格执行按法定退休年龄退休的规定，除特殊情况外，坚决禁止“内退”、提前退休和一次性买断工龄的做法。

农村养老以家庭保障为主，目前要充分发挥家庭的养老功能，提倡签订家庭赡养协议。政府完善家庭养老支持政策，对家庭养老的子女给予适当的资助、优惠、照护假期。对于经济比较发达的农村，在政府引导和农民自愿的基础上，逐步发展农村社会养老保险。保险基金的筹集，坚持“个人交费为主，集体补助为辅，国家予以政策扶持”的原则。此外还可以发展商业保险和社会互助保险作为对社会养老保险的补充，满足个体劳动者、农民和部分职工对养老的特殊需求。

3、弘扬敬老、爱老传统美德

加强精神文明建设，协调代际关系，保持社会稳定和促进经济发展，既要靠法制、法律的支持，又离不开精神文明和道德的保证。道德和法律是既有区别又相互联系的，在规范人们的行为上起着相辅相成的作用。一般来说，凡是为法律所反对的行为，也是为道德所谴责的行为；凡是为法律所要求的行为，也是为道德所要求的行为。中国古代统治者一直沿用的“明德慎罚”、“明刑弼教”策略，就是利用了道德与法的相互补充作用。

道德是一种无形的力量，人们往往自觉或不自觉地运用道德准则规范自己的行动。在社会主义条件下，法是对人们进行道德教育的重要工具。在改革开放的洪流中，一方面，社会主义新型道德观念和道德规范正在形成和建立；另一方面，各种腐朽没落的道德观，特别是利己主义和追求享乐的思想，充斥一部分人的心理，家庭伦理道德和社会公德受损，法律的威慑力较弱。党的十八大报告提出：“加强社会公德、职业道德、家庭美德、个人品德教育，弘扬中华传统美德，弘扬时代新风”。党的十八届三中全会提出：“建设社会主义文化强国，增强国家文化软实力，必须坚持社会主义先进文化前进方向，坚持中国特色社会主义文化发展道路，培育和践行社会主义核心价值观。”建立和推广尊老爱幼等良好的礼仪制度，加强直接关系社会稳定进步的社会公德和家庭伦理道德等教育。

二、研究制定渐进式延迟退休年龄政策纳入政府工作

在延迟退休年龄政策上，党的十八届三中全会提出：“研究制定渐进式延退休年龄政策”，引起社会广泛关注。中央在延迟退休问题上采取慎重的态度，只是决定“研究”，而不是“制定”，政府充分考虑到，劳动年龄人口在总体人口中处于核心和支配的地位。劳动年龄人口比重高，表明劳动力资源丰富，供养系数低，有利于经济发展；劳动年龄人口比重低会导致劳动力资源减少和供养系数加大而制约社会经济发展。把供养系数保持在较低水平上，是发达国家取得人口老龄化与社会经济协调发展的重要手段之一。

1、适时的视角。对延迟退休年龄政策受到大家的关注。有的从劳动力供求关系出发，认为延迟退休年龄，增加劳动者工作年限，有利于解决劳动力短缺问题，促进社会可持续发展；有的认为可增加缴纳养老金年限，减少退休者领取退休金年限，有利于社会保障制度的安全；有的从人口老龄化发展出发，退休者平

均寿命的延长，造成退休金供应不足，通过延长退休年龄可以节约退休金的支出。以上意见不管哪种视角，从人口学和社会学角度出发，都是想办法使抚养者和被抚养者之间能够均衡发展，使社会能处于良性循环状态。但是，不管视角如何不同，人的平均寿命延长和社会发展的需要，是我们有可能适时地考虑实施渐进式延长退休年龄的出发点和立足点，是提出这一政策的基础条件。

2、适势的视角。提出问题，研究问题，制定政策。从发达国家的实际资料出发，我们可以看出：第一，延长退休年龄是各国对社会发展中问题普遍采取的措施之一；第二，一般说来，发达国家现行退休年龄起点较高，发展中国家退休年龄起点比较低；第三，也正如此，发展中国家在提高退休年龄时步子迈的比较大，发达国家步子比较缓慢。例如，美国从 65 岁提高到 67 岁退休，提高 2 岁用了 27 年时间，德国从 60 岁提高到 65 岁退休，提高了 5 岁用了 17 年时间；第四，从发展中国家和发达国家的情况看，有的是现在时，还有的是进行时。他们都在从本国劳动力资源供应状态和社会发展需要采取具体政策，其目的都是为了促进社会可持续发展，解决社会问题。根据媒体报道，近年来有了新情况，随着人们健康状况的改善，德国提出到 2030 年将退休年龄延至 68 岁。英国要将退休年龄 2020 年延至 68 岁，2030 年延至 69 岁。延长退休年龄已成为各国社会发展中的一种趋势。

3、适度的视角。根据国际经济，对我们这样一个大国，情况复杂，在党的十八届三中全会《决定》提出："研究制定渐进式延迟退休年龄政策"，这里提出"渐进式"延长退休年龄政策是符合我国国情的，是完全正确的。从近期看，我国劳动力资源充足，据2010年5月中国人口与发展研究中心课题组发布的《中国劳动力变动趋势及判断》研究报告,我国仍然有25年“人口红利”期。预计到2005年，我国15–59岁、15–64岁劳动年龄人口将分别达到7.68亿和8.76亿，也就是说到2030年劳动年龄人口还维持在8亿左右，短期内不会发生某些发达国家出现的那些劳动力短缺问题。我们采取渐进式延长退休年龄的政策，可以拉长我国劳动力供应链，要达到发达国家目前实行的退休年龄，我们时间还比较充足，能够保持在本世纪内，劳动力长期有效的供给，渐进式延长退休年龄政策，可使我国经济长期平衡发展，应对老年人口大国的人口老龄化挑战。所以，对未来我国人口老龄化带来的问题，不必忧心忡忡。

综上所述，劳动年龄人口数量多少和比重大小，主要取决于劳动年龄的上下限。劳动年龄的上下限不是一成不变的，它可以随着社会生产力的提高、文化教育事业的发展，以及人口预期寿命的延长而相应调整。中国以15岁为劳动年龄的上限和下限，是20世纪50年代根据当时的生产力水平、文化教育条件和人口预期寿命确定的，现在已经不能适应发展的需要了。半个世纪以来，中国的社会生产力水平已大大提高，文化教育和科学技术有很大发展，人口预期寿命已延长到71岁，原定的劳动年龄上下限显然偏低,需要适当调整。在这种情况下,如果我们从2005年起,每隔3年把劳动年龄的下限和上限都提高一岁，用15年的时间，到2015年提高到19岁和64岁（同现在发达国家的劳动年龄上限一样）是完全必要的，也是切实可行的。需要调整的理由如下：

（1）实施创新驱动人才强国发展战略，需要有大量的人才和至少受过高中或高等技校教育的劳动力。这就是说，年轻人在进入劳动队伍之前读完高中或高等技校，至少是 18 岁，按原定 15 岁为劳动起点年龄达不到这个要求。有些发达国家和地区已经把劳动起点年龄提到 18 岁或 20 岁。如果我们逐步把劳动起点年龄提到 19 岁，不仅有利于提高劳动力素质，而且也可以缓解劳动力供大于求的就业压力。随着教育水平提高，劳动力年龄越轻受教育程度越高，2025 年高中以上劳动力将占 40%，2046 年受过高等教育的劳动力将占 40%，接近目前美国水平，意味着我国劳动力素质将发生质的提升。[1]

（2）选择适时渐进式延迟退休年龄社会政策。在劳动力年龄起点不变的同时，需要相应提高劳动年龄上限。一方面可以使劳动年龄人口的数量和比重保持基本不变；另一方面退休年龄的提高不但可以降低总抚养比的比重，而且可以使 60 岁的人群由生产人口向抚养人口、消费人口转化的时间逐年推迟 5 年，60–64 岁的人群可以继续从事劳动，为社会做贡献。按照国家统计资料，均是以 65 岁劳动年龄人口作为人口年龄结构计算，人口总抚养比一直处于下降的状态。从 2000 年人口总抚养比为 42.6%，到 2012 年人口总抚养比为 34.9%，下降了 7.7 个百分点；但值得注意的是 2010 年人口总抚养比为 34.2%，2011 年人口总抚养比为 34.4%，2012 年人口总抚养比 34.9%，逐年上升，值得关注。2013 年出现拐点，抚养比开始上升，但 2010–2035 年

[1] 姜卫平，陈佳鹏.关注人口均衡促进可持续发展——中国人口与发展咨询会（2010）论文集[C].北京：中国人口出版社，2010：17.

仍低于53%的“人口红利”期标准，处在劳动力丰富，抚养负担低、储蓄率高的“人口红利”期，将有利于推动经济发展和社会转移。[1]

（3）劳动力性别结构均衡，年龄结构趋于稳定。2012年男性15–59岁劳动力占51.1%，女性占48.9%，就业率占98.6%；劳动力年轻化特征显著，15–39岁占56.3%，40–49岁占26.5%，50–59岁占17.1%。[2]据2010年中国人口与发展研究中心课题组发布的《中国劳动力变动趋势及判断》研究报告，15–59岁、15–64岁劳动年龄人口年龄中位数分别为36岁和37岁。“二十五”末达37岁、39岁，2025年升至38、40岁后变化趋缓，2040年后长期保持在39岁、40岁。[3]

三、开发利用老年人力和人才资源纳入社会治理体制

迎接老龄化挑战的另一重要措施是开发利用老年人力资源，让更多有劳动能力的老年人参与社会经济发展。《维也纳老龄问题国际行动计划》要求各国政府“研究人口老龄化对经济发展的影响以及经济发展对老龄化的影响，以便使老年人的潜力得以发挥”。联合国的一项国际调查指出：“用来赡养有病和失去工作

[1] 姜卫平，陈佳鹏.关注人口均衡促进可持续发展——中国人口与发展咨询会（2010）论文集[C].北京：中国人口出版社，2010：18.

[2] 中华人民共和国国家统计局.2013年中国统计年鉴[M].北京：中国统计出版社，2013：203.

[3] 姜卫平，陈佳鹏.关注人口均衡促进可持续发展——中国人口与发展咨询会（2010）论文集[C].北京：中国人口出版社，2010：16.

能力的人，以及为退休或过依赖生活的岁月提供生计的财富，不可能相当迅速地生产出来，除非人力资源得到充分利用……人力资源当然包括老年人自己。”“老龄社会最大的潜力（人力资源）就寓于老年人本身。”如果说当前中国劳动力比较富裕的话，那么，20年后这一优势将不复存在。在这种情况下，开发利用老年人力资源一可以弥补劳动力不足，二可以为国家多增创财富，三可以变一部分消费人口为生产人口，变人口老龄化的压力为促进社会经济发展的动力。

邓小平同志说科学是第一生产力，经济发展快一点，必须依靠科技和教育。实行科教兴国和可持续发展所依靠的人才。目前我们劳动力供过于求，但人才资源严重不足，解决的办法，一是在校培养，二是在职培训，三是从国外引进，四是起用老年人才。四者之中以起用老年人才成本最低，见效最快。

为了进一步发挥离退休专业技术人员的作用，2005年2月23日，中共中央办公厅、国务院办公厅下发了中办〔2005〕9号文，转发了《中央组织部、中央宣传部、中央统战部、人事部、科技部、劳动保障部、解放军总政治部、中国科协关于进一步发挥离退休专业技术人员作用的意见》（以下简称《意见》）。《意见》首先突出强调了发挥离退休专业技术人员作用的重要性，要求各级党委、政府和有关部门把离退休专业技术人才资源纳入到人才队伍建设的整体规划之中，并努力在全社会营造重视、关心、支持离退休专业技术人员特别是老专家发挥作用的良好环境，使他们继续为全面建设小康社会作出贡献。《意见》对作好这项工作提出的总体要求，明确“政府引导支持、市场主导配置、单位按需聘请、个人自愿量力的原则”。强调要积极为他们发挥作用构建服务平台，开拓多种渠道，采取多种形式努力提供必要条件，充分听取他们的意见和建议，切实维护他们的合法权益，高度重视发挥离退休专业技术人员社会组织的作用，鼓励企业事业单位和工人对这些社团组织开发发挥离退休专业技术人员作用的工作提供资金支持。

《意见》规范组织治理主体。《意见》指出：“积极探索新形势下离退休专业技术人才资源开发的新思路、新机制，完善政策措施，创新服务方式，做好引导支持工作。由人事部牵头，中央组织部、中央宣传部、中央统战部、科技部、教育部、财政部、劳动保障部、解放军总政治部、中国科协、中国才科技工作者协会、中国老教授协会共同建立离退休专业技术人员发挥作用联席会议制度，负责沟通工作情况，研究政策建设，加强协调协作，在支持离退休专业技术人员发挥作用方面形成合力。”

《意见》要求各级党委、政府和有关部门要从实施人才强国战略的高度，重视发挥离退休专业技术人员特别是专家的作用，并努力在全社会营造重视、关心、支持离退休专业技术人员发挥作用的良好环境，使他们继续为全面建设小康社会作出贡献。要把离退休专业技术人才资源的开发纳入到人才队伍的整体规划之中，积极探索新形势下离退休专业技术人才资源开发的新思路、新机制，完善政策措施，创新服务方式，作好引导支持工作。由人事部牵头，中央组织部、中央宣传部、中央统战部、科技部、教育部、财政部、劳动保障部、解放军总政府部、中国科协、中国老科技工作者协会、中国老教授协会共同建立离退休专业技术人员发挥作用的联系会议制度，负责沟通工作情况，研究政策建设、加强协调协作，在支持离退休专业技术人员发挥作用方面形成合力。

“老有所为”作为2013年7月1日新修订《中华人民共和国老年人权益保障法》实施内容之一，是健全保障老年人合法权益，积极应对人口老龄化的目标之一，也是我国应对人口老龄化挑战的一项重要战略措施。党和政府十分重视在两个文明建设中发挥老年人才的作用，近20年来，我国广大老年人才群体在社会稳定和社会主义物质文明建设及精神文明建设中，发挥了应有的作用，作出了贡献，受到全社会的欢迎和肯定。我国进入了老年型社会，再过20多年，将迎来老龄化的高峰期。在老年人口越来越多，人口预期寿命越来越长和老年人口比重越来越大的情况下，进一步开发老年人才资源，不仅关系着老龄社会的繁荣和可持续发展，而且还关系着老年人的生命质量和生活质量的改善和提高，需要政府、社会和全体人民的关注和促进。

第六章　动态人口红利与农村人口老龄化[1]

农业是安天下、稳民心的战略产业。大力发展农业生产，确保国家粮食安全是关乎民生最为根本的战略选择。我国农村实行家庭联产承包责任制是农村基本生产方式，坚持家庭承包经营为基础、统分结合的双层经营体制，是我国农村的基本经营制度，是党的农村政策的基石。

然而，实行家庭联产承包责任制以后，农村基本劳动单位没有改变，家庭变成了基本核算单位，并把以生产队为单位的集体劳动制度改变为家庭劳动制度。这样，全部生产资料的集体所有制没有了，以生产队为单位的集体核算制度没有了，人民公社制度就失去了存在的基础，农民仿佛又回到了合作化时代。在1983—1984年间，人民公社体制被乡村体制所取代，农村乡村体制被村民委员会基层群众性自治组织取代。

与此同时，农民也从土地的束缚中解脱出来，大量的农业劳动力外出务工，从农业以外寻找劳动力的出路。但是，由于农村家庭劳动力的流失，外出务工人员增多，影响着家庭劳动力结构，直接制约着农业产业结构的调整和农业现代化，间接影响着新型

[1] 本文根据2013年全国老龄政策理论研究课题报告改写，课题组成员：牟新渝、董彭滔

农业经营方式的运行。同时，随着工业化、信息化、城镇化建设步伐的进一步加快，同步推进农业现代化的要求更为迫切，更多的农村青壮年劳动力及其子女转变成城镇居民，农村老年空巢家庭比例将持续上升，尤其中西部偏远地区，农村出现了许多的空心村，农村老年空巢家庭成为常态化，留守老年人成为农业生产的劳动力，在一定程度上农业生产衍变成了老人农业，动态人口在农村已经凸显。

我国现行的计划生育政策在一定程度上进一步加快了农村人口老龄化的进程，也改变着农村人口的年龄结构。受上述因素的影响，农村老年人口在总人口中所占比例逐年上升，老龄化程度日益提高。农村人口老龄化，就是指以农业生产为基础，以农业为主要职业的老年人在总人口中所占比例的增加的过程。它既表示一个过程，也表示这个过程的结果。[1]

已有研究证明人口年龄结构的老化将会对一个国家的经济社会发展产生深远的影响，农村人口作为一国人口的重要组成部分，其年龄结构的老化也会深刻、持久地影响一国的经济社会发展。在我国，改革开放以来30多年的持续高速的经济增长，使居民收入不断提高，我国也从一个低收入国家进入到中等收入国家的行列。在取得如此成就的同时，我国也面临着不少困难和问题，发展中不平衡、不协调、不可持续问题依然突出，科技创新能力不强，产业结构不合理，农业基础依然薄弱；城乡区域发展差距，

[1]（法）保罗·帕伊亚.我知道什么?老龄化与老年人[M].//杨爱芬，译.北京：商务印书馆，1999：6.

城乡居民收入分配差距依然较大；社会矛盾明显增多，现代化农业发展滞后依然严峻；虽然我国农业生产到2014年实现粮食生产“十一连增”局面，粮食发展速度迅速。但是，城乡二元结构体制破解还在实践之中，学者概括为“城乡分治，一国两策”的局面还没有打破，“三农”问题依然严重。

从农村人口老龄化趋势的角度看，农村人口老龄化带来的问题有可能积重难返，其数量、规模、需求有可能造成一个严重的社会问题，同时，农业生产要素的减弱，土地撂荒、劳动力的转移、农村资金的外流直接影响着“三农”问题。而农村人口老龄化显然是我国能否顺利进行社会可持续发展重要影响因素。

基于此，本章重点研究在农村人口老龄化这个过程中，农村人口年龄结构的老化对解决农村经济社会问题（“三农”问题）所带来的风险，对我国社会可持续发展所造成的挑战。在此基础上，提出了积极应对农村人口老龄化，促进农村经济社会健康、稳定、有序发展。我国农村人口年龄结构的转变并非是一个孤立的现象，它是社会转型过程中的一个组成部分。农村人口老龄化与工业化、城镇化、农业现代化、世俗化与家庭小型化有着不可分割的联系。从发达国家人口转变的过程看，人口老龄化虽然不是现代化的必要条件，但却是现代化的一个必然结果。

在人口转变过程中，戴维斯（Kingsley Davis，1963）提出的“多相反应理论”（the Theory of the Multiphasic Response）试图说明在工业化过程中人们为什么和怎样回应人口变化。戴维斯认为，人们对人口现象的反应具有多元性，受多个变量因素影响。在经济发展过程中，人们会根据对周围环境变化的估计，做出自己适应新环境的生育决策。[1]同时，个人的日常生活与社会中发生的种种人口变化联系起来，揭示出反应发生的动机在经济机会面前自我发展的愿望。[2]而社会转型过程中的因素之一的人口转变，影响着社会结构的转变，既影响着经济社会的发展，又受到经济社会的制约。

社会风险研究最早起源于欧洲。德国社会学家乌苏里希·贝克和英国社会学家安东尼·吉登斯从风险的角度反思和批判社会的发展，提出了“风险社会”理论。[3]刘易斯（W.A.Lewis）于 1948 年提出了二元结构理论。他把发展中国家的经济结构概括为现代部门与传统部门并存，提出：经济发展的过程就是如何通过不断扩大现代工业部门，为传统部门的剩余劳动力提供就业机会的过程。他认为，只有当传统部门的隐蔽失业或不充分就业的劳动力得到充分就业，发展中国家才能摆脱贫困，实现经济起飞。

社会发展理论的核心是“发展”。该理论所说的发展特指发展中国家如何实现现代化，即发展中国家的发展问题。[4]2011 年 10 月在第三次全国老龄工作会议上，提出积极的人口老龄观和应对人口老龄化的战略构想。积极的人口老龄观把“发展”的概念提了出来，“发展”是指人类社会从低级向高级进步的过程。积极的人口老龄观是针对中国人口老龄化发展趋势而提出的积极

[1] 杨云彦.人口、资源与环境经济学[M].中国经济出版社，1999：142.

[2] 陈卫，黄小燕.人口转变理论[J].述评中国人口科学，1999（5）.

[3] 丁德光.农村社会风险的表现形式研究[J].安徽农业科学，2011（33）.

[4] 王怀超.社会发展理论研究[M].北京：中共中央党校出版社，2002.

应对的策略。人口老龄化谈的“发展”，扬弃过去“从总量与数量谈老年人口”，转变到“从动态人口红利谈老年人口”与“从敬老养老助老谈老年人口”上来，也就是从“老年人口增长的模式”转变为“老年人口发展的模式”。人口老龄化本质是发展问题。“发展”不仅仅是老年人口总量与数量的变化，更是老年人口与社会可持续发展的变化，目的是让老年人生活得更充实、更幸福、更有尊严，促进形成代际平等、代际自由、代际合作的“不分年龄，人人共享”的社会。具体说，应按照《中国老龄事业发展“十二五”规划》的要求，使老年人在经济社会发展的基础上，在经济上、精神上均得到安全感、归宿感与幸福感。这里的“发展”不仅是经济、社会、文化、环境的协调和持续的发展，而且指老年人自身保障、健康、社会参与的积极发展，同时，遵从联合国关于独立、参与、尊严、照料和自我实现的原则。[1]

在我国城乡二元结构的国情下，一方面人口快速老龄化，另一方面老年人口数量仍在不断增加，这成为重要的社会问题。[2]在这种情况下，农村人口老龄化带来的农村老年人口数量上增多以及其他方面的变化，将影响我国经济、社会、文化与环境的可持续发展。与发达国家人口老龄化水平城镇一般高于农村的发展历程不同，我国农村人口老龄化水平，从2000年开始超过城镇，成为城乡人口老龄化倒置的拐点。这种农村人口老龄化水平高于

[1] 世界卫生组织.积极老龄化政策框架[M].//中国老龄协会，译.北京：华龄出版社，2003.

[2] 〔法〕保罗·帕伊亚.我知道什么?老龄化与老年人[M].//杨爱芬，译.北京：商务印书馆，1999.

城镇的倒置状况将一直持续到2040年。到21世纪后半叶，城镇的老龄化水平才将超过农村，并逐渐拉开差距。[1]与城镇相比，农村人口老龄化的压力更大。与城镇的快速发展相比，农村人口老龄化是在农村相对落后的小农生产方式、较低的经济发展水平和农业相对较低的比较收益的背景下来临的。农业劳动者经济收入不高，加之农村在基础设施建设、公共服务提供和社会保障制度构建等方面远远落后于城镇，大量农村青壮年劳动力进城务工，留守老年人口增多，这种情况进一步加剧了农村人口老龄化压力，农村老年人口数量不断增加，对经济社会发展的影响也将日益深刻、持久而广泛。

当前，我国已进入老龄化快速发展阶段，如果不能适时调整覆盖城乡居民的社会保障体系并鼓励和稳定新生代农民在乡创业，则老幼留守、土地撂荒、村庄凋敝、社会养老服务的提供短缺等问题就不可能有效解决并存在日益突出的可能。当前，城乡居民人均收入差异比例增大，据国家统计局有关数据显示，1990—2011年城乡居民人均纯收入差别之比1990年为2.20；2000年为2.78；2005年为3.22；2010年为3.23；2011年为3.13。目前我国农村居民人均纯收入，不足城镇居民人均可支配收入的三分之一。城镇相比，农村居民的保障水平较低，老龄服务的制度安排基本处于空白状态，特别是农村的养老设施普遍落后于城市。农村居民的人均收入还没有达到城市收入一般水平的情况下，就陷入“三农”问题的“泥潭”之中，自己走不出来，别人也不

[1] [1]李公本.中国人口老龄化发展趋势百年预测[M].北京：华龄出版社，2000：7.

想进去；在此背景下，农村人口老龄化问题就有可能发生并危及农村稳定和农民生活，进而会对我国农业经济基础的稳固、农村社会可持续发展、广大农民包括老年人在内的生活产生不良影响。正如《中共中央关于推进农村改革发展若干重大问题的决定》所指出："农业是安天下、稳民心的战略产业，没有农业现代化就没有国家现代化，没有农村繁荣稳定就没有全国繁荣稳定，没有农民全面小康就没有全国人民全面小康。"从解决策略看，构建城乡统筹的社会保障体系，不仅是保障和改善老年农民生活的需要，解决农村老年人基本养老后顾之忧的需要，也是破解"三农"问题的需要，已经成为应对农村人口老龄化的关键。目前，我国"三农"问题尚未有效解决，且面临老年人口众多、农业产业结构不合理、社会保障水平低、乡村社会生活方式改变、家庭养老功能弱化、社会养老服务滞后、伦理价值缺位、失地问题突出、农民工边缘化、老年社会组织发育薄弱等一系列问题，应尽快从战略高度完善相关"三农"政策，积极应对农村人口老龄化问题，规避农村人口老龄化可能带来的风险，着力促进不分年龄、人人平等发展的新局面，以此促进农村经济社会的快速发展，缩小城乡差距。

第一节　农村人口老龄化现状、趋势及形成原因

一、农村人口老龄化现状

1、农村老年人口绝对数量多

老年人口总量大是我国农村人口现状的基本特征。根据第四

次全国人口普查数据，1990年我国居住在农村的60岁及以上老年人口有7285万人。2000年第五次全国人口普查显示，农村老年人口已达到8557万人，比十年前增加了1272万。2010年第六次全国人口普查数据显示，农村老年人口达到1.01亿人。[1]根据预测，2050年之前我国农村老年人口呈现先增后减的态势，将于2030年前后达到峰值1.19亿，然后回落到0.95亿左右。庞大农村老年群体的养老、医疗、社会服务等方面的需求将会形成越来越大的压力。

2、农村人口老龄化程度高于城市，人口老龄化城乡倒置

发达国家人口老龄化的历程表明，城市人口老龄化水平一般高于农村，我国的情况则不同。《1995年中国人口统计年鉴》数据表明，1993年我国农村人口老龄化程度低于城市，农村老年人口比重为5.92%，城市为6.93%。1995年我国农村人口老龄化接近于城市，农村老年人口比重为6.68%，城市为6.96%。2000年第五次全国人口普查显示，我国农村60岁及以上人口的比例为10.92%，城镇为9.68%，农村高于城镇1.24个百分点，出现了农村老龄化水平高于城镇老龄化水平的趋势。

又据中央农业工作领导小组办公室2009年调研，农村在老年人总数、老龄化水平和老年抚养比三个主要指标上都大大高于城市，其中，60岁以上老年人总数为1.05亿，是城市的1.69倍；老龄化水平已超过18.3%，是城市7.97%的2.3倍；老年抚

[1] 中华人民共和国统计局.中国2010年人口普查资料[Z].中华人民共和国统计局网站,2012-9-3.

养比高达34%，是城市12%的2.8倍。[1]2010年第六次全国人口普查数据显示，我国农村和城镇人口老龄化水平分别为14.96%[2]和11.38%[3]，农村高出城镇3.58个百分点。据预测，我国人口老龄化城乡倒置的状况将一直持续到2040年，城乡差距将进一步加大。人口老龄化城乡倒置现象是一个国家或地区经济社会发展与人口发展综合作用的结果，以城市到农村为主体的城乡间人口迁移流动是我国人口老龄化城乡倒置的根本原因。而我国人口老龄化城乡倒置是在农村经济发展水平远远低于城镇的情况下发生的，农村在社会养老保障制度、家庭养老保障、社会化养老服务等方面将会面临严峻的考验。

3、农村老年人口地区分布不均衡

在全国农村人口普遍老龄化的背景下，我国各地老龄化的推进态势不尽相同，农村老年人口地区分布不均衡。2000年农村老年人口集中地分布在东部沿海省份，包括辽宁、北京、天津、山东、江苏、安徽、上海、浙江及南部的广东、广西、湖南、四川、重庆等地。而河北、福建和中部的山西、河南、湖北等省份的相对老龄化程度也大于0.9。近几年来，中国农村老年人口在空间上主要集中分布于东部沿海和南部，并呈现出向中部绵延的趋势。从空间上看，

[1] 中国老年学学会.社会公平与社会共享——全国农村老龄问题高峰论坛集[C].北京：中国文联出版社，2011.

[2] 中华人民共和国统计局.中国2010年人口普查资料[Z].中华人民共和国统计局网站，2012-9-3.

[3] 中华人民共和国统计局.中国2010年人口普查资料[Z].中华人民共和国统计局网站，2012-9-3.

农村人口老龄化速度较快的三大区域形成了一条近乎环形的人口快速老龄化带：一是山东、江苏、安徽、上海、浙江和福建等，在东部形成一条由北向南的沿海农村人口快速老龄化带；二是由内蒙古、辽宁等构成的农村人口快速老龄化地区，横亘于中国北方；三是由新疆、青海、四川、重庆、湖南和广西组成，从西北绵延到南部。[1]

二、农村人口老龄化的成因

1、出生率的原因

1981年11月第五届全国人民代表大会第四次会议上所作的《政府工作报告》第一次明确提出："限制人口的数量，提高人口素质，这就是我国的人口政策。"经过30多年的计划生育，我国的人口年龄结构发生了变化。1964年第二次人口普查时14岁以下的青少年占总人口比重为40.4%，到1990年下降到27.6%，2000年第五次人口普查时这一比重为22.89%，而到了2010年第六次人口普查时又下降为16.60%。46年来，我国青少年人口比重下降了24个百分点。与此同时，60岁及以上人口占总人口的比重，由1964年普查时的6.13%，上升到2010年的13.26%，增长了7.13个百分点；65岁及以上人口占总人口的比重，由1964年普查时的3.56%，上升到2010年的6.96%，增长了3.4个百分点。[2]由此可见，青少年人口比重降低，与之相比老年

[1] 袁俊，吴殿廷，吴铮争.中国农村人口老龄化的空间差异及其影响因素分析[J].中国人口科学，2007，3.

[2] 国务院第六次全国人口普查办公室，国家统计局人口和就业统计司.2010年第六次全国人口普查主要数据[M].北京：中国统计出版社，2011：9.

人口比重增加，两者反差，显现出我国现阶段面临着低生育率下的人口老龄化问题，生育率的快速下降是形成我国人口老龄化的主要因素，人口年龄结构性问题凸显。

2、人口平均预期寿命的影响

随着经济社会的发展，人类的生存、生活条件得到有效改善，寿命因此得以延长，这是一个普遍规律。从世界范围来看，人口老龄化率先在经济较发达地区出现，随后，北美洲、大洋洲国家和日本等陆续进入老龄社会，而一些拉美国家和亚洲“四小龙”的人口也在经济腾飞的过程中逐渐老龄化，很多发展中国家包括一些最不发达国家到本世纪中叶也会陆续迈入老龄化的门槛。从我国的情况看，伴随着生活水平的提高，医疗条件的改善，农村人口平均预期寿命逐年提高。1931 年，农村男性和女性人口的平均预期寿命分别为 34.85 岁、34.63 岁。[1] 到了 1940—1944 年之间，农村男性和女性人口的平均预期寿命分别为 33.80 岁、38.00 岁。[2] 从 1931—1944 年，13 年时间内农村人口平均预期寿命男性增加 -1.05 岁，女性增加 3.37 岁。

1957 年，全国农村男性和女性人口的平均预期寿命分别为 59.23 岁、59.76 岁，[3] 而到 1978 年上述数字分别为 66.66 岁、69.34 岁，[4] 1957—1978 年的 21 年时间内，农村人口平均预期寿命男性增加了 7.43 岁，女性为 9.58 岁。2000 年我国农村男性和

[1] 中国老龄科学研究中心.老年人口统计资料汇编[M].北京：华龄出版社，1990：29.

[2] 中国老龄科学研究中心.老年人口统计资料汇编[M].北京：华龄出版社，1990：30.

[3] 中国老龄科学研究中心.老年人口统计资料汇编[M].北京：华龄出版社，1990：31.

[4] 中国老龄科学研究中心.老年人口统计资料汇编[M].北京：华龄出版社，1990：32.

女性的平均预期寿命分别为68.00岁、71.40岁，2005年分别增加到69.07岁、73.34岁，2009年又增加到69.92岁、74.90岁。[1]根据2010年第六次全国人口普查资料，男性的平均预期寿命为72.38岁、女性为77.37岁。[2]我国农村人口平均预期寿命不断增龄的过程中，女性高于男性，并且两者之差进一步加大。

3、人口迁移的影响

美国社会学家R·比勒和D·菲尔德等认为农村包括三个方向的含义：第一，人及生态方向，农村人口密度相对稀少，彼此较隔绝；第二，行业方向，农村以农业为基本行业；第三，社会文化方向，农村社会文化是传统的，变迁缓慢的，人与人的关系多为初级关系，比较和谐。[3]农村人口迁移就是农村职业的转变，又称劳动力转移。我国农村人口迁移始于1978年十一届三中全会，改革开放引发了人口流动。1990年第四次人口普查之后，农村人口绝对数量减少，从1990年的83397万人，减少到2000年的80739万人，十年减少了2658万人，占总迁出人口的31.9%。同期农村人口占总人口的比重也开始锐减，而相比而言城镇人口则逐年增加。城镇人口占总人口的比重由1990年的26.23%，上升到2000年的36.09%，再到2010年的49.68%，2000—2010年期间，农村人口迁出率为16.5%，但农村人口绝对数量减少了13324万人，是1990-2000年农村人口减少量的5倍以上，农村人口迁移是加快农村人口老龄化

[1] 胡英.中国分城镇乡村人口平均预期寿命探析[J].人口与发展，2010，2.

[2] 白剑峰，王君平.寿命延长共享健康生活[N].人民日报，2012-8-14.

[3] 陆相欣.农村社会学[M].郑州：郑州大学出版社，2006：38.

重要因素。

我国农村人口迁移快。国家统计局的资料显示，1987 年，68% 的迁移人口来自农村地区，18% 来自城市，14% 来自镇。到 1990 年，来自农村地区的迁移人口下降为 63%。又根据 1990 年人口普查资料，全国城乡人口迁移流向分为四个类型：（1）农村 – 城市 – 城镇，1642.33 万人，占迁移人口总量的 48.53%；（2）城镇 – 城镇，1125.61 万人，占 33.26%；（3）村 – 乡，475.74 万人，占 14.06%，（4）城镇 – 乡村，140.33 万人，占 4.15%。可见，农村人口向城镇迁移是全国人口迁移的主要流向。[1]

2010 年第六次全国人口普查资料显示，全国流动人口为 26139 万人，与 2000 年人口普查相比流动人口增加了 11700 万人，增长了 81.03%。[2] 由于流动人口以青壮年为主，[3] 且主要由农村向城镇流动，因此农村人口劳动力转移将对我国人口老龄化造成显著影响，据预测到 2020 年农村人口老龄化程度约为 25%，即每四个农民中就有一个 60 岁以上的老人，到 2030 年农村老龄化程度为 33.8%，即每三个农民中就有一个 60 岁以上的老人。由于经济欠发达的中西部地区是农村劳动力转移主要区域，未来那里农村老人的养老将成为最为紧迫的社会问题。[4]

---

[1] 韩明谟.农村社会学[M].北京：北京大学出版社，2001：157.

[2] 国务院第六次全国人口普查办公室，国家统计局人口和就业统计司.2010年第六次全国人口普查主要数据[M].北京：中国统计出版社，2011：58.

[3] 国家人口计生委发布的《中国流动人口发展报告2012》显示：2011 年我国流动人口的平均年龄约为 28 岁。

[4] 宋斌文.农村劳动力转移对农村老龄化影响及其对策建议[J].公共管理学报，2004（2）.

三、农村人口老龄化发展趋势

城乡人口老龄化程度的倒置差异格局难以改变，呈现时间长、程度高的态势。据人口老龄化发展趋势预测，中国人口老龄化的城乡倒置现象将在目前的基础上日渐加重，这一特征将保持到21世纪中叶。理论上，中国农村的老龄化速度和程度应该比城镇低，但事实是农村人口老龄化速度和程度均高于城镇。[1]据预测，2020年农村和城镇老龄化水平分别为20.23%和15.22%，二者之差进一步扩大到5.01个百分点。到2030年老龄化速度达到最快的时候，农村和城镇的老龄化程度分别达到29.14%和21.91%，差距也达到最大，相差7.23个百分点。之后，城镇和农村老龄化程度的差距开始缩小，到2040年，农村和城镇的老龄化水平基本一致；21世纪后半叶，城乡老龄化水平倒置的现象将消除，城镇老龄化水平将高于农村老龄化水平，而且二者的差距会不断扩大。另一方面，从2000年的城镇和农村人口年龄结构金字塔，也可以明确判断出在20—40岁年龄段，农村人口明显凹进，表现出有大量人口移出的特征，而城镇人口该年龄段显凸出，显示了大量人口的移入。[2]

另据全国人口普查2000年至2010年年均增长率0.57%推算，未来几十年农村老年人口在全国人口中所占比重最保守的估算，2010年第六次人口普查结果显示，2010年11月1日我国人口总量为13.4亿，较2000年净增7390万人，年均增长率

---

[1] 李公本.中国人口老龄化发展趋势百年预测[M].北京：华龄出版社，2000：27.

[2] 李公本.中国人口老龄化发展趋势百年预测[M].北京：华龄出版社，2000：28.

是0.57%，而1990年至2000年的十年，总人口净增长1.3亿，年均增长率是1.07%。前后两个十年相比较，进入21世纪初的十年比上一个十年人口净增长减少了约5600万人，年均增长率也下降0.5个百分点。实际上，受生育政策、生育观念引起生育行为的影响，1992年育龄妇女总和生育率就已下降到2.05，首次低于人口更替水平2.1。之后，总和生育率不断下降，上世纪90年代中后期，总和生育率已下降至1.8左右，大大低于人口再生产更替水平。随着总和生育率的不断下降，加之2005年起受老龄化影响，人口死亡率开始回升，人口自然增长率将继续呈现出下降态势。这就意味着，如果现行计划生育政策保持不变，未来中国的人口峰值正常会低于预测水平。假定农村老年人口老龄化速度不变，则其在全国人口中所占比比简单推算还高。[1]

详见表1。虽然李克强总理在2014年3月第十二届全国人大二次会议《政府工作报告》中强调："今后一个时期，着重解决好现有'三个1亿人'问题，促进约1亿农业转移人口落户城镇，改造约1亿人居住的城镇棚户区和城中村，引导约1亿人在中西部地区就近城镇化"。因此，工业化、城镇化的发展过程中解决好农村人口老龄化问题。农村人口向城镇转移，会缓解大城市人口老龄化的进程；形成相对年轻型新兴城镇，但会加快农村人口老龄化的发展步伐，出现更多的"留守老人"。以老年人为核心的多代人组成联合家庭的居住模式逐渐减少，取而代之的是以核

[1] 陈海霞.我国农村人口老龄化问题探析.[N].山西师大学报(社会科学版),2013(6):37-38.

心家庭为主的居住模式，以老年人为主的空巢家庭比例会不断提高。我们应充分认识农村人口老龄化带来的农村家庭结构的变化，在这种家庭结构变化的今天，给人们的居住意愿和居住方式带来了巨大的变化。这里要特别指出的是：现在进城的 80、90 后出生的年轻农民，到 2050 年，已年过六旬，也进入老年期，作为现在相对年轻的新兴城镇，那时也成为人口老年型的城镇，人口老龄化将在我国全面推进。所以，社会保障和社会服务在城镇化过程中必须予为早计，尤其农村土地养老功能弱化、养老服务发展滞后等因素，这一点应让政府的政策制定者和决策者，要充分考虑农村老年人的现实需求，根据农村老年人的需求进行政策设计，改变过去重建设轻规划、重设施轻体系、重硬件轻软件的现象，目前最关键的问题是要从体系构建的角度，加强科学论证和顶层设计，构建面向全体老年人的“普惠型”的养老服务体系，构建多种力量共同参与、各种积极性良好互助的养老服务体系，构建低成本高效率、可持续的养老服务体系，如果不从这个高度出发推动养老服务体系的建设，那么从根本上来讲，这个体系是不全面的，是不科学的，也是难以持续的。[1]

表 1　2010 年—2050 年中国人口发展趋势（亿人，%）

项目	2010 年	2020 年	2030 年	2040 年	2050 年
全国人口（大陆人口）	13.4	14.18	15.01	15.89	16.82
60 岁以上人口	1.78	2.43	3.34	4.57	6.26

[1] 吴玉韶.老龄工作实践与思考[M].北京：华龄出版社，2014：24.

续表

项目	2010 年	2020 年	2030 年	2040 年	2050 年
农村老年人口	1.23~1.25	1.69	2.3	3.16	4.34
城镇老年人口	0.53	0.73	1	1.36	1.89
农村老年人口占全国人口比例	9.2	11.9	15.3	19.9	25.8

资料来源：陈海霞"我国农村人口老龄化问题探析",《山西师大学报（社会科学版）》2013 年第 6 期，第 38 页。

第二节　研究农村人口老龄化与社会风险关系面临的现实背景

《中共中央关于推进农村改革发展若干重大问题的决定》指出："建设社会主义新农村，形成城乡经济社会发展一体化新格局，必须扩大公共财政覆盖农村范围，发展农村公共事业，使广大农民学有所教、劳有所得、病有所医、老有所养、住有所居。"同时要求"加快发展农村老龄服务"。农村人口老龄化成为影响民生问题的社会风险之一。推进"制度养老"，化解人口老龄化对"三农"问题的影响，是促进社会公平与社会共享的重要举措。

社会风险具有五个共有基本特征：风险是客观存在与主观认知的结合体；风险具有自然界和人类本身双重来源；风险是积极结果与消极结合的结合体；风险具有可计算性和不可计算性；风险具有时间 / 空间维度。[1] 然而，现阶段农村人口老龄化与我

[1] 杨雪冬.风险社会与秩序重建[M].北京：社会科学文献出版社，2006：17–19.

国工业化、城镇化、农业现代化的建设加速推进相生相伴，使得“我国古典阶段的社会问题与后古典阶段的社会问题复杂扭结并重叠，迫使我国目前不得不同时面对着财务分配和风险分配的双重社会压力”，[1]另外又使得现阶段农村人口老龄化的社会风险除了具有一般性特征之外，还具有一些自身的特殊性，其主要表现为以下几个方面：

一、农村人口老龄化与“三农”问题双重叠加

我国农村是在“三农”问题并未有效解决，农村过度城镇化、失地问题突出、农民工边缘化、家庭养老功能减退的情况下进入老龄化社会的。与城市人口老龄化过程相比，农村具有自身特点：一是农村人口老龄化程度更高。我国农村人口老龄化水平高于城市，面临着更为严峻的人口老龄化压力，以及相伴随的农村老年贫困问题。二是东部、中部、西部存在区域差别。不同地区农村人口老龄化所处发展阶段不同，面临的老年人问题各异，为统筹解决农村老龄问题增加了难度。三是农村社会保障制度效果有限。近年来，我国出台实施了最低生活保障、新型农村合作医疗、新型农村社会养老保险等社会保障政策，但是对于许多农村贫困老人而言，这些好政策并不足以从根本上解决他们的生活与养老困境。数据显示，目前我国农村居民人均纯收入不足城镇居民人均可支配收入的三分之一。从我国城乡老年人的收入情况看，根据2000年、2006年和2010年中国城乡老年人口状况调查数据计算，

[1] 郑杭生.中国人民大学中国社会发展报告2007[M].北京：中国人民大学出版社，2007.

2000年我国城乡老年人收入比为3.96∶1，[1]2006年达到历史最高值4.02∶1，[2]2010年为3.76∶1。若将城市老年人的一些隐性福利待遇，地方（区）养老财政资金、福彩资金、社会捐助、优待老年人规定（坐车、公园、风景旅游、博物馆、纪念馆、各种文化馆、公共体育馆）、养老服务补贴（高龄老人补贴、长寿补贴）、养老机构（床位补贴）、公共服务、政府购买居家养老服务等折算成收入，城乡之间差距估计则达到6∶1。总体上看，我国城乡老年人平均年收入差距总体上保持在3倍多的水平状态。这说明我国城乡老年人收入差距已经远远超过国际上公认的3倍警戒线水平，城乡收入差距超过国际标志的警戒“红线”，由此带来的诸多农村社会风险问题正日益成为社会关注的焦点。与城镇相比，农村老年人处于相对贫困状态，城乡老年群体之间贫富差距拉大，城乡分配格局失衡导致农村部分社会财富流向城市集中。从1994年以来，每年几乎都有将近3000多亿元（估算占当年GDT的14.6%）资金从农村倒流向城市。[3]加上农村老年人的保障水平较低，老龄服务的制度安排基本处于空白状态，特别是农村的养老设施普遍落后于城市。四是农村老年社会管理与服务薄弱。这不仅影响“三农”，而且影响社会稳定。

---

[1] 中国老龄科学研究中心.中国城乡人口状况一次性抽样调查数据分析[M].北京：中国标准出版社，2003：438，441.

[2] 郭平，陈刚.2006年中国城乡老年人口状况追踪调查数据分析[M].北京：中国社会出版社，2009：5.

[3] 周庆刚，董淑芬，李娟，等.弱势群体社会风险与社会和谐[M].东南大学出版社，2007：150.

农村经济社会发展包罗万象，包括经济、政治、文化、社会等方方面面的建设与发展，但整体上可以归结为农业、农村和农民，即所谓的“三农”问题。经过多年的发展，“三农”问题得到了一定程度的解决，但整体上农业基础仍然薄弱，需要加强；农村发展仍然滞后，需要扶持；农民增收困难，需要加快。农村人口老龄化是“三农”问题的重要表现和内容之一，积极应对人口老龄化是解决“三农”问题，促进现阶段农村优先发展，进而促进社会公平的战略选择。同时，“三农”问题的有效解决也必然为农村老龄问题的解决创造条件。

二、农村人口老龄化超前于农村经济社会发展水平，需要解决的问题复杂艰巨，应对时间却非常紧迫

从现在到本世纪中叶，综合人口老龄化状况和经济社会发展承受能力来看，我国农村将是全球人口老龄化问题最严峻的地区之一。首先，如前所述，我国人口老龄化的一个显著特征是城乡倒置。发达国家城市人口老龄化水平一般高于农村，我国的情况则相反。按常住人口计算，目前全国近 60% 的老年人口生活在农村，农村人口中老年人口占 14.96%，高于城市 3.58 个百分点，随着城市化进程的加快和人口的迁移流动，城乡人口老龄化倒置的状况还将继续发展。2030 年，农村老年人口占农村总人口比重将突破 30%，比 2050 年全国整体进入重度人口老龄化平台期提前约 20 年，比城镇整体进入重度人口老龄化平台期提前约 15 年。其次，农村经济发展相对滞后，承受人口老龄化的物质能力比较薄弱。按照老年抚养比计算，目前农村是 4.22

个劳动年龄人口抚养 1 个老年人，到 2050 年前后将面临 1 个劳动年龄人口抚养 1 个老年人的严峻形势。目前，我国农村居民人均收入不足城镇居民的三分之一，在城乡居民收入差距难以根本扭转的情况下，农村经济发展承受人口老龄化的物质能力十分薄弱。三是农村社会发展严重落后，承受人口老龄化的制度准备很不充分。和城镇相比，农村社会事业发展严重滞后，农村居民的养老、医疗保障制度很不健全，保障水平较低，老龄服务的制度安排基本处于空白，应对当前和未来人口老龄化的准备十分不足。[1]另据 2006 年第二次全国残疾人抽样调查数据，老年残疾人主要在农村，农村老年残疾人口占到全部老年残疾人口的 72.3%，[2]其中，听力残疾占 33.5%，肢体残疾占 24.7%，视力残疾占 20.8%，多重残疾占 16.4%，精神残疾占 2.6%，智力残疾占 1.3%，语言残疾占 0.6%。[3]在农村老年残疾人口中，患听力、肢体、视力和多重残疾这四种残疾类别的农村老年残疾人口为 95.4%。近年来，我国已把农民养老问题纳入社会事业范畴，改善了农村老年人的生活，支持了农业发展。但现有的农村社会保障体系还不健全。我国财政支出中社会保障的支出比重远低于人均 GDP 水平相近的其他国家，而社会保障支出中

[1] 党俊武.应对农村人口老龄化的战略思考.社会公平与社会共享——全国农村老龄问题高峰论坛集[M].北京：中国文联出版社，2011：3-4.

[2] 全国老龄工作委员会办公室.中国人口老龄化研究论文集[C].北京：华龄出版社，2010：136.

[3] 全国老龄工作委员会办公室.中国人口老龄化研究论文集[C].北京：华龄出版社，2010：139.

的绝大部分又用于城镇居民，这使得城乡居民实际收入差距进一步拉大。社会保障体系不健全抑制了国内市场尤其是农村市场需求，而且也没能发挥出应有的调节收入差距的功能。因此，在我国推进农村现代化的情况下，随着农村老龄化进程的加速和老龄化水平的提高，农村将会面临更多严峻的问题，解决问题的时间也更为紧迫，必须抓紧研究制定和完善应对农村人口老龄化的政策措施。

三、按照“城乡一体”原则推进“制度养老”，是解决农村老龄问题的关键措施和根本途径

解决农村人口老龄化问题必须从根本上改变城乡分割的二元结构体制，改革城乡分治的各种制度。其中最重要的，是建立城乡一体化的社会保障体系。在农民养老问题上，随着农村土地、资金和劳动力等生产要素大量流失，传统的“土地养老”、“养儿防老”已基本失灵，农村家庭存在着“三重”与“三轻”的现象，即“重小轻老”、“重葬轻养”、“重亲父母（儿媳）轻公婆”的现状。关于养老的“制度保障”，2012 年中央强调在本年度内实现“全覆盖”。但是，制度性养老金只是杯水车薪，难以解决老年农民的养老问题。在安徽省凤阳县小岗村访谈 1978 年“大包干”过程中摁下“血手印”的几位农民，其中，2012 年 71 岁的严老汉说：“国家给老人养老金太少，（每月）只有 55 元，还不够我一个月喝茶水的钱，希望国家拿出 400—500 元的养老金，（这）在小岗村还可以生活。”目前的情况是，农村市场机制尚不完善，但农业已被推向市场，老年农民切身利益难以保障。一

般而言，市场机制不会自发地改善老年民生，现行的农村养老保障制度由于保障水平太低，大多数老年人仍主要靠自己劳动和子女补贴维持晚年生活，许多处于相对贫困状态。我国是农业大国，更是农民大国。农村老年人面临诸多生产和生活风险，这使他们对社会保障有着强烈的依赖性，并且农村经济市场化程度越高，这种依赖性就越大。

我国现行的养老保障制度至少存在四大弊病：一是城乡分割和部门分割，制度设计缺乏整体性，致使保障制度碎片化；二是不同群体保障水平差距大，丧失了收入调节功能，制度性地拉大了城乡收入差距，造成人为等级，损害了公平；三是各保障体系各自为政，管理机构重叠，社会财富分配不均，人为造成浪费；四是各保障制度互不衔接，为人口流动和城市化进程带来巨大障碍。上述状况表明，建立城乡统一的养老保障制度已经势在必行，而且已经具备了推进的有利条件，应该说，到了一个重要的转折点。党的十八大把城镇化作为改革的重要目标，我国的经济发展迅速，物质财富和财政收入长期快速增长，且拥有世界上最多的劳动年龄人口，人口总抚养比又处于“成年”的时期，已经初步具备了制度统一的物质基础。这些都给我们解决城乡二元结构，应对农村老龄问题提供了前所未有的历史机遇和政策机遇。建立城乡统一的养老保障制度，要坚守“互济共利”的本质，根本目标是在公平和共享的原则下，普惠城乡居民，逐步缩小城乡之间、不同群体之间权益不平等问题。城乡一体的“养老制度”重在“顶层设计”，要超越利益集团的狭隘部门利益，坚决克服“部门化”和“碎片化”；要有“养老制度”城乡统一和制度衔接的具体方案和时间表，创造条件，逐步推进。

四、人口老龄化城乡倒置状况下老龄工作重点放到农村，是实现社会公平和社会共享的客观要求

农村人口老龄化问题，不仅影响“三农”发展，也会影响社会稳定。这在客观上要求老龄工作重点要放到农村，并且要列入政府的民生工程切实加大工作力度。把老龄工作重点放在农村，不仅仅是提法、口号和纸面问题，而是要在指导思想、发展规划、制度设计、政策制定、经费投入、项目实施、机构设置、力量配备、监督评估等多个工作环节上实现重点转移。同时，解决农村人口老龄化问题是一个社会系统工程，既要应对农村老年人口的增加，又要不断提高农村老年人生活水平，需要实行“党政主导、社会参与、全民关怀”的老龄工作方针，各方形成合力。当前，各地需要因地制宜制定特殊政策，重点解决农村老年群体中的突出问题，包括失地农民养老保障问题、留守老年人、空巢老年人、高龄老年人、失能与失智老年人问题及预防老年人自杀等问题。许多专家建议，政府要加大农村社会事业和老龄事业的投入，早日实现社会公共服务城乡一体化，为农村最弱势群体提供切实帮助，改善农村老年人的民生问题。

应对农村人口老龄化有两个选择：其一，中国只能以劳动密集就业于国家主导的基础设施建设为第一国策（宁可水平低、速度慢）；辅之以全面开通城乡，调整产业结构和就业结构，以此促进农地上承载的过剩人口实现非农化转移。其二，若此议难度

太大，则只好加强农村社区“非市场”的、内部化的财产和收益均平的制度建设，同时，强调打破流通和金融垄断，通过扩大农业的外部规模来维持小农村社经济。舍此，农民没有出路，农村不得发展，农业也难成为独立产业。当然，这并不妨碍少数大城市带有贫民窟超前现代化。不过，其结果会使中国陷入“拉美化”沼泽。[1]

五、“推动发展”和“促进公平”是积极应对农村人口老龄化，解决三农问题的战略抉择

解决农村人口老龄化问题，既要重视发展，更要重视公平。既要重视“三农问题”，又要重视人口老龄化问题。发展对于农村的重要性不言自明。但长期以来，国家对农村实际投入少，农村发展缓慢。有人说，中国“城市像欧洲，农村像非洲”。原因何在？实际是二元经济体制导致的“重城市轻农村”的结果，虽然中央近几年出台许多1号文件，但落实不到位，“只停留在文件上，报纸宣传上，口头标语上”，没有必要的考核检查与监督机制，这必然影响农村老龄问题的解决。现在的问题是，农村既有发展问题，又有公平问题，两个问题都十分突出。我国社会长期的城乡二元结构分制，造成城乡之间收入差距拉大。调研组在安徽省调查时，县领导说：对于目前农村社会发展的趋势，是公共财政；首先解决农民的民生的生存权，然后是社会的发展权。然而，我们现在是“发展财政”，不是“保障财政”，民生是动态的，而发展是

[1] 温铁军.三农问题与世纪反思[M].北京：生活·读书·新知三联书店，2005：29.

常态的。公共财政更多投向城市而忽视乡村；社会福利城乡严重失衡；土地廉价征用、房屋强行拆迁、执法不公、环境污染等侵犯农民利益事件时有发生，并引发了不少群体性事件。公平问题已经成为广大农民包括老年人在内的重要政治诉求，严重影响农村发展和社会稳定。现在，促进农村社会公平的任务比促进发展更加艰巨。我国农民尤其是现在的农村老年人，对现代化建设做出了三次大的贡献，第一次是农副产品，第二次是农民工，第三次是农用地。没有这三次大的贡献，工业化“化”不了，“城市化”“成”不了。尤其曾是“群众领袖人物”的老党员、老村干、老劳模、老复员军人等人的状况堪忧。他们是轰轰烈烈土改运动的骨干，又在合作化运动中作为带头人把自家牛、车、耕作工具送入集体；在文革中，他们既是革命动力——参与整人，又是革命对象——被斗挨整。在位时，对历次运动都坚信不疑地认为是“及时参与”者，老了退位却偏偏遇到对这些运动成败得失的争论，不能不引起疑惑与困惑。多数人借口“不在其位不谋其政”，埋头自己家事，不愿介入公众事务；少数人想发挥余热，又怕给年轻人组成的新班子“添乱”。显然，对这一大批文化程度不高，但是信仰坚定有追求，为基层政权做过贡献的“特殊老年人”本应倍加关注，但在社会转型过程中他们却成了“被忽略的一代”。农民生活苦，农村老年人生活更苦。国家有责任反哺农村，反哺农民；有责任加大投入，促进农村发展，创造改善农村老年人生活的物质基础。

邓小平同志对于“发展”与“公平”问题的基本观点是人民的利益高于一切，由此，就必然会进一步得出关心人民的切身利益，消灭贫穷现象，为广大的社会成员确立最为基本的生存底线的结论。[1]他认为："坚持社会主义的发展方向，就要肯定社会主义的根本任务是发展生产力，逐步摆脱贫穷，使国家富强起来，使人民生活得到改善。没有贫穷的社会主义。社会主义的特点不是穷，而是富，但这种富是人民共同富裕。"[2]"为什么要从农村开始呢？因为中国人口的百分之八十在农村，如果不解决这百分之八十的人的生活问题，社会就不会安定的。工业的发展，商业的和其他的经济活动，不能建立在百分之八十的人口贫困的基础之上。"[3]因为，"我们是社会主义国家，国民收入分配要使所有的人都得益。"[4]

农村老龄问题是"发展"与"公平"两者的辨证统一，"发展"使广大农村老年人受益，在生活质量上有所提高，而"公平"是构建和谐社会的根本之举，要让农村老年人享受到应有的社会保障和生活待遇。应该综合运用法律、行政、经济等手段加以调节，使农村老年人能更多地享受改革发展成果。

第三节　农业劳动力外出对农村人口老龄化带来的挑战

一、农村劳动力大量转移对农业生产造成负面影响

我国人口年龄结构已经成为老年型，农村青壮年劳动力转移，农村人口老龄化，造成农村家庭结构不合理，大部分农村

[1] 吴忠民.社会公正论[M].山东：山东人民出版社，2004：89.

[2] 邓小平文选：第3卷[M].北京：人民出版社，1993：264-265.

[3] 邓小平文选：第3卷[M].北京：人民出版社，1993：117.

[4] 邓小平文选：第3卷[M].北京：人民出版社，1993：161.

出现了“空巢老年人”现象。农村剩余劳动力大规模外流导致部分农村地区劳动力供给不足，致使农村经济发展失去动力。某些区域甚至大部分土地荒芜，无人耕种，成了名副其实的“空心村”。由于我国农业剩余劳动力问题与二元结构密切相关，因而我国农村剩余劳动力的转移是二元经济结构消解的重要方面，是城市化进程中逐步完成的，二者之间互为前提，是一个同步的、互动的过程。

我国农业剩余劳动力表现为较强的流动性、兼容性特征。目前，农民外出务工多数是非正规性就业，从事的行业比较广泛，农村外出打工者绝大多数仍然保留着原有的承包耕地。农忙季节在家从事农业生产，农闲时期外出务工经商，家中留守儿童、留守老年人病了回家看望，表现出明显的“候鸟型”流动方式。但现实中农村年轻人不愿务农，“栽不了秧子，打不了谷子”，中部、西部地区，农村外出务工人员占到农村劳动力 70%~80%，50 岁以上是农业生产的主力军，尤其是农村空巢家庭的老年人既要种田，又要养老，或者看管留守儿童，面临很大的压力。同时，调查显示，我国部分丘陵、山区地区存在着撂荒地。由于农村外出务工人员增多，而老年人由于能力所限无法种植更多田地，只能以满足自己口粮为主，如果农田地在山上，老年人就不愿意付较高的提灌水费浇地，存在一定土地撂荒现象。而部分年轻农民，尤其是 30 岁以下的年轻人已经割断与农业生产的“脐带”联系，以农民身份居住在城镇。特别是大量具有一定文化知识的青壮年劳动力外出，留下老年人留守，在一定程度上影响了农业生产的正常进行。由于农业产出的增加主要靠化肥、农药、机械、农业科技等投入，而留在农村从事农业生产的劳动力大多是文化知识水平较低或不具备基本的文化知识或劳动能力较弱的且观念较为陈旧保守的老年人，这对农业科学技术的推广和应用形成了明显的阻碍，从而在一定程度上制约了农业生产和农村经济的发展，对未来农业生产的消极影响也不容忽视。

二、“老人农业”就是“动态人口红利”在农业生产中的显现

改革开放尤其是20世纪90年代以来，大量农村青壮年劳动力陆续流向城镇进入非农产业。2011年，全国农民工总量达到25278万人，平均年龄36岁。[1]农村青壮年外出务工，老年人比例上升，农业劳动的投入受到影响。对1985—2009年的相关统计数据进行研究的结果显示，农村老年人口比重每增加1个百分点，农业劳动投入将下降约3个百分点。而农业劳动投入又是影响农业产出的重要因素，研究显示2003年以来，我国农业劳动力投入不足对农业产出带来的负作用开始显现出来。[2]一些地方农忙季节缺人手的问题越来越突出，农业兼业化、副业化现象越来越普遍。这就意味着在农业劳动力投入不能有效改观的情况下，要保持农业生产稳定增长，就必须不断增加其他要素如资本、科技等投入，

[1] 中华人民共和国统计局.2011年我国农民工调查监测报告[M].中华人民共和国统计局网站,2012-9-18.

[2] 陈锡文,陈昱阳,张建军.中国农村人口老龄化对农业产出影响的量化研究[J].中国人口科学,2011(2).

资源的边际效益将不断降低，这将影响到农业的产业增长，使农民增收日益困难。

与人口流动相伴随的是老年人成为农业生产的主力。2000年中国城乡老年人口状况一次性抽样调查和2006年中国城乡老年人口状况追踪调查显示，农村有承包土地的老年人所占比例2000年占84.8%，2006年占81%。而老年人从事生产劳动的年龄组分别为：60—69岁组为75.9%；70—79岁组为22.5%；80岁以上组为1.6%（2000年数据与2006年数据差异不大）。目前我国从事农业生产的劳动力平均年龄已在50岁以上，某些地方的情况更为严重，“老人农业”已非个案，而是日益成为一种常态。农业生产最关键的因素是劳动力，老年人一般文化程度较低，接受新技术、新知识、新劳动方式和经营方式的意愿和能力较差，很多靠过去的经验种田，更不懂农产品深加工技术，农业生产率低下，严重滞后于现代农业的要求。农业生产支持：代耕、代种、代收、代浇水；农村基本建设：平整土地、灌溉设施统一规划；农业生产技能的培训，以及科技下乡支持作用的发挥是降低农民劳动强度，提高农业现代化的重要方面。但2006年中国城乡老年人口状况追踪调查显示，仅有21.2%的农村老年人知道此项服务。同时，种田是个体力活，且不说丘陵、山区不便于利用机械，即便是平原地区也还是需要相当的人力付出。但调查显示，接受农业生产专业化服务的老年人的比例较低，老年人付出体力劳动强度较大（见表2）。

表 2 2000 年和 2006 年接受农业生产专业化服务的老年人口比例

（%）

年份＼服务	机耕服务	灌溉服务	播种服务	收割服务
2000 年	42.6	29.8	32.8	41.5
2006 年	20.9	11.2	16.0	22.9

注：此表根据 2000 年中国城乡老年人口状况一次性抽样调查和 2006 年中国城乡老年人口状况追踪调查数据整理得到。

此外，种田还要细心经营。老年人体力逐渐下降，再加上许多老年人还要看管孙辈，体力不支，精力有限，于是只能种植一些“省事”的庄稼，形成“省事田”、“懒人田”，粗放经营，也有的将两季田变为一季田，只种植一季。2000 年中国城乡老年人口状况一次性抽样调查和 2006 年中国城乡老年人口状况追踪调查显示：农村老年人完全不依靠子女参与耕作的比例 2000 年占 30.5%，2006 年占 37.1%，两次调查同一数字相差 6.6 个百分点。还有一些老年人实在无力种田，不得已出钱请人耕种，但通常工钱较高，且请人越来越难，有些觉得请人不划算就干脆撂荒。

从华中师范大学中国农村研究院 2010—2012 年“中国百村观察”抽样调查数据显示（以下简称：百村调查数据），2010—2012 年农村老年家庭劳动力占家庭平均劳动力比例，呈现逐年上升趋势。2010 年农村老年家庭劳动力占家庭平均劳动力比例 59.3%，2012 年老年家庭劳动力占家庭平均劳动力比例 62.0%，其中，老年空巢家庭劳动力占 60.2%，老年非空巢家庭劳动力占 62.8%。对比 2010 年至 2012 年，老年家庭劳动力比例呈不断上升过程。

随着农村老年人年龄的增长，农村家庭劳动力占家庭总人数的百分比反映出，农村家庭中实际参与农业生产的老年人数在减少（见下表 3）。2012 年百村调查数据显示，农村老年空巢家庭的劳动人数在家庭成员中所占比例下降明显：60 至 69 岁组该比例为 65.8%，70 至 79 岁组下降到 51.4%，相对降低了 21.9%；80 岁以上组该比例则进一步下降到 37.9%，相对于 70 至 79 岁组下降了 26.2%，相对于 60 至 69 岁则下降了 4 2.4%。相比之下，农村老年非空巢家庭中劳动人口所占比例出现波动。除东部地区以外，中西部农村 70 至 79 岁组农村老年非空巢家庭中劳动人口数所占比例，相对于从 60 至 69 岁组会出现下降，而在 80 岁以上年龄组相对于 70 至 79 岁组又会上升。

表 3　2012 年农村老年家庭劳动力占家庭平均劳动力比例

（%）

年龄分组	60–69 岁	70–79 岁	80 岁及以上	合计	样本
东部					
空巢	65.9	57.8	41.7	62.7	113
非空巢	64.8	53.9	48.8	62.3	164
小计	65.2	55.9	45.2	62.4	277
中部					
空巢	64.7	38.4	41.7	55.6	96
非空巢	64.5	61.5	65.5	64.0	309
小计	64.6	53.6	57.6	62.0	405

续表

年龄分组	60–69 岁	70–79 岁	80 岁及以上	合计	样本
西部					
空巢	67.0	57.1	0	62.6	73
非空巢	63.0	49.8	61.1	60.8	162
小计	64.0	53.4	52.4	61.3	235
东部 / 中部 / 西部					
空巢	65.8	51.4	37.9	60.2	282
非空巢	64.2	56.6	61.3	62.8	635
合计	64.6	54.3	53.5	62.0	917

注：此表根据 2013 年中国社会转型时期老龄焦点问题研究子课题：农村老年人空巢家庭问题的研究整理。

课题组从实际访谈中发现，农村老年家庭呈现出地域特征。中西部地区，由于农村老年家庭劳动力外出，子女难以完成代际之间的反哺帮助；而对于中西部地区的高龄老年人，已经不能独立完成全部的农业生产劳动，子女从外省回家帮助老年人进行农业生产，甚至照料老年人的生活并与老年人同村居住是农村老年家庭主要模式。而农村家庭年轻劳动力的外出状况，中西部地区农村劳动力更多的呈现是跨省迁移。与此相反，东部地区由于经济发达，农村劳动力大多是在本地实现非农转移就业，而农业生产的季节性，短周期性为本地就业的子女完成代际之间的帮助提供了方便。

当前，为促进农业发展，国家出台土地流转政策，“按照依法自愿有偿原则，允许农民以转包、出租、互换、转让、股份合作等形式流转土地承包经营权，发展多种形式的适度规模经营。

有条件的地方可以发展专业大户、家庭农场、农民专业合作社等规模经营主体”。[1]但在土地流转的过程中，部分老年农民由于对土地怀有很深的感情而不愿意放弃经营权，这在一定程度上阻碍了土地的适度规模经营。更为严重的是，留在农村的老年人日渐衰落，但他们的子女却不愿种田。一方面，农业的低收益难以满足农村年轻人追求富裕生活的愿望。另一方面，城市良好的软硬件设施、现代化的生活方式和生活理念对农村年轻人形成了巨大的甚至是不可抗拒的冲击力和吸引力，他们渴望来到城市，不愿接替父辈的职业，哪怕是在城市漂泊。当前，许多农民子弟不会种田，不知道什么季节种什么庄稼，种上庄稼后不知道怎么管理，摘下“文盲”的帽子，却又戴上“农盲”的帽子。我们在探讨“老人农业”种种弊端的同时，却更为“老人农业”将来无人继承的问题担忧。

农业是国民经济的基础，社会安定的基础，国家自立的基础。对我们这样一个人口众多的大国来说，立足国内解决粮食和主要农产品供给问题，始终是治国安邦的头等大事。当前，我国面临人口总量继续增长，城镇化率和城乡居民消费水平不断提高，农产品的工业用途不断拓宽的发展局面。一方面，全社会对农产品需求会持续增长，同时，对农产品的质量安全要求也会不断提升。这就要求我们提高农业生产率，发展现代农业，促进农业发展，不断提高农业综合生产能力，以保障粮食等农产品供给。“农民

[1] 中共中央关于推进农村改革发展若干重大问题的决议辅导读本编写组，中共中央关于推动农村改革发展若干重大问题的决定辅导读本[M].北京：人民出版社，2008：11.

的技能和知识水平与其耕作的生产效率之间存在着有力的正相关关系”。[1]在农业生产中人是最重要的生产要素，劳动者数量和质量是农业生产力的根本保证。然而，我国一方面面临劳动投入的下降，另一方面“老人农业”受老年人体力弱、文化水平低、学习能力差、接受能力不强、思想观念滞后、小农意识强烈、后继乏人等诸多因素的影响，生产效率不高，发展后劲不足，严重影响和威胁农业在国民经济中的基础地位，影响着我国从农业大国向农业强国迈进，也会影响我国农产品在国际市场上的竞争力，从长远看这将是我国农业发展的隐忧。根据人口预测，中国农村劳动年龄人口所占比例将逐年减少，今后20年矛盾有可能凸显（见表4）。

表4　中国劳动力年龄人口变动及预测

年份	劳动力人口（百万）	劳动年龄人口（%）
1995年	776.75	63.96
2000年	822.62	64.29
2010年	925.75	67.14
2020年	940.70	63.45
2030年	913.85	59.45

注：温铁军.《三农问题与世纪反思》，生活·读书·新知三联书店2008年版，第189页

[1]（美）舒尔茨.改造传统农业[M].北京：商务印书馆，1987：101，136.

中国劳动力的数量在2020年会达到9.4亿的最高值。到2030年才会有可能下降。而中国农村的劳动力年龄人口占全国总量的3/4。2010年以后即使能够下降到1/2以下，也仍然会有4亿多。[1]农村劳动力过剩，农村人口迁移是大的趋势。

三、社会变迁过程中农村老年人呈现边缘化、底层化趋势

首先是家庭成员的角色倒置。在传统的家庭伦理观念中，尊老和爱幼是被同时强调和关注的。在“养儿防老”传统下，过去的农民在50多岁时就把生产生活的重担交给儿子，自己则颐养天年。但现在这种传统已经一去不复返了，代之而起的是“孙辈中心”。老人说：“现在小孩是老人，老人是佣人。”改革开放后大批年轻人进城务工，把孩子交给爷爷奶奶看管。在“万般皆下品，唯有读书高”的信条下，在城乡巨大差距的现实面前，这些文化程度很低的老年人意识到读书的重要性，于是倾注极大的人力、物力、财力培养孙辈。其中相当一部分农村老年人选择在孙辈上学的镇或县城租房子，有钱的会买房子专门陪读，而陪读的通常是奶奶。也有进城务工的年轻人中少数在经济上取得了成功，在城里买了房，邀请父母通常是母亲进城同住，但多半也是为了照顾自己的下一代，看门守户，料理家务。不管是陪读还是进城照料孙辈，其结果一是造成老年夫妇在空间上的分离。二是给许多男性老人带来生活上的不便，一些男性老人不会洗衣、做饭，老伴进城照看孙辈导致他们的生活质量直线下降，有的甚至

[1] 温铁军.三农问题与世纪反思[M].北京：生活·读书·新知三联书店，2008：190.

沦落到需要邻居帮忙照料的地步。还有一些农村老年人念孙辈远离父母“可怜”，再加上“隔代亲”，所以不由得溺爱孙辈，比如家里的电视完全由孙子或孙女控制，尽管所看的电视节目老人们并不感兴趣。

其次是代际关系疏远。子女外出务工后，电话就成为留守老年人与子女交流沟通的主要方式和精神慰藉的主要途径，除此就是子女逢年过节回乡探亲。通常情况下，如果子女的孩子在农村老家由爷爷奶奶照看，则子女打电话的频率就会高一些，反之频率可能会低一些，并且由于打长途较贵，说不上几句便挂了。有的年轻人进城后很长时间才和家人联系一次，还有的一走就是好多年不回农村老家，在这种情况下，外出子女和老年人的感情和关系难免日渐衰微。有的农村进城务工青年和城市女青年结婚，偶尔回乡探亲，孙辈叫喊：“爷爷家里虫多，屋外好黑。”儿媳不吃家里做的饭，而在县城吃。更有甚者，一些年轻人担心孩子跟着爷爷奶奶时间长了“染上”农村的土话而丢掉普通话，有意无意地阻碍双方的相处，可怜老人落个“剃头挑子一头热”的结局。甚至一些进城务工青年自身由于已经习惯了城市的生活方式和生活习惯，回到农村的家后也难以适应。但老人在骂孩子忘本的同时，还是尽力改变自己多年来业已形成的生活习惯来适应年轻人新的生活观念和生活方式。而在农村，很多女青年嫁到男方家之后往往很快就与男方父母分家单独生活，这样虽然少了很多因代沟引起的种种矛盾和摩擦，但也减少了代际交换和建立感情的机会。

老年人的参与和发展是促进经济发展，维持社会和谐的重要因素，农村老年人在此方面起着尤为重要的作用。但目前农村老年人在社会变迁中逐渐边缘化的形势不但对农村经济社会的可持续发展造成不利影响，而且也直接影响到“充实、幸福、尊严”的晚年生活目标的实现。

四、农村老年人生活质量偏低

首先是农村老年人生活压力大。出于传统意识，农村老年人对土地的感情很深。子女外出务工以后，其土地多数由具备劳动能力的老年人代为耕种。虽然农业机械的使用越来越普遍，但种田仍需要投入大量的人力劳动，一对老年夫妇耕种几个子女家的田地，劳动量很大，尤其到庄稼收割、播种时节，老人们起早贪黑在田间地头劳动，身体处于超负荷状态。此外，隔代抚养艰难也对农村老年人造成了很大的压力。很多外出务工者不能享受城镇居民的待遇，其子女不能在城镇学校接受教育，或者在缴纳高昂的赞助费后才可以入学，多数务工者负担不起，因此只能把孩子留在老家由爷爷奶奶照看。这给老年人的生活至少造成了以下的压力。一是照料孙辈生活起居以及定时接送上学，增加劳动强度，造成压力。二是老年人由于文化水平较低无法辅导孙辈学习，担心成绩差而有压力。三是担心照看、教育不好孙辈引起子女责怪的压力。

其次是农村老年人经济状况不佳，生活质量不高。出于各种原因，农村老年人享受到的经济社会发展成果有限，相当一部分经济状况不佳，生活质量不高。在农村，为儿子建房、操持婚事通常被认为是父母的“分内之事”。目前，农村女孩谈婚论嫁的一个基本要求就是要有一套像样的房子，其中很多要求男方家里有新房，甚至少数要求要在县城或镇上有新房。建新房的开支自然由男方父母承担，在建房费用日益高涨的情况下，许多农村老年人为了给儿子建房要耗尽毕生的积蓄，有的还因此欠下许多债务。此外，结婚时的彩礼也是一项重要的开支，动辄几万元的彩礼绝大部分要转嫁到父母身上。在农村，操持完子女的婚事步入老年行列却依然负债累累的老年人大有人在。而对于照看孙辈的老年人来讲，孙辈的衣食住行和上学费用都是一笔不小的开支，虽然子女会寄钱给父母，但有些子女觉得自己父母还“年轻”还能挣钱，再加上这些子女本身在外务工收入不高，于是就尽量少寄钱，而父母一般也不好意思向子女要钱，不足部分自然由老年人承担。此外，老年人的医疗费用也是必需的开支。由于自然规律，农村老年人的患病比例较高。虽然农村普遍实施了新型农村合作医疗制度，但报销的比例和额度不高，老年人因病致贫和因病返贫的情况时有发生。

从收入来看，农村老年人的收入来源主要依靠自己的劳动、子女补贴和新型农村社会养老保险。劳动收入方面主要是农业收入和打零工收入，但农业收益较低，打零工因老年人年龄劣势，收入也不高。子女补贴随着孝道观念的不断淡化及子女在外务工谋生压力的加大，通常缺乏稳定性。实际上，调查显示，当老年人具有劳动能力时，子女给钱的很少，即使给，额度也很少。只有当老年人失去劳动能力时，子女的经济支持才多一些。因此，多数老年人处于自养状态。新型农村社会养老保险目前的保障水平很低，一个月只有几十元，只能解决老年人的零花钱。因此，从整体上看，老年人的收入水平非常低，严重阻碍了生活水平的提高，许多老年人勤俭节约，粗茶淡饭，甚至连电都很少用。我们的调查发现，多数老年人希望政府能多从经济上对他们进行支持，这样他们的生活就能好一些。

农村老年人为我国经济社会的发展做出了巨大的牺牲和贡献，他们中的一部分如今还从事着繁重的体力劳动，承担照看孙辈的重任，过着非常节俭、质量较低的生活。这种状况从一方面来讲是对农村老年群体的不公，他们在共享经济社会发展成果的过程中被边缘化了。另一方面，过重的劳动负担，过多的照看孙辈的精神压力对老年人的身心健康不利，形成农业发展、农村稳定的潜在隐患。

五、农村老年人社会治理机制滞后

首先是农村基层组织建设滞后。农村老年人基层组织主要是老年协会，其在老年人权益维护、农村两个精神文明建设中发挥了重要作用。目前全国约 60% 的村成立了老年协会，但覆盖的老人有限（2012 年国家统计局显示），全国 1.85 亿老年人中，离退休干部约 1700 万，由党政部门管理；4500 万退休职工纳入社区管理；城乡只有不到 5000 万老年人加入老年协会等社会组织；550 万“三无”老年人由民政部门管理；其余高达 6000 万老年人（农村老年人占大部分）无人管理，存在社会管理的真空。[1] 而且，现在许多老年协会存在组织不健全、活动不经常、基础设施薄弱、经费来源短缺等问题。在这种情况下，大多数老年人义务从事活

[1] 阎青春.中国老龄事业发展“十二五”规划解读[M].北京：中国社会出版社，2012：265.

动，主要靠的是热情。在经常开展活动的老年协会中，许多是以老年人的家庭为办公地点，活动场地只能限于室外，极大地制约了基层老年协会的发展，影响了基层老年协会作用的发挥。

其次是农村家族化、宗族化倾向日益加剧。由于农村社会治理结构失衡，村社治理乏力，乡镇对村的管理“失衡”，农村社会组织自身功能与集体特征出现脱节。农村社会组织依附于村集体经济，但是随着土地支配权由集体占有转为农户承包，加上国家取消农业税等因素，农村社会组织可控资源大幅减少，集体财力下降。目前，农村社会组织结构正在发生着变化。计划经济时代下的“全能性”的单一组织体系逐渐解体，多元性的农村经济组织群体正在逐步形成。[1]在这种农村社会管理的转型过程中，村民自治名存实亡，并被“操纵在少数人手中”。他们的权力既得不到应有的监管，更缺乏相应的制约。村民的利益诉求、参与权利、保障权利受到一定的限制和剥夺。国家给予农民的惠民政策以及其他公共权益，在“半路”就遭到了“缩水”和“盘剥”。不是家族、宗族或圈子里的人，自然很难享受到应有的惠农政策。一些地方不按国家政策行事，“上有政策，下有对策”。例如，农村最低生活保障制度、农村五保供养制度等全然成为村干部个人对别人的恩惠手段，成为想给谁就给谁的一份“人情礼品”。村民在村干部面前不客气点，或许连让开具证明之类的村干部分内之事也得费尽心力。

[1] 牟新渝.农村空巢家庭老年人问题研究——基于安徽省农村空巢老年人实证调查的思考.社会公平与社会共享——全国农村老龄问题高峰论坛论文集［C］.北京：中国文联出版社，2011：247.

第三是农村老年人精神慰藉匮乏，精神文化生活单调。由于农村劳动力大量外流，子女常年在外，有的甚至在城镇定居，农村空巢老人日益增多。家庭的裂变，儿孙们的远去，给这些老年人带来了失落、空虚感。许多进城务工的年轻人在外工作忙、压力大，较少顾及到父母，有的只是在物质上给予一些帮助，很少在精神上给予慰藉。这些留守老年人不敢奢望子女“常回家看看”，平时最大的愿望就是与远在城里的子女通电话，但通话的频率完全由子女掌握，有的一个月才通一次电话，而且大都讲孙辈的学习、生活问题，只是附带问问老人的身体、生活状况，有时电话还被孙辈抢去接，老年人心疼钱，往往简单地和子女说几句就完事。

在农村，除去农忙的几个月外，其他的事情一般不太多，如何打发空闲时间就成为老年人必须面对的问题。调查发现，多数农村没有文化活动室，更谈不上老年大学，也没有文娱队伍和文娱活动。另一方面，农村老年人文化程度普遍偏低，经济条件不好，琴棋书画基本不会，电脑、旅游更是免谈。他们最大的娱乐就是看电视、打麻将、打扑克，或者夏天在树荫下乘凉聊天，冬天在墙角晒太阳谈天。但晚上电视往往被孙辈霸占，老年人只能等孙辈看完了才能稍微看上一会。部分老年人打麻将和扑克，但也面临一系列问题。首先是不玩钱没意思，但玩钱的话担心被儿子媳妇知道了怪罪有闲钱“赌博”。其次是打麻将和扑克长时间坐着对身体不好。第三是容易闹纠纷，引起不愉快。总之，农村老年人的精神文化生活大多非常单调，文化娱乐活动基本没有。若是空巢老人，与他相伴的是出门一把锁，夜伴一盏灯。部分老年人转而信奉宗教，2010年中国城乡老年人口状况追踪调查显示，我国农村老年人信教的比例占11.4%，其中，男性为6.9%，女性更高，达到15.6%，女性比男性多出将近9个百分点，按此数据推算，农村老年人每十人平均信教人数为1.1人。在这里应该指出是宗教和迷信区别，宗教组织正常的宗教组织活动，以及向人们行善积德、社会公益、慈善类的活动都受到政府保护。但迷行只是少数迷行职业者图财害命的骗术，某些迷信组织更是藏污纳垢，残害群众，祸害乡里，甚至进行违法犯罪的场所，老年人上当受骗的事件时有发生。

国际经验表明，加强老年人社会组织机制建设，提升老年人社会治理水平和质量，充分发挥老年人的作用是应对人口老龄化的重要战略举措。对于农村老年人而言，加强社会治理，依法强化老年协会建设，扩大老年人参与经济社会发展，可以相应降低家庭和社会的经济负担，可以切实维护老年人的合法权益，维护农村社会和谐稳定，可以有效进行老年人的治理教育，改善老年人的精神文化生活，从而从根本上促进农村经济社会的发展与和谐。

六、农村“空壳化”问题让人忧虑

农村“空壳化”指农业生产要素的外流导致农村的凋敝。农业生产要素包括土地、劳动力、资金和技术。从当前农村的发展趋势看，失地农民养老问题令人担忧，劳动力不断外流，资金流向城市。失地农民对人口老龄化影响显现。中国社科院发布的《2011年中国城市发展报告》指出，目前，中国失地农民的总量已经达到4000—5000万人左右，而且仍以每年约300万人的速度递增，预估到2030年时将增至1.1亿人左右。据抽样调查，有60%的失地农民生活困难；有81%的失地农民对未来生活担忧，其中担忧养老占72.8%，经济来源占63%，医疗占52.6%。[1]失地农民面临“种田无地，上班无岗，低保无份，创业无资”的艰难境地，他们的生存问题日益突出。[2]2012年课题组在安徽省的调查发现，失地农民之间相互攀比，产生新矛盾。另外，失地农民政策时效变异，直接影响老年人生活。当初，政府补贴失地农民，帮助他们尽快适应新环境无疑是正确的，也得到了当地居民的赞成。但时隔多年之后，随着土地增值，前期失地农民与后期失地农民的补偿金存在差异，失地农民，尤其是老年农民生活水平下降，养老堪忧。每月仅靠一百多元养老金度日，这点钱还不够水、电、煤气等费用，部分失地老年农民不得不靠捡破烂为生。

2013年中国老龄科学研究中心“农村老年人空巢家庭问题研究课题组”，在四川省犍为县某村访谈时当地的村干部说，村里大约只留下30%的劳动力，甚至更少，基本上是50岁以上的人，2013年10月份，村里死了两个老年人，找几个抬尸体的人都难凑齐；村里老人说，目前，农村青年人普遍认为在家种地没出息，把进城务工当做一种有出息的表现。谁家的孩子要成为“城市人”，就会成为村里人人羡慕的对象，老年人也希望青年人进城务工，

[1] 中国老年学学会.老龄参考[J].2012,2.

[2] 吴忠民.中国改革进程中的重大社会矛盾问题[M].北京：中共中央党校出版社，2011：176.

而青年人对务农不感兴趣，不愿学习农业知识，甚至产生鄙视务农和厌弃劳动的观念，从而放弃农业生产。在四川、江西等地调研时了解到，农村外出务工占到农村劳动力的 70%~80%，50 岁以上的农民是农业生产的主力军，农村老年人只要身体能干，就下地干活，留守老人成为农业生产的主要劳动力。同时，农村留守老人年龄结构进一步老化，农村帮扶的人也逐渐减少。农村老年家庭子女流失，对农业生产、农村生活的价值取向，直接导致农业现代化建设农业劳动力“断代”危机渐显，给农业现代化建设带来了极大隐患。同时，失地青壮年农民，是留守在家里赡养老人，还是外出打工挣钱，何去何从很难做出选择。在市场机制的作用下，农村劳动力继续向城市流动。国家人口计生委发布的《中国流动人口发展报告 2012》（以下简称《报告》）显示，2011 年，全国流动人口接近 2.3 亿，占全国总人口的 17%。《报告》还显示，当前，中国流动人口的平均年龄约为 28 岁，“80 后”新生代农民工已占劳动年龄流动人口的近一半。这表明农民工占据了主导地位，其中青壮年居绝对优势。流动人口虽然缓解了城市劳动力供给的压力，但加剧了农村人口老龄化风险。

农村资金外流状况一直难以改变。目前，农村存在着生产要素从农村流入城市的单向趋势，但城市对农村发展的带动力却很疲软。现阶段我国城乡二元结构的转换应是生产要素在城乡之间的双向互动。但眼下的现实却是生产要素的双向流动正逐渐成为从农村向城市流入的单向流动。城市的资金、技术、管理和人才向农村流动的规模和速度已降到一个相当低的水平上，工业化中后阶段本应出现的工业对农业的反哺、城市对农村发展的带动现象，非但没有出现，反而存在着严重的城市对农村压榨现象。[1]东部沿海城镇化与特大城市建筑的“盆景”城市环境，与中西部地区部分农村的“凋敝化”形成鲜明对照，“农村留不住农民的钱”已是农村社会的现实。

从家庭层面看，农民每年除去婚嫁、看病、建房、子女教育等必要支出外，其闲置资金主要有两种去向，一是私人借款出去；二是存储起来。农民留存收入的这两个去向无可厚非，但仔细思考会发现这背后掩盖着一个影响农村经济持续健康发展的经济漩涡，农村资金正在外流！[2]另外，有存款的农村老年人占少数。2010年中国城乡老年人口状况追踪调查显示，我国农村老年人家庭中，没有储蓄存款的占85.9%，有储蓄存款的比例仅占14.1%。从农民层面看，土地在农民生活中扮演着生产资料、经济基础、社会保障、繁衍发展等多种角色，因此，有人称承包地为“保命田”、“养老田”，土地成为当代中国农民的“命根子”。[3]但现实农村中失地资金外流严重，据国土资源部历年公布的数据，2006年为7600亿元，2007年上升到1.3万亿元，2010年，全国土地出让金收入更是达到了惊人的2.7万亿元之巨。仅四年时间就翻了3.5倍还多。全国土地出让收入占地方财政收入的比重，已经从2001年的16.6%，上升

[1] 林岗，王一鸣，黄泰岩，马晓河等.跨过“中等收入陷阱”的中国战略[M].北京：经济科学出版社，2011：61.

[2] 闫晓春，王宇.农村资金外流现象值得关注[J].黑河学刊，2011（1）.

[3] 吴忠民.中国改革进程中的重大社会矛盾问题[M].北京：中共中央党校出版社，2011：176.

到 2009 年的 48.8% 和 2010 年的近 65%。[1]

农村的“空壳化”是城镇化、工业化的产物，其从某一侧面佐证了工业化、城镇化、市场化的“贫血”状态，而为了应对这种“贫血”状态，去掠夺农村土地、劳动力、资金和技术，从而形成了掠夺乡村的农业资源，去填补工业化、城镇化进程空白的做法。农村早已超出了“人去村空”、“人去屋空”和“人去孝无”的基本形态，朝着“畸形空壳化”与“非人性化”道路发展。

历史上凡属于无地农民增加的时期，社会控制、社会安定的成本就非常之高。因为如果农民能稳定地在原来的社区生活，他基本不犯罪。我们现在的集体土地之所以以社区成员权作为基本权利依据，就是要稳定农民。农民一旦离开社区，离开了那个可以获得财产的身份，有什么可以约束他呢？因此，现在城市犯罪 70% 以上是流动人口犯罪。[2]

七、农村基层党组织人员“老化”，村庄精英群体流失

当前，农村存在基层政权精英人才流失，基层自治组织缺乏管理能力，难撑局面的困境。所谓乡村精英，就是村中掌握优势资源的那些人，在农业生产、村里事务和村庄生活，在村庄人际关系方面比一般村民影响大的人，一句话就是村里说话算数的人。解放前乡村精英是“乡绅自治”。由于解放前的地主占有约 50% 的土地，收取 50% 的地租，占人口约 10% 的地主既是农村的主

---

[1] 吴忠民.中国改革进程中的重大社会矛盾问题［M］.北京：中共中央党校出版社，2011：181.

[2] 温铁军.三农问题与世纪反思［M］.北京：生活 · 读书 · 新知三联书店，2008：165.

要纳税人，又是农村实际上自然产生的、起管理作用的社区精英。所以，“乡村自治”其实是“乡绅自治”。[1]

解放后，政府的土地改革运动不仅把地主家的田地和财产分给农民，而且以运动的形式把地主阶层消灭，农民成为土地的占有者和受益者，也就是我们在电影中看到的农民翻身解放的场景。乡村治理从“乡绅自治”转变成政府的“派人管理”村庄的局面。

1958 年至 1978 年的集体化时期，由于政府已经通过推行统购统销和人民公社这两个相辅相成的制度，不仅掌握了大部分粮食，而且有效地占有了几乎全部农业剩余，因此县以下也不设立政府，相当于乡镇政府的人民公社实行“政社合一”的管理体制。[2]

以上三个阶段，农村精英群体，由于农村土地产权归属问题，以及当时社会的属地管理模式，难以实现身份的转换。

自 1978 年实行家庭联产承包责任制以来，就像温铁军教授所言：实际就是“承包经济”制度下的土地转变，农村占有资产，成为相对独立的财产主体。农村作为独立“经济实体”进入市场，必然吸引一大批农村经营群体在社会流动。同时，以市场化为取向的改革导致追求利润的农业的三要素——土地、劳动力、资金向城市集中，加剧农村精英人才流失。

现阶段农村青年人通过进城务工、外嫁、考学、参军等方

[1] 温铁军.三农问题与世纪反思[M].上海：生活·读书·新知三联书店.
[2] 温铁军.三农问题与世纪反思[M].上海：生活·读书·新知三联书店.

式大多离开村庄，导致村庄治理人才短缺。当村庄没有精英治理，没有人才组织村民，村民自治何以得以运作？当村庄传统已经解体，现代农村尚未建立时，“真空”地带就会出现，农村治理就会失当，农村秩序就会失序，如何解决？答案未解。村庄中的中共党员作为本村带头人，在村“两委”组织与管理中发挥作用。但目前村庄的组织者通常是那些素质偏低、年龄偏大、观念陈旧的人。中老年党员占农村党员的大多数，中国农业大学人文与发展学院邢成举在湖北宜昌农村的调查表明，党员中 35 岁以下年龄段的占 10.6%，35 岁至 49 岁年龄段的占 16.7%，而又据中组部 2011 年调查，全国农村党支部书记中 55 岁以上的有 12.58 万人，占总数的 21.5%，其中许多人工作上存在一定的思维惯性，常感“老办法不管用，软办法不顶用，硬办法不敢用，新办法不会用”，缺少社会管理的有效办法，在矛盾纠纷处理上常感到“束手无策”。[1]同时，农村社会成员之间缺乏适当的、应有的、合理的社会财富分配机制，导致不公正平等的待遇。在社会财富等资源的形成过程中以及与此所关联的事情中，每个社会成员所投入的数量和质量、所投入的生产要素不可能是相同的，因而各自对社会的具体贡献是有差别的。[2]

当年曾是“群众领头人”的老党员、老村干、老劳模等人的待遇不高。尤其是 20 世纪 80 年代，第一批参与农村家庭联产承

---

[1] 中国老年学学会.老龄参考[J]. 2012,(2).

[2] 王怀超.社会发展理论研究[M].北京：中共中央党校出版社,2002：254.

包责任制的“群众领头人”，经过30多年农村改革发展，都已到了高龄阶段，却尝到“前不巴村，后不巴店”的境地，自己感到后悔，感叹乡土社会缺乏公平待遇。

2010年中国城乡老年人口状况追踪调查显示，曾经是“群众领头人”的村干部与其他农村老人相比，随着年龄的增加，感觉到自己的幸福程度越来越低。数据显示，感觉比较不幸福的农村一般老人高于村干部，女性村干部高于男性，其中，男性占5.9%，女性占6.6%。同时，村干部在低龄阶段与其他低龄阶段农民相比，感觉不幸福的比例均低于同龄的一般农民，而到了高龄阶段，村干部感觉比较不幸福的比例男性与女性老年人均超过同龄的一般农民。并随着年龄的增大，高龄村干部感觉不幸福的比例在升高，其中，高龄村干部女性比例高于男性，80岁以上男性占11.0%，女性占19.7%，见表5。整体上，农村社会稳定与社会秩序令人担忧。

表5 2010年曾经是村干部的老年人与其他农村同龄老年人感觉比较不幸福比例一览表

（%）

性别	职务＼年龄	60—69岁	70—79岁	80+	合计
男性	村干部	4.7	5.6	11.0	5.9
	一般村民	11.9	9.6	9.8	11.0
女性	村干部	5.5	3.6	19.7	6.6
	一般村民	9.1	7.2	6.8	8.2

注：此表根据2010年中国城乡老年人口状况追踪调查数据整理得到。

第四节 农村人口老龄化背景下社会可持续发展的策略选择

一、贯彻落实科学发展观，加强应对农村人口老龄化的战略准备

十八大报告指出，“科学发展观是马克思主义同当代中国实际和时代特征相结合的产物，是马克思主义关于发展的世界观和方法论的集中体现，对新形势下实现什么样的发展、怎样发展等重大问题作出了新的科学回答。”并要求“必须更加自觉地把全面协调可持续作为深入贯彻落实科学发展观的基本要求，全面落实经济建设、政治建设、文化建设、社会建设、生态文明建设五位一体总体布局，促进现代化建设各方面相协调。”农村人口老龄化是我国重大的经济问题、潜在的政治问题、养老的文化问题，复杂的社会问题、老年宜居环境建设等问题，会对我国整体社会可持续发展产生深远、持久的影响，这就要求我们必须以科学发展观为指导，加强应对农村人口老龄化的战略决策。在这个过程中，要遵照十八大报告提出的“加大对农村和中西部地区扶持力度”的要求，做到注重城乡、区域协调发展，加大对农村和中西地区的政策支持力度，资源配置向基层、特别是农村和中西部地区倾斜。同时，“建立以权力公平、机会公平、规则公平为主要内容的社会公平保障体系，促进人人平等获得发展机会”与“加快完善社会保障体系，积极解决教育、养老、医疗、住房等民生问题，推进基本公共服务均等化，努力实现发展为了人民、发展

依靠人民、发展成果由人民共享”[1]的社会可持续发展的目标。要按照2013年中央一号文件《关于加快发展现代农业进一步增强农村发展活力的若干意见》的要求，“健全新型农村社会养老保险政策体系，建立科学合理的保障水平调整机制，研究探索与其他养老保险制度衔接整合的政策措施。加强农村最低生活保障的规范管理，有条件的地方研究制定城乡最低生活保障相对统一的标准。完善农村优抚制度，加快农村社会养老服务体系建设。”

我们应清醒认识到农村人口老龄化“老年人口多、底子薄、不均衡、保障低”的基本国情。相伴随农村人口老龄化程度的不断加深，农村老年留守家庭现象日益严重，农业劳动力老龄化已经带来“老人农业”问题已经显现，农村老年留守家庭对农业生产的影响，带来是“明天谁来种地，谁来种好地”的问题。解决农村人口老龄化带来的一系列问题的核心目标是“主动适应经济发展新常态，按照稳粮增收、提质增收、创新驱动的总要求，继续全面深化农村改革，全面推进农村法治建设，推动新型工业化、信息化、城镇化和农业现代化同步发展，努力在提高粮食生产能力上挖掘新潜力，在优化农业结构上开辟新途径，在转变农业发展方式上寻求新突破，在促进农民增收上获得新成效，在建设新农村上迈出新步伐，为经济社会持续健康发展提供有力支撑”。[2]围绕增添农村发展活力：通过城镇化

[1] 胡锦涛.深化互联互通　实现持续发展——在亚太经合组织工商领导人峰会上的演讲[N].人民日报，2012-9-9(2).

[2] 中共中央国务院.关于加大改革创新力度加快农业现代化建设的若干意见[N].人民日报，2015-2-2(1).

建设的一系列的社会政策和生育政策，改变人们的生育观念与行为，保持人口自身再生产的活力，确保人类自身发展充满活力；同时，在保持农村实行家庭联产承包责任制，坚持家庭承包经营为基础、统分结合的双层经营体制下，构建新型农业经营体系，发展多种形式规模经营主体，调整农业发展方式，构建集约化、专业化、组织化、社会化相结合的新型农业经营体系，确保农业经济社会发展充满活力。

当前，我国农业现代化滞后于工业化、信息化、城镇化的问题相当突出，农村发展滞后、城乡发展不协调越来越成为我国现代化的关键制约。[1]因此，应科学解决“三农”问题，有效应对农村人口老龄化所带来的一系列问题，走农村社会可持续发展的道路，朝着“生产发展、生活富裕、乡风文明、村容整洁、管理民主”的社会主义新农村奋斗目标而努力。在建设社会主义新农村的过程中，以中国敬老养老助老文化价值为基础，寻找符合农村发展，促进农村摆脱贫困、走向富裕，进而解决农村人口老龄问题的发展道路；让农村的人口、经济、社会、环境和资源相互协调、均衡发展，走兼顾当代老年农民与后代利益的发展之路，不断促进我国农业从传统农业向现代农业、从粗放农业向集约农业、从计划经济条件下的农业模式向社会主义市场经济条件下的农业模式转变，促进我国农业持续稳定地发展，以保证国民经济的发展建立在坚实、稳固的农业基础之上。

---

[1] 中华人民共和国农业部.全国农业和农村经济发展第十二个五年规划[EB/OL].农业部网站，2012-8-11.

同时，应保障农民的利益，不断提高农民的综合素质，突出农民的主体地位，加强规范化管理。就像列宁强调：“农民是一个特殊阶级：作为劳动者，他们是资本主义剥削的敌人，但同时他们又是私有者。农民几百年来受到的熏染就是，粮食是他的，他可以随便出卖。他认为，这是我的权利，因为这是我的劳动，我的血汗”。[1]农民的小农经济生产方式，必然产生小农意识。小农经济的个体既是所有者，又是劳动者，其生产的目的不是用来交换，而是自己消费，自然形成以我为主，缺乏自律的狭隘定式。应不断完善农村社区化管理与养老服务模式，把新农村社区建设与完善农村综合治理结构有机地结合起来。保留好农村历史文化符号，保护好村落、民居，善待农村老年人。

二、加快城乡一体化建设，统筹城乡老年人社会治理制度建设

“城乡发展一体化是解决‘三农’问题的根本途径。要加大统筹城乡发展力度，增强农村发展活力，逐步缩小城乡差距，促进城乡共同繁荣。”[2]城乡一体化建设以城乡为一个互相依存、互为作用的有机整体，通过行政的和经济的手段，逐步发展城乡之间多层次、全方位的联系，使城市与农村的发展融入统一运行的轨道，提高城乡结合的系统效应，促进城乡优势互补、协调发展、共同繁荣。城乡社会制度建设，关系到广大老年人的切身利

[1] 列宁选集：第3卷[M].北京：人民出版社，1995：823.

[2] 胡锦涛.坚定不移沿着中国特色社会主义道路前进，为全面建成小康社会而奋斗——在中国共产党第十八次全国代表大会上的报告[M].北京：人民出版社，2012.

益。对于“城”和“乡”的概念，就一般意义而言，城乡是按行政区域划分的。城乡不完全受地域的局限，同时，城乡之间的关系不仅是商品交换的关系，更重要的是通过推行城乡一体化，发展城乡之间的生产联系，这种生产联系是在专业化分工的基础上，使城乡生产要素得以有效地流动和重组，资源配置趋于合理，使城乡经济的产业链条紧密衔接，从而获得更佳的经济效益和社会效益。还有，城乡社区是一个社会系统，其内部结构是有序的，通过组织管理、社会制度、文化习俗、行为准则等系统体现。城乡一体化有助于农村人口老龄问题的解决，能促进农村与城市各自发挥自己的特点和优势，相互依靠、相互协调，最终消除城乡之间的本质差异。实现这一目标是一个长期的历史发展过程。在整个发展过程中，始终应当把城乡一体化作为指导思想，兼顾城乡老年人利益，全面规划，统筹安排，全面配置生产要素，不断创造条件，逐步缩小城乡差距，向城乡经济和社会发展一体化的目标模式推进。

城乡一体化是个城乡利益结构问题。其实质就是城乡之间、社会财富之间的结构性失衡。形成这种失衡的原因固然是多方面的，但根本原因还在于生产力水平低下和发展的不平衡。而城乡一体化则正是在把发展社会生产力作为根本任务，在生产水平不断提高的基础上，使城市和乡村在生产资料占有、物质技术水平、劳动生产率、社会经济效益、收入消费水平等方面逐步实现其最高水平的过程，其结果必然是城乡利益的合理分配和结构的重新调整。在农村，应稳定和完善以家庭承包经营为基础、统分结合的双层经营体制，加快推进农村发展体制机制改革。加快消除制约城乡协调发展的体制性障碍，完善城乡要素平等交换关系，促进城乡经济发展、劳动就业、基础设施、公共服务、社会管理一体化，[1] 让农村老年人分享社会发展成果。

三、加强农村老龄工作建设，向公共服务模式转化

农村老龄工作的形态还在逐步成形中，除了乡镇直接提供公共服务，我们已经看到大量农村社会组织和老年人的组织正在形成，这一时期的农村老龄工作形态，应该是依托各种社会组织，表达农村老年人的诉求与意见。

当前的农村社会建设正在向公共服务型社会建设转变。如果说在上一个时期中，农村社会建设过分依赖于市场，强调效率的逻辑；当前时期的农村社会建设显然更加强调社会公平的逻辑。在这个时期的农村社会建设表现出几个特点：一是农村社会建设的公共性。国家正努力扩大农村养老保障制度、医疗保障与老龄服务体系的覆盖面，同时也积极推动城乡一体化公共资源配置，对原来排斥在城镇社会保障体制之外的农民群体也重视为其提供必要的公共服务。二是强调农村社会建设的保障性。重视将社会建设作为减少贫富分化、化解社会风险、维护农村社会稳定的“安全网”机制。三是强调农村社会建设的发展性。完善的农村社会建设本身是社会经济协调发展的基础，通过农村社会促进内需也是调整经济结构和转变发展方式的重要依托。农村社会建设的发

---

[1] 中华人民共和国农业部.全国农业和农村经济发展第十二个五年规划[EB/OL].农业部网站，2012-8-11.

展不仅在需求方面促进内需，也能够提高储蓄率和增加投资。同时，农村社会建设本身是一种重要的人力资本投资，能为经济发展提供动力。四是强调农村社会建设的社会性。农村经济建设和政治建设也开始重视村民的公开性，政府更加重视在分配中体现社会公平公正，强调社会责任与农村经济发展的根本目的是为了人的全面发展和建设和谐社会；同时，在社会基层建设与管理方面，积极推进基层党组织、基层群众自治组织、经济合作组织、综合稳定组织的“四个全覆盖”。具体做法：农村老龄工作基本纳入了农村社区建设体系。通过参与民政部推行的全国农村社区实验县（市区）项目，在农村社区建立村级公共服务中心（站），逐步整合政府各类行政资源，引导教育、卫生、劳动就业、人口和计划生育、文化、体育、科技、法律、社会治安、社会保障等公共服务进入农村，健全有效覆盖、有序参与的农村基层公共服务网络，为政府公共服务延伸到农村社区和农民群众开展自我服务提供有效载体，逐步缩小城乡公共服务差距，实现城乡公共服务均衡化。尽管老龄工作在农村社区没有独立出来，还是社会管理的一部分，但是涉及老年人的公共服务已纳入了社区社会事务管理范畴。比如河北省邯郸市魏县在构建农村老龄工作组织、管理与运行机制上，为保证农村老龄工作有效衔接，理顺了工作机制。同时，在统筹城乡一体化建设中，农村老龄工作开始借鉴城镇老龄工作的经验。比如在组织社区志愿服务方面，发挥村民代表、党员、团员、致富能人、驻社区单位代表、老干部、老农民、老模范、老教师、老复员军人和热心公益事业的积极分子的作用，根据农村社区居民的需要，成立社会互助救助、环境卫生监督、民间纠纷调解、文体娱乐活动、公益事业服务、计划生育服务、生产发展服务、科技致富服务等农村社区志愿者组织，积极开展社区(村)志愿服务。建立农村社区志愿者注册制度,完善社区(村)志愿者激励机制。为农村社区志愿者组织开展服务活动提供必要的场地，给予适当经费补助，促进农村志愿服务活动快速健康发展。

四、加快农村老年人文化服务设施建设

《中共中央关于推进农村改革发展若干重大问题的决定》中关于农村文化的论述指出：“坚持用社会主义先进文化占领农村阵地，满足农民日益增长的精神文化需求，提高农民思想道德素质。”同时指出要“广泛开展文明村镇、文明集市、文明户、志愿服务等群众性精神文明创建活动，倡导农民崇尚科学、诚信守法、抵制迷信、移风易俗，遵守公民基本道德规范，养成健康文明生活方式，形成男女平等、尊老爱幼、邻里和睦、勤劳致富、扶贫济困的社会风尚”。随着物质生活的改善，农民群众求知、求乐、求美、求参与、求健康的愿望更加强烈，文化消费的需求日益旺盛并呈现多样化态势。另一方面，根据国家统计局统计，我国农村居民家庭恩格尔系数已由1978年的67.7%下降到2007年的43.1%。[1]这表明农民在经济上有能力进行精神文化消费。但是，目前农村文化发展现状却并不理想。总体看，我国农村文

---

[1] 中共中央关于推进农村改革发展若干重大问题的决议辅导读本编写组,中共中央关于推动农村改革发展若干重大问题的决定辅导读本[M].北京：人民出版社,2008：314.

化，包括农村老年文化在内的发展落后于城市，落后于农村经济社会发展水平，农村文化服务无论在品种、品质与服务内容方面，还是在服务设施的地区布局之间、数量与质量等方面，均存在着诸多的问题。2010 年中国城乡老年人口状况追踪调查显示，全国村级建立农村老年活动场所的比例为 34.1%，未过半数。其中，东部地区为 44.8%，西部地区为 44.2%，中部地区为 23.2%，东北地区为 7.6%。究其原因，最主要的是村级集体经济不发达，财力欠缺，同时地方政府对公共服务设施支持的资金不足，可以说财力不足影响着农村老年活动场所建设。因此，应“加大对农村和欠发达地区文化建设的帮扶力度。”[1]

由于文化服务设施发展滞后，农村老年人的生活枯燥乏味，不仅影响现有文化供给能力的充分发挥，而且也限制了老年人各种文化需求的实现。老年人文化服务设施与当前文化“大发展、大繁荣”供给和需求之间的要求不相适应，农村老年人文化服务主要表现为“数量少、设施旧、低档多”的特点。

“数量少”是指老年文化服务设施在数量上不能满足老年文化需求发展的要求。农村基本没有诸如公园、游乐场等老年人活动场所。由于老年文化服务设施少，既给老年人实现各种文化需求带来了许多不便，又因为各种文化娱乐多集中在新年、春节期间，使老年人文化需求难以实现。

“设施旧”是指现有的农村文化服务设施的建筑、设备陈旧

[1] 胡锦涛.坚定不移沿着中国特色社会主义道路前进，为全面建成小康社会而奋斗——在中国共产党第十八次全国代表大会上的报告[M].北京：人民出版社，2012：32.

简陋，技术水平落后。文化的需求是多种多样和多层次的。但由于农村集体经济有限，老年人活动中心多以群众性用房为主，往往集开会、学习、娱乐为一体，远远不能适应今天老年人因年龄、性别、文化程度、兴趣爱好等差别而带来的需求差异因素的差别。

“低档多”是指文化娱乐的技术水平落后，文化基础设施功能单一。文化活动单调，只是下棋、打麻将、打扑克与看电视，没有其他娱乐节目。同时，由于农村条件有限，一屋多用，一场多用，一院多用，难以满足老年人日益提高的文化消费需求。

由于老年文化服务设施的建设落后于老年人文化需求发展的要求，这种关系不协调，就吸引不了老年人参与，将直接影响农村老年精神文化生活的开展。加快农村老年人文化服务设施建设应遵循以下原则：第一，要把农村老年文化服务的发展真正看成是农业发展、农村稳定、农民增收的一个不可缺少的组成部分，充分发挥老年文化阵地作用。第二，要根据农村人口老龄化发展趋势与农村老年人文化消费承受能力，改造、扩建、新建老年文化服务设施，使老年文化服务设施与农村人口老龄化均衡发展。第三，要考虑老年人口文化消费水平提高对文化设施提出的新要求，从发展老年文化服务角度来规划旧设施的改造与新设施建设。第四，要大力发展农村乡土文化的供给能力，尤其是要加强具有地域内群众基础和地方特色的传统文化艺术的供给能力。使老年文化服务设施质量提高、功能齐全，与老年人文化消费水准上升之间有一个协调关系。要调动和发挥社会各方面积极性，多渠道、多层次、多形式地建设适合农村老年文化发展，适合农村老年人特点的文化设施。

五、创新农村社会组织治理，完善农村老年协会

2015 年 1 号文件，中共中央国务院《关于加大改革创新力度加快农业现代化建设的若干意见》强调："创新和完善乡村治理机制。在有实际需要的地方，扩大以村民小组为基本单元的村民自治试点，继续搞好以社区为基本单元的村民自治试点，探索符合各地实际的村民自治有效实现形式"。[1] 随着农村改革的逐步深化，工业化、信息化、城镇化、农业现代化的推进，加上国家对"三农"问题的重视，农村惠农政策的实施，农村整体形势不错，农业发展，农民增收，农民的思想观念有了很大转变，农村社会大局持续稳定。但在农村综合治理不断深入，新旧体制转换的情况下，农村也出现了一些深层次的矛盾的问题。就像农村流传的一句顺口溜："有吃有穿不求你，不批不斗不怕你，有了纠纷就找你，稍不如意就骂你"。一些农村社会治理处于被动，主要表现在，农村受经济发展制衡影响，某些地方村组织力量涣散，组织体系不健全，村干部思想观念较为落后，大局意识不强，基层组织并没有起到应有的带头作用。同时，还表现在城乡公共服务供给方面二元结构显著，农村公共服务短缺，社会管理服务滞后，养老服务方式落后，农村各类资源布局散乱，村组织缺乏有效整合，老年团体难以发挥作用等等。全国村级建立老年协会是 20 世纪 90 年代，为应对农村人口老龄化而采取一项措施。但经过 20 多年的历程，收效不大。2010 年中国城乡老年人口状况

[1] 中共中央国务院.关于加大改革创新力度加快农业现代化建设的若干意见[N].人民日报,2015-2-2(1).

追踪调查显示，全国村级建立老年协会的占35.4%，其中，东部地区占46.1%，西部地区占44.6%，中部地区占23.6%，东北地区占20.7%。在这种背景下，亟需创新一种新的农村管理和服务形式，来推动农村社会管理的发展。

在此，处理农村人口老龄化与社会可持续发展关系的过程中，借鉴成功“东南亚”等国家的经验无疑是必要的，尤其应借鉴日本、韩国，特别是我国台湾省在发展农民基层管理与经济合作组织方面的成功经验，完善社会综合治理与老年组织社区建设、参与协调、利益诉求、权益服务、精神文化等方面的功能，积极推进老年协会建设。全国老龄委办公室在2012年1月发布的《关于加强基层老年协会建设的意见》中指出：“要在充分考虑和尊重老年人意愿的前提下，根据城乡社区老年人口的规模、分布，按照便于管理、服务老人的原则组建老年协会，鼓励探索多种形式的老年协会组织方式。”

老年群众团体“有组织、守纪律、强维权、低成本、重服务”，老年协会具有显著的社会影响。农村老年人面临的问题主要有农业生产、制度保障、家庭照料和乡村文化等四个方面。我们可以通过加大对农村和农业基础设施的建设来减轻老年人的体力劳动，增加老年人的收入；加大国家财政投入，使得新型农村社会养老保险逐步推开，增强老年人的社会保障；加强基层组织建设并发挥在家庭矛盾纠纷中改善老年人地位的作用。

重建农村敬老养老助老的文化。就现阶段而言，建立守望相助、自主互助的老年协会，让老年人自我管理、自我教育、自我服务是改善老年人处境的一种“低成本、有组织、守纪律、有去处”

的有效的乡贤社会老年管理模式。

老年协会作为社区服务类似于老年人群体的社会组织。其目的在于让农村老年人组织起来，成为一个可以彼此关爱、相互慰藉的共同体。老年协会的建立，一方面可以将老年人组织起来开展各项文艺活动，以丰富老年人的闲暇生活，愉悦老年人的精神文化，使老年人真正告别寂寞和冷漠，从而感受一种自我参与、自我体验、自我愉悦的氛围，真正做到“老有所乐”。另一方面，组织起来的老年人群体，本身就是村庄中的一支重要力量，他们可以充分发挥自己的余热，成为村庄建设发展中的积极分子，为村庄的公益事业做出一定贡献，使老人能够建立自己的主体意识，从而感受到一种服务他人的生命意义感，真正做到参与乡村社会。

老年协会具有坚实的社会群众基础。老年协会的建设首要基础在于老年人的实际需求。第一，农村中的老年人积极分子大有人在，一些老干部、老党员、老村长、老教师、老军人等纷纷表示愿意牵头负责，为乡贤治理农村社会在人力方面有了保障。第二，老年协会建设所需资金每年大约有5000~10000元，可以通过政府扶持进行一定的财政补贴，同时通过社会帮助来筹集经费，当地一些外出经商的人士都愿意为村庄的公益事业做出一定的贡献。第三，老年协会需要有自己的活动场所，农村的村级活动室、学校的教室多有空余，可以作为老年人的现有场地，另外只需添置一些器材即可。

老年协会建立的理念与措施。老年协会作为一个服务于老年人自己的社会组织，应当坚持以下三个理念：自主性、开放性、公益性。自主性指老年协会是一个独立的社会组织，基层老年协会在村民委员会的领导下，依据有关国家法律、法规、政策和老年协会章程开展活动；开放性是指凡是村庄中 60 岁及以上的老年人都有资格参与老年协会，自由自愿地参与老年协会；公益性是指老年协会对所有老年人的服务都是免费的，不收受任何费用，所有老人享受均等化的服务。

老年协会规范建设。按照 2015 年 1 号文件，中共中央国务院《关于加大改革创新力度加快农业现代化建设的若干意见》强调："激发农村社会组织活力，重点培育和优先发展农村专业协会、公益慈善类、社区服务类等社会组织"。农村老年协会是激发农村社会组织活力，创新有效预防和化解农村老年人问题的体制。积极培育和完善农村老年协会，激发农村老年协会组织活力意义重大，农村老年协会在乡村社会治理中将发挥重要的协同作用：其一服务于农村社会，农村老年协会的领导组成人员，由当地德高望重的协会会员作为带头人选进班子，在基层党组织和村民委员会的领导下，依法治协。在"熟人社会"中，农村老年人有一定的社会影响和威望，他们根植于当地的乡村沃土，对于互助养老、化解矛盾、调节赡养纠纷、协调代际关系、开展文体活动、移风易俗、自觉抵制封建迷信等方面发挥积极作用；其二规范农村社会敬老养老助老氛围，农村老年协会组织的管理制度和章程规范老年群众组织的行为，带动了当地敬老养老助老的气氛；其三密切联系农村老年人，听取农村老年人的意见，了解农村老年人的需求，有序表达农村老年人诉求，维护农村老年人的合法权益，发展了基层的民主作用。目前，政府在重点培育、优先发展农业生产和农村社会组织，解决农村专业协会、公益慈善类、社区服务类等类社会组织不协调的问题，理顺“三农”问题中，政资不分、政社不分、政事不分的不协调问题。政府在转变职能和简政放权过程中，激发农村社区服务项目，提高农民社会组织的积极性，完善农村老年人社会组织是创新农村社会治理体制，做好新农村建设的老年群众工作的现实途径。

六、在城镇化和新农村建设中，做到“地稳人退”统筹解决农村老年人生产和生活问题

2015 年 1 号文件，中共中央国务院《关于加大改革创新力度加快农业现代化建设的若干意见》强调：“中国要美，农村必须美。繁荣农村，必须坚持不懈推进社会主义新农村建设。要强化规划引导作用，加快提升农村基础设施水平，推进城乡基本公共服务均等化，让农村成为农民安居乐业的美丽家园”。“落实统一的城乡居民基本养老保险制度。支持建设多种农村养老服务和文化体育设施。整合利用现有设施场地和资源，构建农村基层综合公共服务平台”。城乡一体化建设以城乡为一个互相依存、互为作用的有机整体，通过行政的和经济的手段，逐步发展城乡之间多层次、全方位的联系，使城市与农村的发展融入统一运行的轨道，提高城乡结合的社会系统效应，促进城乡优势互补、协调发展、共同繁荣。城乡社会制度建设，关系到广大农村老年人的切身利益。对于“城”和“乡”的概念，就一般意义而言，城乡是按行政区域划分的。城乡不完全受地域的局限，同时，城乡之间的关系不仅是商品交换的关系，更重要的是通过推行城乡一体化的联动模式，发展城乡之间的生产联系，这种生产联系是在专业化分

工的基础上，使城乡生产要素得以有效地流动和重组，基本公共服务资源配置趋于合理，使城乡经济的产业链条和社会治理紧密衔接，加快推动农业人口，包括老年人口在内的市民化转移，做到“地稳人退”的方式逐步推进，从而获得更佳的经济效益和社会效益。

城镇化必须和农村现代化相向而行，同步发展。在2013年十二届全国人大一次会议《政府工作报告》中指出，“在农村要发展多种形式新型农业合作社和多层次农业社会服务组织，逐步构建集约化、专业化、组织化、社会化相结合的农业经营体系”。根据2013年中共中央国务院《关于加快发展现代化农业进一步增强农村发展活力的若干意见》强调指出：“坚持依法自愿有偿原则，引导农村土地承包经营权有序流转，鼓励和支持承包土地向专业大户、家庭农场、农民合作社流转，发展多种形式的适度规模经营”。使现行的小农经营模式能迈向农业现代化，以推动我国农业发展，改善农民经济状况，使城乡社会发展一体化。只有农民钱袋子鼓了，才有能力参与和缴纳各项社会保险，克服当前农民参保积极性不高的问题。2013年习近平总书记4月在海南考察时讲到“小康不小康，关键看老乡”，说出中国农村社会转型的关键点。

为了使城镇化的发展能够促进人口老龄化带来问题的解决，必须重视社会发展观的转变，克服单纯追求经济发展的倾向，把社会事业发展放在突出的位置上，使社会发展、社会保障、社会福利和社会服务事业的发展与工业化、城镇化发展相协调，与农村老年人口需求相适应，努力构建社会全面发展和进步的老龄社会。

同时，完善农村土地承包政策，确保老年人合法权益。按照党的十八大和十八届三中、四中全会精神的要求，“坚持农村土地集体所有权，依法维护农民土地承包经营权，发展壮大集体经济。稳定农村土地承包关系并保持长久不变，在坚持和完善最严格的耕地保护制度前提下，赋予农民对承包地占有、使用、收益、流转及承包经营权抵押、担保权能，允许农民以承包经营权入股发展农业产业化经营”。土地是老年农民最基本的生活保障基本单位，现有土地承包关系要保持稳定并长久不变，推进土地流转，要确保老年农民土地承包权益放在首位，严格执行农村土地承包的有关法律、法规和有关政策。坚持“赋予农民更多财产权利”的原则，充分尊重老年农民的意愿和主体地位。让老年农民集体土地所有权、集体土地使用权、土地承包权、宅基地使用权、房屋所有权、林权等“六权”在手，使老年农民安心生产和生活。任何组织和个人不得强迫剥夺老年农民的“六权”，不得改变土地集体所有性质，不得改变土地用途，不得损害老年农民土地承包权益，不得强占老年宅基地使用权和房屋所有权，不得夺取老年农民林权等。尤其要纠正、查处违背老年农民意愿强迫流转、压低农户“六权”价格等损害老年农民利益的行为。

七、农村动态人口红利的思考

目前，农村说不上“繁荣”，却可以算是“平静”。而农村社会的平静和稳定得益于近几年来农村政策，国家实行统筹城乡经济社会发展的战略，工业反哺农业、城市支持农村和“多予少取放活”的方针，全面促进农村经济社会的发展，使强农、惠农、富农政策落到实处，也与农民对社会环境的“超强忍耐力”直接相关，也就是“政策好、天帮忙、人出力”。

与此同时，我们应当看到，城乡之间“动态人口”的差异性，城市老年人参与社会发展是一种自愿，而农村老年人参与农业生产是处于一种无奈，或者说农村老年人感到困惑和无助，就像农村老人说的：只要自己能干，就下地劳动，到自己干不动为止。尤其是农村老年空巢家庭，由于缺乏家庭劳动力，将原有耕地转为选择宜耕宜种的粮食作物种植，或将耕地以转包、出租、转让等形式流转承包经营权，这是农村老年空巢家庭老年人的无可奈何选择。2012 年百村观察调查数据显示，农村老年家庭的各类粮食作物种植面积比例，农村老年家庭种植面积玉米比例为 37.2%，水稻比例为 30.7%，小麦比例为 24.3%，其他比例为 7.9%。以上数据表明，农村老年家庭种植玉米面积比例为最多。其中，老年空巢家庭选择种玉米最高，比例为 42.2%，而非空巢家庭选择种玉米比例为 35.7%。

同时，老年家庭的务农收入由“盈利”转变为“微利”。2013 年中国老龄科学研究中心“农村老年人空巢家庭问题研究课题组”，在江西省丰城市访谈时了解到，2012 年农民人均纯收入 8500 元，其中农业粮食收入 2380 元，仅占总收入的 28%，而 2004 年占到 50%。从与村老年人访谈了解到，2013 年卖商品粮大约费用 960 元，而种一季稻子大约花费 782 元，一季稻子只赚 178 元，晚稻只留下自己吃。访谈时老人说，“种田只赚个自己踏实吃粮”。一般说来，早稻每亩只赚 200~300 元，老年农民付出辛苦劳动力可忽略不计。同时，访谈中又了解到，种早稻半年赚的钱，还不如当地农民瓦工一天的收入，农民感到种粮吃亏，更愿意干“副业”赚钱。

目前，由于农业生产效益偏低、农村生活条件差、家庭日益小型化，农村内部的农业增产不增收，严重挫伤了农民的种田积极性。就像调研组调研时听到的“辛辛苦苦三百天，洒尽汗水责任田，亩产千斤收成好，年终结算亏本钱，”这是部分农民从事农业生产的真实写照。农民需要公平的国民待遇与保障。同时，农民不能清晰地表达自身内心的苦恼与彷徨，农村不知道往哪里走，就像人们形容小岗村“一年跨出温饱线，三十多年没过富裕坎”。农村家庭小型化的直接结果就是家庭养老人员的减少，加上农村社会保障制度不完善，农村养老服务短缺，使本来家庭养老资源就短缺的农村家庭，更是“雪上加霜”，农村老年人处境艰难。应当看到，这些年国家出台的强农、惠农、富农政策等外在支持不少，但农民改革的内在“动力”不足，积极性不够。一方面，大量农村年轻劳动力流向城市寻求更好的发展、更高的收入成为难以阻挡的趋势。而另一方面更为严重的是，许多农村年轻人不知道怎么种田，甚至不清楚什么季节耕种什么庄稼，未来农业发展面临“后继无人”的潜在危机。同时，城镇吸纳农村人口的外部的“拉力”明显不强，城镇在接纳农村人口方面认知存在偏见，在制度上存在着偏差，如少部分城镇居民思想上排斥农民工市民化，简单地认为应让农民进城为自己服务，但农民工的子女教育和生老病死都回老家。与此同时，城镇接纳农民的各项准备也明显不足。主要表现：农民工权益缺乏保护；农民工子女与“留守老人”生存环境恶化；农民工在城镇难以生活，面临生活基础设施不足、高价房、高生活成本的生活困境；农民工成为城镇的“过客”没有享受到应有制度保障；农民工文化生活单调等。

具体到老年农民而言，近些年国家出台的高龄老年人津贴、最低生活保障、新型农村合作医疗和新型农村社会养老保险等政策使老年人仍保留着“给老年人钱，政府好”的朴素的感恩思想。但处在农村社会变迁中的老年人与以往“一般”的农村老年人相比，有了更多强调个人本位的取向，以满足自己现实社会中需求为目的，而放弃以遥远的彼岸世界为目标取向。现实中追求自己的诉求与个性，因此，老年人个性问题转化为群体的社会问题，研究者不应只看到应对农村人口老龄化“外部”环境的改善，如党中央的“三农”强农惠农富农政策，农村社会保障与老龄服务体系建设，“以工促农、以城带乡”方略的实施，以及按照城乡经济社会发展一体化的要求而进行的公共资源配置均等化等。更应看到农村应对人口老龄化的“内部”条件和动力的不足，农民自我发育、调节、演进能力不足，部分农村地区出现农业空壳化、农村凋敝化、农民空心化的趋势，如果农村社会风险、农村经济承受能力风险和农村人口老龄化风险引致的风险叠加蔓延的话，则一定会波及整个社会发展，因为农村人口老龄化是带有战略性、综合性、系统性的问题，农村老年人不是独立的人，而是与社会交往的人，同政治、经济、社会、文化、环境相互关联的人。农村内部的“动力”不足，外部的“拉力”推力缺乏长效整合机制，农村政策“碎片化”、“部门化”和“口号化”，雷声大，雨点小。城镇对农民工实行“经济上接纳，社会上排斥”的体制，让农民工拼命干活，只给最低工资，有的企业还拖欠农民工的工资，不给劳动保护和社会保障，把农民工赡养老人和教育子女的负担推给农村，留守老人和留守儿童不断增加，农村老人难以承受隔代的抚养之痛，农村代际之间缺乏政策有效地衔接等问题将成为农村经济社会发展的掣肘。农村人口老龄化问题的核心目标是保持发展活力：一方面，如何通过经济社会政策乃至文化政策，改变人们的生育行为，保持人口自身再生产的活力，确保人类自身发展充满活力；另一方面，通过转变发展观念、调整发展方式，确保经济社会发展也充满活力。[1]

具体到农村老年家庭而言，农村家庭小型化趋势，农村家庭核心化的构成，农村家庭劳动力亏损，将对农业发展产生一定的影响。我国农村现行家庭联产承包户，呈现家庭“结构二重性”特征。既有农村家庭规模小型化因素，又有家庭劳动力老化成分。正是农村家庭社会“二重性”矛盾的存在，使得它有两种可能发展趋势：一是由于农村、地区之间农村年轻人社会流动加快，农村老年空巢家庭增多，家庭劳动力老化，弱化家庭联产承包责任制，家庭作为生产单位的经营权日渐减弱。二是发展家庭联产承包责任制前提下，消除和化解家庭联产承包责任制约束因素，构建新型农业经营主体势在必行。农村实行家庭联产承包责任制下，赋予农业生产更有生命力的经营主体长久地保持下去。

我们认为，结构二重性理论对农村老年人空巢家庭问题研究，揭示了家庭结构变迁研究者在关注家庭结构变迁时，忽略了主体

[1] 党俊武.关于我国应对人口老龄化理论基础的探讨[J].人口研究,2012(3).

行动（农村劳动力转移）以及主体行动对家庭结构的影响；导致家庭变迁研究只关注农村家庭结构变迁结果是什么，而忽视家庭结构变迁的动态人口过程。农村社会的家庭组成，都是处于动态人口规模的过程中，而家庭的职能在这过程中的表现，呈现出正向或反向的结果。

我国农村实行家庭联产承包责任制以“集体所有，家庭承包，农户自营”经营方式，正在向集体所有，农户自营、家庭经营、合作社经营、企业经营等多元模式渐进。面对土地所有权、承包权、经营权的“三权分离”的趋势，农村老年家庭空巢土地承包权、经营权，通过“结构二重性”在家庭结构变迁对农业生产的效应研究，弥补以往农村空巢家庭研究中对农村家庭劳动力老化，与经营主体忽略，提出结构二重性是家庭变迁中的一种视角更全面的理论范式。

对农业生产产生的影响效应，归根结底是解决“明天谁来种地，谁来种好地”的问题。建立新型农业经营体系，要发展多种形式规模经营主体，促进农业增产、农民增收。培育经营主体就是以农村承包农户为基础，着重发展种粮大户、家庭农场、科技示范户、农民专业合作社理事，发挥其示范带动作用，培养专心务农新型农业经营主体，提升农业的集约化、专业化、规模化、社会化经营水平，引导适度规模经营，加快现代化农业建设，吸引和支持农民返乡务农，鼓励、支持新生代农民工子承父业；以职业农民教育为重点，以政府公共财政支持农民工培训技能，提升农村劳动力就业本领，建立起农业产业化、农村社区化、农民职业化，新型城乡联动一体化道路，让农村留守老人安享晚年。

展望未来30~40年中国人口老龄化发展趋势，人口老龄化城乡倒置、老年人口分布不均的趋势不可能改变。农村人口老龄化的缘由除去出生率与死亡率普遍降低之外，农村人多地少，进而农村劳动力外出务工也是很重要的原因。农民在有限的耕地上，解决温饱之后，难以实现富裕的目标。于是，以年轻人为主体的农村人口逐渐向城镇地区迁移，这在一定程度上减缓了城镇地区人口老龄化的程度，但同时相应提高了农村人口老龄化的程度，由此引起的农村老年人口的养老、医疗、照料服务、精神关爱与特殊群体（鳏、寡、孤、独、病、残、失能、半失能、失智、高龄、空巢老人等）的需求等将是一系列不容忽视的问题。农村人口老龄化还处在农业、农村社会向农业现代化、城镇化社会转型时期，农村社会要实现社会可持续发展，农村人口老龄化是一个难以逾越的坡，农村老年人问题是一个跨不过去的坎。“坡”就是农村发展问题。农业产业结构升级，带来农村老年人的土地和身份转变，阻碍农村老年人公共服务和管理发展的障碍；“坎”就是农村养老问题。

农业还是“四化同步”的短腿，农村还是全面建成小康社会的短板。习总书记曾经在2013年12月25日中央农村工作会议强调：中国要强，农业必须强；中国要美，农村必须美；中国要富，农民必须富。党的十八届三中全会强调“以工促农、以城带乡、工农互惠、城乡一体的新型工农城乡关系，让广大农民平等参与现代化进程、共同分享现代化成果”。按照2015年中共中央国务院《关于加大改革创新力度加快农业现代化建设的若干意见》指出：“中国要富，农民必须富。富裕农民，必须充分挖掘农业内部增收潜力，开发农村二三产业增收空间，拓宽农村外部增收渠道，加大政策助农增收力度，努力在经济发展新常态下保持城乡居民收入差距持续缩小的势头”。[1]积极围绕促进农民增收，加大惠农政策力度。让农村老年人共享改革开放的红利，以公民的待遇。农村人口老龄化是人口年龄结构问题，应对不当，将引发农村社会风险，并可能成为中国社会可持续发展的难以承受之重。

[1] 中共中央国务院.关于加大改革创新力度加快农业现代化建设的若干意见[N].人民日报,2015-2-2(1).

第七章　动态人口红利与老龄产业

伴随着人口老龄化发展，老年人口已经成为有影响的、重要的社会群体，关注老年人的物质和精神文化需求，不断提高老年人生活水平，大力发展老龄产业，适应老年人口生命周期延长，为老年人能够提供多元化、多层次、多样化、不同需求的特殊服务和特色生活用品，这不仅对提高老年人晚年的生活质量十分重要，而且有利于老年人同全体人民同步进入小康社会，促进代际之间融合，用制度保障老年人晚年生活，也是释放养老服务行业有效需求，在经济新常态下，促进经济转型升级，坚持民生为导向、民富优先和共同富裕的理念，从战略高度上认识国民经济健康可持续的需要。

老龄市场的发展规模与需求，不是以个人的主观意志为转移，而是要从市场决定资源配置中起决定性作用出发，从老年人的特殊需求出发，以老年人口群体和社会经济发展的承受能力为基点，发展老龄产业，保证老年人的养老服务行业、设施、特殊生活用品、社区服务方面的需求。以老年人享受社会发展成果，提高老年人生活质量为目的。

第一节　发展老龄产业是全面建成小康社会的需要

马克思在《政治经济学批判》导言中指出：“生产直接是消

费，消费直接是生产。每一方直接是它的对方。可是同时在两者之间存在一种媒介运动。生产媒介着消费，它创造出消费的材料，没有生产，消费就没有对象。但是消费也媒介着生产，因为正是消费替产品创造了主体，产品对这个主体才是产品。产品在消费中才得到最后完成。一条铁路，如果没有通车、不被磨损、不被消费，它只是可能性的铁路，不是现实的铁路。没有生产，就没有消费，但是，没有消费，也就没有生产，因为如果这样，生产就没有目的。”[1] “就是说，每一方都为对方提供对象，生产为消费提供外在的对象，消费为生产提供想象的对象；两者的每一方不仅直接就是对方，不仅媒介着对方，而且，两者的每一方当自己实现时也就创造对方，把自己当做对方创造出来”。[2]具体地说生产决定消费，消费也决定着生产，没有生产，就没有消费，反观，没有消费，也就没有生产，两者互为前提，缺一不可，两者互为前提，如果不是这样，生产就没有目的。

人既是生产提供者，又是消费的主体，同时，也是生产和消费的受益者、参与者。人是生产和消费的主体，但是不同年龄段，人口有不同的消费需求，它反映出人的年龄、心理、生理与社会因素的变化。作为人口年龄构成变化的人口老龄化，必然引起消费构成的变化。老龄化的发展意味着老年人口比重的上升和老年人口消费需求在社会消费总需求中所占比例的加大。市场经济是以消费为导向的经济，企业和厂商在竞争中要想占有市场，就必

[1] 马克思恩格斯选集：第二卷[M].北京：人民出版社，1972：93-94.

[2] 马克思恩格斯选集：第二卷[M].北京：人民出版社，1972：96.

须研究人口年龄构成与消费构成的内在联系，并按照年龄构成的变化，适时地相应调整产品构成和产业构成。

我国早在1999年就进入老年型社会，在经济尚不发达的情况下迎来人口老龄化快速发展，对我们来说是一次严峻的挑战。据预测我国60岁及以上的老年人口在2030年将达到3.35亿，占总人口的21.93%，到2050年将达到4.37亿，平均每4人中就有一位老年人，而届时我国人均国民总产值也只能达到当前中等发达国家的水平。面对老龄产业的市场化运作还未能达到与现实生活老年人的需求水平相适应，有的超出老年人的经济供养条件。加上老年政策整体局限，部门之间从本部门利益出发，社会结构与政策环节脱节，老龄产业市场开发只能是用于老年人问题相关边缘的行业，而对老年人实际问题，政府、实体、社区、老年人之间难以架起桥梁，真正解决老年人问题。我们必须认真地探讨如何满足老年人的消费需求问题，研究老龄化可能引起的消费构成的变化，适时调整产业构成，发展老龄产业，促进老龄化与经济协调发展，满足老年人口的需求，实现老龄社会的可持续发展。

党的十八大提出："必须更加自觉地把以人为本作为深入贯彻落实科学发展观的核心立场，始终把实现好、维护好、发展好最广大人民根本利益作为党和国家一切工作的出发点和落脚点，尊重人民首创精神，保障人民各项权益，不断在实现发展成果由人民共享、促进人的全面发展上取得新成效"。发展是硬道理，科学发展是以人为本和实现经济社会可持续发展的必由之路。推进以人为本和实现经济社会可持续发展全面建成小康社会、全面深化改革、全面依法治国、全面从严治党的需要。科学发展观的核心是“以人为本”。“以人为本”的要义有二：一是“以人的全面发展为目标”，二是“让发展的成果惠及全体人民”。

老年人口是总体人口的组成部分，从以人为本和实现经济社会可持续发展来看，他们不仅是全面建成小康社会和构建社会主义和谐社会的受益者，而且还应该是构建的参与者。

21 世纪是全球老龄化的世纪，同时又是人类的长寿时代。1982 年维也纳老龄问题世界大会把老龄问题概括为满足老年人的特殊需要人道主义方面的问题，涉及人口老龄化所造成社会经济的发展方面的问题。前者包括老年人的保健与营养、住宅和环境、家庭、社会福利、收入保障与就业以及教育。后者包括在老年赡养比日益上升的情况下，人口老龄化对生产、消费、储蓄、投资，以及反过来对一般社会经济状况和政策所起的影响。大会通过的《1982 年维也纳老龄问题国际行动计划》强调“既要处理各种影响到老年人的问题，也要处理同老龄化有关的问题”。

随着老年人口的增加，老年人的生活照料需求增多，家庭照料资源减少，如何解决这一对矛盾，已引起全社会的关注；另一方面老龄人口比重上升和社会保障的压力加大，已经成为我们构建社会主义和谐社会必须应对的一项严峻的挑战。

老龄产业是老年消费市场需求增长带动而形成的新兴产业。老龄化既是挑战又是机遇。老龄化在给社会经济发展带来制约因素的同时，也在孕育着一个巨大的老年消费市场。按照现今国际社会较为通用的三次产业分类标准，老龄产业的称谓非常特殊。它以人口年龄为划分依据，界定了一个具有为老服务共同特征的跨行业、跨部门的综合产业群。由于国外并没有老龄产业的提法，只有“银发产业”或“健康产业”等概念；[1]在西方发达国家，养老保障制度比较健全，社会化服务程度较高，不仅老年商品十分丰富，而且为老年人提供的服务也是多种多样的。从西方发达国家，老年市场比较发达，老年人所需要的吃、穿、用、玩等商品、用品琳琅满目，应有尽有。在世界第一个老年型的国家法国，老年人成了市场的“宠儿”。总消费力约占20%。街头巷尾到处可见“祖母牌”黑咖啡广告，满头银丝的老年人代替了美貌的女郎成为品尝酸奶的广告模特儿。医疗保健、人寿保险等行业也纷纷开发自己的老人市场。从药品到宠物食品，甚至居室防盗安全装置、移动电话等消费品越来越受到老年人的欢迎。在日本、美国，一种适合老人假牙咀嚼的口香胶，十分受欢迎，“老爹食品”系列也在市场上十分走俏。由日本商人推出的用于卧床老人患尿失禁的“老人尿裤”在国际市场上畅销不衰。继“老人尿裤”后，日本一家公司又推出“随身尿袋”以便解决老年人外出时找厕所的难题，特别受老年人的喜欢。美国有一种为老年人设计的脚踏式开关电冰箱、简易开拆包裹器、按纽式自动弹簧锁、自动配药服药定时器等，都深受老年人的青睐。随着人们对健康的关注，老年人运动用品市场越来越看好。并已成为高档次运动用品的优选销售目标。美国的零售商开始注意到许多老年人在打了许多年高尔夫球和网球后，年龄渐大，力道不足，才发觉上半身肌肉需要锻炼，因而购买健身器材。家庭多功能运动器、划船器、脚踏机、定点脚踏车、跑步机十分受老年人欢迎，他们对举重能够锻炼不

[1] 许晓茵，李洁明，张钟汝.老年利益论[M].上海：复旦大学出版社，2010：93.

同部位肌肉的多功能运动器更能接受。尤其是用手操作的运动器一直是高年龄层的热门项目，社会上的媒体宣传中、老年人应该更加重视耐力的训练，比以往认为有益心肺功能的有氧运动对老年人来说更重要。[1]

而我国老龄产业在报纸或学术界之间频频出现报导。导向一方面把老龄市场形容成一个诱人的大蛋糕，说谁抓住了商机，谁就迎得了市场，谁就有丰厚的利润可以赚；另一方面，老龄产业在政府部门或开发商那里“叫好不叫座”的局面，有的还把老龄产业说成是一桶的金子，只要商家有投入，必然有回报。市场的实践过程，是检验的试金石，而老龄市场上活跃的老年人，是这个市场最终裁判员，由于他们社会活动特点的复杂性、多样性、变动性，生活状况的不同，以及个人生理机能能力的限制，人们对老龄产业的定位认识模糊不清，以致发生不能有效的扮演角色的作用。

1. 老龄产业的概念认识不清。当人们对自己所认识事物不规范时，他们的行为上必然会出现混淆。老龄产业还没有形成一整套与人们相适应行为规范的政策和条例时，认识概念定义有限，使老龄产业的经济实体，认识就会对产业规则的认可或认同率较低。作为尚待开发或市场运作老龄产业，人们可能会产生复杂难以掌握产业规范的要求，出现“东边日出西边雨”或鱼龙混淆的现象。近几年来，老龄产业的市场化运作还未能达到与现实生活

[1] 中国老龄科学研究中心承担国家软科学计划项目：促进老龄产业发展的机制和政策研究，2005年4月.

老年人的需求水平相适应，有的超出老年人的经济供养条件。加上老年政策整体局限，部门之间以本部门利益出发，社会结构与政策环节脱节，重视政策制定，忽视制度完善。老龄产业市场开发只能是用于老年人问题相关边缘的行业，而对老年人实际问题，政府、实体、社区、老年人之间难以架起桥梁，真正解决老年人问题。

2. 政策的监管与福利性认识不清。政府应加大政策与监管的力度，完善监督体系。我们应看到现在的民营企业个人或集体，迎合人口老龄化的需要，敢于天下先，创办了老年公寓、老年养老院、老年社区等机构，为政府消化一部分老年人问题，分担忧愁，而另外一部分人却打着老年人的幌子，以办老年人福利性机构为名，钻政策的空子，欺骗老人，愚弄政府。老龄市场存在着不合理、不公平、不协调的问题，但政府部门放任自流，怕老年人机构为自己增加负担，增加福利开支，因此采取回避或默许的政策。或把老人当作“负担、累赘”地“托、管”出去不管，自己偷懒图个轻松，不充分尊重老人的养老需要。但是，不管你愿意不愿意，人口老龄化问题已摆在我们面前，老年人问题政府部门责无旁贷不能推卸责任，在国家财力有限的情况下，鼓励和发展非公有制的老龄产业，出台一些老龄政策于之相配套的监管条例，使老龄产业沿着健康、合理、有序的方向发展。

3. 产业与行业认识模糊。产业是以具体行业来划分的。而老龄产业是以年龄结构为切入点，把特定的弱势人群，老年人作为消费对象，以老年人的需求人为地划分的产业。产业与行业有一定的联系，现在所说的老龄产业是以年龄为界限，为老年人服务的行业承担着各种角色，我们在整体产业中，即包括第一产业、第二产业、第三产业中都涵盖着老年人群体需求的行业，很难说出老年人归哪个产业；又有人把老年人服务行业如：养老院、老年公寓、老年人医疗护理等机构统称为老龄产业，仿佛只要同老年人沾边的行业，就是老龄产业。因此，当产业与行业的活动领域发生变化时，其角色行为也应该发生相应的变化。人口老龄化问题与老年人问题两者发生了量与质的变化，人们就应该在习惯某种说法的角色中转变提法，完成认识的过程，使其更好地为现实服务。

4. 社会化与个性分辨不清。老龄产业的主体是围绕满足日益扩大老年人的物质与精神需求，为老年人服务的领域。老年人经过长期社会活动和社会化实践养成的个性，使其个性因素、生理基础和所经历的社会活动不同，其老年人群体层次的不同，他们之间在职业、政治信仰、经济收入、文化程度、生活态度、情趣爱好、性别等方面的差异，老龄产业的研发和市场拓展，要针对老年人居住地域性的不同，城乡差别，富裕老人与贫困老人不同等特征，市场开发不能盲目性投资，老龄产业的发展要遵守市场调查，循序渐进的原则，以点带面，逐步开展的战略思路。在社会层面上，应多发展陪护、照顾与护理业，为不同年龄与层次的老年人服务。同时，对于老年人，我们应该了解到老年人的特殊需要，老年人的身体的变化产生的体力和精力衰退，发病率的提高，以及特困老人、独居老人和病残老人，他们在经济、生活、精神上存在着许多差别，不能笼统的不具体、不确切，只要是老年人生产、服务的需要，都统称为老龄产业。专家提醒我们：市场是通过产业化发展，老年人到市场可以买到称心如意的商品，满足家庭老年人的需要。而老年人生活的社区，劳动力家政服务的付出，社区内为老年人提供便利、快捷的服务，以及生活地区内便宜、低廉、周到上门的服务，这些正是广大老年人所期望、欢迎的。因此，可以说，老龄产业是具有中国特色的养老理论概念。

而老龄产业对老年消费需求不足原因是：从宏观上，一方面，从经济学角度来看，市场配置资源具有滞后性、盲目性的缺点，在市场机制不能正常发挥作用时，资源配置就不能达到最优状态，从而导致“市场失灵”，这就需要发挥政府的宏观调控作用。另一方面，老龄产业本身的微利性、也需要政府在发展初期加大扶持力度，对产业发展进行科学规划。[1]从微观上，老龄产品发展存在的主要问题还包括：缺乏配套的产业优惠政策；市场供给的能力不足，应变缺乏，对老龄产品投资缺乏耐心和信心；老龄服务设施提供严重落后和缺乏；老龄产品市场发展不均衡，医药保健品、专用产品生产开发不足等。[2]老龄服务的公共服务激励不足，社会公共资金存在漏洞，市场资源配置缺乏社会互济互惠机制，不能形成一套合理的资源税收和市场让利分红给社会养老服务分配机制。

事实表明，发达国家的养老服务产业为特殊行业，按照马克思《政治经济学批判》导言中指出：“生产行为本身就它的

[1] 吴玉韶.老龄工作实践与思考[M].北京：华龄出版社，2014：68.

[2] 郭琳，刘永合.中国老龄产业为何‘叫好不叫座’——对我国老龄产业发展现状及趋势分析[J].理论界，2011(1).

一切要素来说也是消费行为”。[1]生产为了消费，消费就是生产，两者之间“生产同消费合而为一的这种直接统一，并不排斥它们的直接两立”[2]。就是这句话对于养老服务业来说，一方面，从社会养老服务业的过程来看，老年人的消费需求决定着生产和服务内容。老年人消费是一个生产过程的终点，又是下一个生产和服务过程的起点，生产和服务必须通过老年消费才能最终实现；另一方面，老年消费也是生产和服务的动力。老年消费会创造出实际生产和服务，老年人若产生了某种新的消费需求，由此便会对生产和服务提出新的目标，从而使老年消费所形成的新的需求对生产和服务提出调整和升级的要求，从而对养老服务业起到导向作用。

虽然国内理论界对老龄产业的认知程度不一样，但是普遍认为养老服务业就是对老年人有好处、得实惠、有品质的行业，是既能满足老年人的养老服务消费需求，又能满足老年人不断提高的物质和精神文化的需求，从而促进老龄化与经济协调发展。下面就 2015—2050 年间，老年人消费潜力进行预测，据全国老龄办做的中国人口老龄化百年预测，2050 年我国老年人口将达到峰值 4.37 亿，届时高峰期老年人消费潜力预测，低预测老年人消费潜力为 19.67 万亿，中预测老年人消费潜力为 106.66 万亿，高预测老年人消费潜力为 5093.56 万亿，为养老服务业的从业者提供参考。

---

[1] 马克思恩格斯选集：第二卷[M].北京：人民出版社，1972：93.

[2] 马克思恩格斯选集：第二卷[M].北京：人民出版社，1972：93.

表 1 几种关于中国老年人消费潜力的预测（万亿）

年份	预测一	预测二	预测三
2015	2.10	5.22	6.21
2020	3.18	9.19	17.72
2025	4.99	15.98	45.89
2030	7.53	26.70	128.87
2035	10.30	40.85	358.37
2040	12.83	56.45	920.07
2045	15.74	76.24	2172.08
2050	19.67	106.66	5093.56

资料来源：吴玉韶著，《老龄工作实践与思考》华龄出版社 2014 年版，第 62 页。

第二节 发展老龄产业，为满足老年人需求和提高生活质量服务

十八大报告强调“提高人民物质文化生活水平，是改革开放和社会主义现代化建设的根本目的”。对于老年人来说，提高物质生活水平的实质是满足他们的基本需要。对于人的需求来说，马斯洛（Abraham Maslow）是美国著名的社会心理学家、人格理论家和比较心理学家，也是人本主义运动的发起者之一和人本主义心理学的重要代表。他的需求层次理论和自我实现理论是人本主义心理学的重要理论。

马斯洛在 1943 年出版《人类动机理论》一书中把人的需求层次分为生理需求、安全需求、社交需求、尊重需求和自我实现需

求五类，依次由较低层次到较高层次。各层次需要的基本含义如下：

1. 生理需求（Physiological Needs）。这是人类维持自身生存的最基本要求，包括饥、渴、衣、住、性方面的要求。

2. 安全需求（Safety Needs）。这是人类要求保障自身安全，摆脱事业和丧失财产威胁，避免职业病的侵袭，接触严酷的监督等方面的需要。

3. 社交需求（Love and Belonging Needs）。这一层次的需要包括两个方面的内容。一是友爱的需要，即人人都需要伙伴之间、同事之间的关系融洽或保持友谊和忠诚；人人都希望得到爱情，希望爱别人，也渴望接受别人的爱；二是归属的需要，即人都有一种归属于一个群体的感情需要，希望成为群体中的一员，并相互关心和照顾。

4. 尊重需求（Esteem Needs）。尊重的需要又可分为内部尊重和外部尊重两个方面。内部尊重是指一个人希望在各种不同情境中有实力，能胜任，充满信心，能独立自主，也就是人的自尊需要。外部尊重是指一个人希望有地位，有威信，受到别人的尊重、信赖和高度评价。

5. 自我实现的需求（Self-actulization Needs）。这是最高层次的需要，是指实现个人理想、抱负，发挥个人能力到最大程度，完成与自己的能力相称的一切事情的需要。[1]

马斯洛从人有五种基本需求，即生理、安全、社交、尊重和

[1] 董晓峰，杨保军，刘理臣，高峰.宜居城市评价与规划理论方法研究[M].北京：中国建筑工业出版社，2010：14.

自我实现需求是满足人的动机，那么，生理需求是指个人维持生存所必需的生理需要，安全需求是个人保障自身安全，如果说社交需求是指“满足由人们赖以生息教养的那些社会条件所产生的一定需要”的话，尊严需求更多是精神层面，那么自我实现需求则是指每个人有全面而自由地发展的需要。自我实现需求是人类最高层次的需要，也是全面实现自我价值的需要。

发展老龄产业，提高老年人生活质量和促进老龄化与社会经济协调发展是我们应对老龄化挑战的一项积极的战略措施。在发展老龄产业方面，要求坚持“政府引导、社会兴办、市场推动、加快发展”的方针，优先发展养老服务业，辅以卫生健康服务、旅游娱乐和金融保险业，逐步培养适应人口老龄化发展的老年消费市场，老龄产业要有较快的发展。党的十八届三中全会提出：“积极应对人口老龄化，加快建立社会养老服务体系和发展老年服务产业”。2013 年 9 月发布国务院《关于加快发展养老服务业的若干意见》国发〔2013〕35 号文件规定：“开发老年产品，相关部门要围绕适合老年人的衣、食、住、行、医、文化娱乐等需要，支持企业积极开发安全有效的康复辅具、食品药品、服装服饰等老年用品和服务产品，引导商场、超市、批发市场设立老年用品专区专柜”，把养老产业推向积极的、规范的发展的新产业阶段，推动经济结构战略调整。这份文件，明确传递了中央关于应对人口老龄化的战略部署，战略思想是积极应对人口老龄化，战略部署是大力发展老龄服务事业和产业。[1]

[1] 吴玉韶.老龄工作实践与思考[M].北京：华龄出版社，2014：52.

2013 年 7 月 1 日实施新修订《中华人民共和国老年人权益保障法》第四条规定："国家和社会应采取措施，健全保障老年人权益的各项制度，逐步改善保障老年人生活、健康、安全以及与社会发展的条件，实现老有所养、老有所医、老有所学、老有所为、老有所乐"。"老有所养、老有所医、老有所学、老有所为、老有所乐"是我国老龄工作长期性、系统性、协同性实现的工作目标。如果说"老有所养"和"老有所医"是老年人的基础物质生活需要的话，"老有所为"就是发挥老年人才的专长和技能优势，参与社会发展，那么"老有所学"、"老有所乐"就属于精神文化生活需要了。2013 年 12 月 28 日习近平总书记在北京市海淀区四季青敬老院强调："老年服务产业发展还比较滞后。要完善制度、改进工作，推动养老事业多元化、多样化发展，让所有老年人都老有所养、老有所依、老有所乐、老有所安"。[1]他在原有"五个老有"的基础上，又提出了"老有所依、老有所安"，其背后一以惯之的"养老保障"和"孝养互动"，指出我国老年人问题实质需要，并用"老有所养、老有所依、老有所乐、老有所安"概括中国养老问题现阶段四个方面的问题。语出古人《礼记·礼运》："故人不独亲其亲，不独子其子。使老有所终，壮有所用，幼有所长，鳏寡孤独废疾者，皆有所养"。以及养老要充分尊重老人需要，以《礼记·内则》中："孝子之养老也，乐其心，不违其志。乐其耳目，安其寝处，以其饮食忠养之，孝子之身终。

[1] 习近平元旦前夕在北京市看望一线职工和老年群众，向全国广大一线职工表示慰问，向全国广大老年群众致以祝福.[N].人民日报，2013-12-29(1).

终身也者，非终父母之身，终其身也。”让老年人在年迈的时候，能够安心、顺心、舒心的颐养天年，老有所安。

伴随着社会文明进步，让老年人重新调整自己心态，自尊、自爱、自立、自强、自律，不再害怕孤独和寂寞，不再自我封闭，找回自己尊严、权利、保障，享受自己晚年生活。提高老年人生活质量和生命品质，养老服务产业作为老龄产业的衍生行业，在政府“保基本、兜底线”的老有所养的基础上，满足老年人的物质和精神文化的需求，让老年人晚年生活“老有所依、老有所安”，增强老年人的归宿感和安全感，创新养老服务业，发挥市场活力，推动社会力量成为发展养老服务业的主角，初步建立“居家为基础、社区为依托、机构为支撑”的养老服务体系。养老服务体系不能把各种不同层级的需求混为一体，而是按逐级分类、功能分类、需求分类进行体系设计，只有遵从先体系建设、先简单服务再复杂服务、先物质服务再心理关爱等这一先易后难的体系建立原则，我国的养老服务体系才能在国家层面逐步建立起来，我国的老人才能够在一个基于智能化的养老服务体系内享受养老服务体系提供的当代老年生活。

首先，丰富老年人的闲暇生活，满足他们的精神文化需求服务。马克思和恩格斯把人的需要分成三个基本层次，它们依次是，生存需求、享受需求和发展需求。[1] 依据国情国力，现阶段我国老年人还处于人的需要第二阶段，即是享受需求。正如马克思和恩格斯在《德意志意识形态》中指出：“第二个

[1] 迟克举.马克思与马斯洛关于人的需要理论之异同[J].社会学，1989(1)：52.

事实是，已经得到满足的第一个需要本身、满足需要的活动和已经获得的为满足需要用的工具又引起新的需要。这种新的需要的产生是第一个历史活动"[1]这里，马克思和恩格斯所指的"新的需要"既是生理需要本身基本需求满足后，又和原来生理需要根本不同的，处于更高层次的其他需要，亦即精神文化的需要。

我国不少老年人的少年时期是在旧社会度过的，历史原因导致他们受教育程度低。据"中国城乡老年人口状况追踪调查"统计数据显示（以下简称"城乡调查"），2010 年，城乡 60 岁及以上老年人口的不识字达到 30.0%，私塾占 2.0%，小学占 38.5%，初中占 18.3%，高中（中专）占 7.4%，大专占 2.2%，大学本科及以上占 1.5%。大部分低龄老年人希望有参加文体活动的机会，但是文化活动设施不足，据 2010 年城乡调查统计，城镇地区老年人，参加老年活动室的占 30.4%（其中经常参加活动占 9.4%），参加老年大学（学校）学习的占 7.1%（其中经常参加活动占 2.5%），到运动场地参加活动的占 37.2%（其中经常参加活动占 15.7%）。农村地区老年人，参加老年活动室的占 15.9%（其中经常参加活动占 3.3%），参加老年大学（学校）学习的占 1.4%（其中经常参加活动占 0.1%），到运动场地参加活动的占 12.3%（其中经常参加活动占 1.7%）。以上数据显示，城乡老年人的精神文化需求，远远不能得到满足。由此，在加强城乡老年人精神文化活动，发展养老服务业是可以大有可

[1] 马克思恩格斯选集：第一卷[M].北京：人民出版社，1972：32.

为的。

对于进入老年期的老年人而言，身体机能下降、味觉、嗅觉、视力、听力在下降；认知功能方面，会出现智力、记忆力、抽象思维能力等不同程度的下降；重大事件在身边发生、疾病、丧偶，生活自理能力丧失；各种综合症会使得有些老人因此产生焦虑、悲观、抑郁的情绪，并由此引发种种的心理疾病。对于老年人精神上的关爱不仅仅是在老年人孤独时候的问候、聊天，而应当是在老年人生活的方方面面，从细微之处入手，帮助他们解决以常人的角度非常容易解决的问题，以及实实在在地帮助他们处理生活上的难题，让他们在生命的最后阶段能够感到享受自己生活的美好。甚至在老年人临终时及过世以后，都能按照他们的意愿安排和处理身后的事情。

其次，完善老年人养老服务，提高老年人日常生活需求照料。随着人口老龄化程度加深，空巢、高龄、失能、失智等老年人越来越多，老年人日常生活公共服务需求将越来越大。从城乡调查2006-2010年城乡老年人口调查五年发展趋势表明，老年人日常生活服务需求状况不断上升。见表2、表3。

表2　2006—2010年城市老年人日常生活服务具体需求比例

（%）

类别	2006年	2010年	类别	2006年	2010年
需要上门做家务	18.8	58.0	需要老年人饭桌或送饭	11.5	49.0
需要上门护理	13.8	22.8	需要陪同看病	13.0	17.8

续表

类别	2006 年	2010 年	类别	2006 年	2010 年
需要上门看病	20.5	31.8	需要帮助日常购物	10.9	15.2
需要聊天解闷	16.8	18.0	需要康复治疗	21.0	24.1
需要老年人服务热线	17.1	27.1	需要法律援助	22.2	29.2

表 3　2006—2010 年农村老年人日常生活服务具体需求比例

（%）

类别	2006 年	2010 年
需要上门做家务	32.2	39.1
需要上门护理	35.9	47.7
需要上门看病	67.8	72.6
需要聊天解闷	46.8	46.4

从老年人日常生活服务需求五年发展趋势和当前状况看，随着人口老龄化程度加深，五年时间内城乡老年人日常生活服务需求有不同程度的普遍上涨。农村老年人日常生活服务尤为堪忧，当前几乎没有老年人服务热线，老年饭桌或送饭，陪同看病，法律援助等服务项目。从城市老年人日常生活服务需求来看，需求上升幅度最快是上门做家务、老年人饭桌或送饭的，约占城市老年人的一半以上。（上门做家务占 58.0%，老年人饭桌或送饭占 49.0%）同时，有上门看病需求的老年人占 31.8%，法律援助的占 29.2%，两者上涨程度加快。值得担忧的是，农村老年人需要上门看病有七成以上，占 72.6%，上门护理有四分之一，占

47.7%。农村老年人社会养老服务是一个不可忽视的重要问题。[1]

再次，老年人参与社会发展是市场有效配置资源的补充。国际社会十分重视老年人参与发展，认为老年人是老龄社会的重要资源。《2002 年老龄问题国际行动计划》强调老年人积极参与发展的重要性和必要性，指出：不分年龄人人共享的社会包含了努力使老年人有机会继续为社会作贡献的目标。要承认和鼓励老年人为家庭和社区作贡献，为老年人提供参与社区发展和自我实现方面的信息和服务。

人生价值贯穿于一个人在社会生活中生命的全过程，其中包括老年阶段。老年人作为社会的人，他们对社会的存在与发展负有应尽的责任和义务；在他尽义务的同时，也享有相应的权利和应当受到社会的尊重。如果说人们视老年人为宝贵财富的最根本的理由是对他们完成人口再生产和物质再生产历史功绩的肯定的话，那么老年人在现实生活中如何进一步实现自我价值，则要靠继续参与社会发展来获得社会的承认和尊重。

参与社会发展，既是老年人继续为社会作贡献的需要，又是老年人实现自我价值的需要。实现自我价值是老年人最高层次的追求，这一理想的实现需要老年人自身的努力，更需要全社会的理解和支持，其中包括老年服务机构在为组织老年人“老有所为”所提供的支持和服务。第二届世界老龄大会通过的《政治宣言》把“老年人与发展”放在采取行动的首位。强调“老年人的潜力是老龄社会发展的基础。社会依靠老年人的技能、经验和智慧，

[1] 吴玉韶.中国老龄事业发展报告(2013)[M].社会科学文献出版社,2013：182.

不但能首先改善他们自己的条件，而且还能积极参与全社会条件的改善”。由世界卫生组织提出为大会所采纳的“积极老龄化”，提倡老年人参与社会发展。大会在《行动计划》中还重申“老年人必须成为发展进程的充分参与者，还必须公平享有发展进程的种种好处。建设不分年龄人人共享的社会规定了努力使老年人有机会继续为社会作出贡献的目标。”

现阶段发达国家的学者对于劳动年龄人口的认识，劳动年龄人口不是重要的变量。如美国人口年龄结构的变化，劳动人口的年龄构成也在发生着变化。每年越来越少的年轻人进入劳动力市场。[1] 见表 4，1986—1996 年期间，较低劳动年龄人口就业比例的数量下降，16 岁至 34 岁基本上负增长，尤其是 20 岁至 24 岁年龄段就业比例达到 -13%。也就是说年轻人就业压力大，另外一方面是年轻人基本上不愿参加工作。而 35 岁及以上劳动年龄人口数量大幅度上升，导致劳动年龄人口结构失衡，劳动力年龄结构模式不断改变，年迈的人（其中包括 45 岁及以上的劳动年龄人口），并不意味着“依赖”或“没有生产力”被赡养的人，国外称之为“生产性老龄化”，老年人成为参与社会劳动的人口，是劳动资源的组成部分。老年人参与社会发展，既能增加劳动资源，降低老年人实际赡养比，减轻劳动年龄人口的赡养负担，促进代际协调和社会团结，而且又能增加老年人的收入，提高他们的生活和生命质量。同时，有关国外资料

[1]（美）詹姆斯·H.舒尔茨（James H.Schulz）.老龄化经济学（第七版）[M].//裴晓梅等译,北京：社会科学文献出版社,2010：296.

显示，美国2000年仍然从事工作比例由13%上升到2014年的36%；德国也是同样如此，由十年前的25%上升到目前的近半数的60岁老人继续工作。其中，教育程度越高，越愿意延迟退休。美国男性中，在62—74岁之间，具有高中学历继续工作的占32%，而拥有专业职称或博士学位的达到65%；女性这一比例占到25%和50%。[1]

表4 1986—2006年美国分年龄劳动人口的变化 (%)

年龄组	1986—1996年	1996—2006年（预测）
16—19岁	–02	+14
20—24岁	–13	+16
25—34岁	–02	–09
35—44岁	+34	–03
45—54岁	+49	+33
55—64岁	+02	+54
65岁及以上	+27	+10

资料来源：H.N.Fullerton，“Labor Force 2006:Slowing Down and Changing Composition，” Monthly labor Reuiew（November 1997）: Table7。

而据2010年城乡调查统计，城镇老年人口仍然在工作岗位的占0.5%，再就业（含返聘）的占7.2%。农村仍在干农活的占44.3%，务工、做生意的占8.6%。这表明我国城乡老年人参与率之间的差距，城镇有大量老年人力资源闲置，有待我们去组织开发。

我国在经济尚不发达的情况下进入老龄社会，面临着老年

[1] 老龄化怎样重塑全球经济.[EB/OL].瞭望智库网站，2015-3-14.

人口比重上升和养老保障压力增大的挑战。根据我国的具体情况，鼓励老年人参与社会发展有利于应对老龄化挑战。从全面建成小康社会来看，老年人参与发展是物质文明和精神文明建设的需要；从满足其基本需要来看，是老年人提高生活质量的有效途径；从开发利用老年人人力人才资源来看，它又是变老龄化压力为动力，应对老龄化挑战和实施可持续发展的一项战略措施。

第三节　发展老龄产业是促进代际和谐、社会文明进步的标志

老年人的社会价值应当得到全社会充分肯定。老年人是文化传统的继承者和传播者，是社会财富和精神文明的创造者，老年人应该受到全社会的普遍尊重，同其他社会成员共享社会发展成果。今天的老年人，经历了革命、建设、改革开放不同的发展时期，他们曾经为民族的解放，国家的富强，人民的幸福贡献了自己毕生的年华，他们退出工作岗位以后，社会和家庭不能忘记他们，他们理应分享社会发展的成果，建立一个人人共享，没有年龄歧视的和谐的老龄化社会，是我们为之奋斗的目标。

人具有自然属性和社会属性，满足老年人的需要和提高其生活质量，既要从人的自然属性出发去研究如何保障老有所养，提高健康水平，延缓衰老，实现健康长寿；又要从其社会属性出发去研究如何丰富老年人精神文化生活，满足他们继续发挥作用和实现自我价值的需要。

2013 年 9 月发布国务院《关于加快发展养老服务业的若干意见》国发〔2013〕35 号文件规定："要探索医疗机构与养老机构合作新模式，医疗机构、社区卫生服务机构应当为老年人建立健康档案，建立社区医院与老年人家庭医疗契约服务关系，开展上门诊视、健康查体、保健咨询等服务，加快推进面向养老机构的远程医疗服务试点。医疗机构应当为老年人就医提供优先优惠服务。"推进养老和医疗的社会化服务，满足老年人的物质生活的基本生理需要。生理需求（物质生活需要）是人生的第一需要。马克思和恩格斯在《德意志意识形态》中说："人们为了能够'创造历史'，必须能够生活。但是为了生活，首先就需要衣、食、住及其他东西。因此第一个历史活动就是生产满足这些需要的资料，即生产物质生活本身。同时这也是人们仅仅为了能够生活就必须每日每时都要进行的（现在也和几千年前一样）一种历史活动，即一切历史的基本条件"[1]。在工业社会里，家庭的养老功能弱化，仅仅依靠家庭伦理与道德的力量，来维持家庭养老功能，只能是杯水车薪，家庭很难完成养老重担。因此，城乡社会保障制度的建立是现代社会公平与伦理价值的导向。没有国家社会的主要制度的公正，其社会基本结构必然畸形，社会安排必然处于一种随心所欲的无序状态，因此，国家必须完善社会保障制度。如果说建立"养老保险"和"医疗保险"制度是从经济上保障老年人的食住和医疗支出的话，那么老年人的生活照料和健康护理，就要依靠政府、市场、

[1] 马克思恩格斯选集：第一卷[M].北京：人民出版社，1972：32.

社会服务机构提供。

世界各国老年人的生活方式有两种，一种是在养老院里生活，叫做机构养老；另一种是在家里过晚年，叫做居家养老。前者的照料和护理由社会福利服务机构兴办的养老机构负责，后者所需要照料和护理由社会服务机构提供上门服务。

国际社会和学术界主张居家养老，理由是家庭始终是人们互相交往、终身依赖的基本形式，也是思想感情交流最充分的场所。社会老年学家戴维 .L. 德克尔在《老年社会学》论述“老年与家庭”的一章中强调“没有一个领域跟我们命运的关系比我们与家庭关系更密切，我们可以退休，却不能退离家庭。”《1982 年维也纳老龄问题国际行动计划》强调“应设法使年长者能够尽量在其自己的家里和社区独立生活。”1991 年《联合国老年人原则》强调“老年人应该得到家庭和社区根据每个社会的文化价值体系而给予的照顾、服务和保障。”

尽管发达国家都建有一定数量条件良好的养老机构，但是居家养老仍然是绝大多数老年人首选的生活方式。据统计各国选择居家养老的老年人占老年人总数的比例，英国为 95.5%，美国为 96.3%，瑞典为 95.2%，日本为 98.6%，菲律宾为 83%，新加坡为 94%，泰国为 87%，越南为 94%，印度尼西亚为 84%，马来西亚为 88%。

为了解决老年人居家养老的困难，国际组织和学术界极力主张大力发展社区助老服务事业，为居家养老的老年人提供全方位的服务。《1982 年维也纳老龄问题国际行动计划》强调：“社会福利服务应以社区为基础，向老年人提供预防性、补救性和发展性方面的服务。”

1992 年联合国通过的《老龄问题宣言》再次强调“大会注意到全世界发生史无前例的人口老化现象……确认老年人有权享有追求和获得最高程度的健康的权利；随着增龄有些（老年）人将需要全面的社区和家庭照料。”

1999 年国际老人年的活动重点包括“吁请各国在国家、区域和地方制定综合战略，以满足老年人在家庭、社区和社会公共机构内，得到照顾和供养的更多服务。”

随着老龄化的发展，老年人体衰多病，生活照料和医疗护理成为老年人必不可少的需求。老年人住院率持续上升。2003 年，我国老年人住院率为 7.6%，城乡分别为 11.0% 和 5.7%。2008 年，老年人住院率为 13.8%，城市为 17.2%，农村为 12.0%。2010 年，进一步分别提高到 15.8%、18.6% 和 13.6%。[1] 同时，老年群体健康素质有待进一步提高。2009 年 12 月卫生部发布“中国居民健康素养调查”调查表明，我国城乡居民具备健康素养的总体水平为 6.48%，即每 100 人中不到 7 人具备健康素养。在全部人口中，65–69 岁年龄组人口健康素养水平最低，为 3.81%，在 100 个 65–69 岁的老年人中，具备健康素养的人不到 4 个人；55–64 岁年龄组的健康素养次之，为 4.69%，在 100 个 55–64 岁的老年人中，具备健康素养的人则不到 5 个人。在科学健康观、传染病预防、慢性病预防等 5 类健康问题中，我国居民慢性病预防素养最低。老年期是人的整个生命周期中疾病发生率较高的时期，老

[1] 吴玉韶.中国老龄事业发展报告(2013)[M].社会科学文献出版社,2013：101.

年人是慢性病的高发群体，采取综合干预活动以提升健康素养，尤其是慢性病健康素养是十分重要的。[1]

另据2010年城乡调查统计，老年人自报患慢性病比例，城乡为74.2%，其中，城镇为79.1%，农村为70.3%；老年人健康状况自评城镇地区很好为4.7%，较好为23.2%，一般为53.0%，较差为15.1%，很差为4.0%；农村地区很好为3.3%，较好为17.7%，一般为50.5%，较差为22.5%，很差为6.0%；在老年人心理方面，城镇地区老年人常常感到孤独为16.5%，农村地区老年人常常感到孤独为28.6%。统计数据表明，城乡老年人自报患慢性病比例占七成以上，城镇老年人健康状况自评较差接近二成，农村地区老年人自评较差接近三成；而从城乡老年人心理方面常常感到孤独的农村高于城镇。

同时，我国空巢老人家庭越来越多，根据第六次人口普查数据推算，全国65岁以上老年人口家庭户占全国总家庭户比重21.89%，其中，65岁以上老年人的家庭，城市占17.22%，镇占19.56%，农村占25.94%，农村高出全国总家庭户平均值的4.05，也就是说，农村中超过1/4家庭中有老年人（见表5）。

同时，老年空巢家庭比重逐年上升。2000年第五次人口普查时，65岁及以上老年人口独居占11.46%，夫妻户占11.38%，二者为22.84%。而2010年第六次人口普查时，老年空巢家庭上升为31.77%，其中，独居占16.40%，夫妻户占15.37%；老年空巢家庭超过40%以上，有山东、浙江、上海、

[1] 吴玉韶.中国老龄事业发展报告(2013)[M].北京：社会科学文献出版社，2013：109.

内蒙古。

表 5　65 岁以上老年人口的家庭户占全国总家庭户的比重

（%）

项目	有 1 个 65 岁以上老人	有 2 个 65 岁以上老人	有 3 个 65 岁以上老人	合计
全国	14.79	7.02	0.08	21.89
城市	10.86	6.30	0.06	17.22
镇	13.26	6.22	0.08	19.56
农村	18.01	7.83	0.10	25.94

资料来源：根据《中国 2010 年人口普查资料》整理。

我国绝大多数老年人也愿意在家里过晚年生活。据 2014 年 2 月全国老龄办发布《十城市万名老年人居家养老状况调查》结果，被访老人占 76.8% 的被访者听说过“居家养老服务”；89.1% 的被访者认为有必要建立居家养老服务中心；97.3% 的被访者认为居家养老服务中心的距离在步行 10–15 分钟最合适。

调查还显示，在生活类服务项目中，被访者对老年餐桌和家政服务的需求比例较高，自报需求比例分别为 42.2% 和 33.3%；在医疗康复类服务中，被访者对健康讲座、上门看病、康复服务、长期照料的需求比例较高，自报需求比例分别为 58.8%、27.7%、21.4% 和 20.6%；在文化娱乐类服务中，被访者对棋牌娱乐、听读书报、球类活动、老年大学的需求比例较高，自报需求比例分别为 41.7%、38.0%、28.8% 和 27.3%。调查表明，被访者的高龄、空巢和失能老年人是居家养老服务需求较高的人群，需要特别关注。[1]这些人群迫切需要社会养老服务机构和社会福利服务机构满足其生活照料和医疗护理的需求。

第四节 老龄产业是不断完善老年社会保障发展的需要

社会保险是以国家为主体，通过立法形式建立的一种社会保障制度。目的在于使劳动者因为年老、疾病、生育、伤残、死亡等原因丧失劳动能力和因失业中断劳动，劳动者及其供养的直系亲属失去生活来源时，保障其基本生活制度。这些物质帮助既包括补助金，也包括就业服务和预防丧失劳动能力等。从理论上讲，社会保险是社会对劳动者在特殊情况下，社会财富再分配的公共产品供给的个人消费品的一种形式，这种分配是通过立法，采取强制手段对国民收入进行分配和再分配，进而形成一种专门的保险基金。当劳动者丧失劳动能力和失业时，对其基本生活需要，在物质上给于社会性的帮助。社会保险涵盖了养老、工伤、医疗、生育、失业保险等内容，它是劳动者应当享受的一种法定权利，是以对社会履行了劳动义务为前提的。国家发展社会保险事业，是国家对劳动者履行的一种对社会贡献的尊重与责任。就目前情况看，我国的社会保障制度不够健全和完善。究其原因，主要是社会工作与社会政策立法滞后，与市场经济体制下的新形势、新

[1] 2013年2~3月，由全国老龄办综合部主办，中国老龄科学研究中心、中国老龄产业协会金融涉老服务发展委员会、北京恒通互动科技有限公司承办，共同开展“十城市万名老年人居家养老状况调查”。

功能、新要求不相适应。

目前，我国进入了经济多元化，社会体制转型的时期。“我们提出要协调推进全面建成小康社会、全面深化改革、全面依法治国、全面从严治党，是当前党和国家事业发展中必须解决的主要矛盾”。[1]以经济正逐步转换增长动力，逐渐转入创新驱动的新常态经济。按照党的十八届四中全会要求：“依法治国，是坚持和发展中国特色社会主义的本质要求和重要保障，是实现国家治理体系和治理能力现代化的必然要求，事关我们党执政兴国，事关人民幸福安康，事关党和国家长治久安”。依法治理作为社会规范制度的社会保障体系的建立理应提到议事日程。但目前社会保险制度没有真正形成一套完备的社会保障体系，其具体原因主要是我国目前社会生产力发展水平还较为低下，国民收入低，相当一部分地区，还在为老百姓的温饱问题而努力奋斗，何谈社会保险？地区之间的贫富差异大，东部地区和西部地区，城镇和农村，收入水平的高低，经济发展的状况十分不平衡；广大农村和城镇之间，差距较大，基金难以筹措与平衡，同时由于社会分工的不同，利益群体结盟，阶层分化，个人利益的膨胀使收益分配的不均，权利和义务不能对等，社会保险的功能不能充分地体现。而社会保险一经立法，以法律法规的形式予以规范和确定，针对的对象和范围就是全体社会劳动者，不论身份差异、贫富悬殊，都应平等享受社会保险，因此，立法的难度也就显而易见。

---

[1] 习近平.中共中央政治局第十二次集体学习.坚持运用辩证唯物主义世界观方法论，提高解决我国改革发展基本问题本质［N］.人民日报，2015-1-25(1).

也就是我们俗话说“对富人要交税，而对穷人要保底”。

在我国进入全面建成小康社会决定性阶段，党的十八大报告指出：“社会保障是保障人民生活、调节社会分配的一种基本制度”。社会保障作为一种普惠制度安排和面向全民的公共产品，不论社会成员，城乡、阶层、职业、收入、宗教信仰，都平等地享有社会公平发展权利。政府职能转变就是促进社会公平，社会保障制度作为政府职责，在建立和完善老年社会保障中具有立法和行政的职能，而老龄产业发展对于我国产业结构的调整，提高老年人的生活质量，具有不可替代的作用。

一、社会保障制度顶层设计的指导思想

由于我国是一个发展中国家，总人口和老年人口均为世界之“最”，又缺乏实施社会保障的经验，从这样一个实际出发，实行“保基本”方针是正确的。在养老方面我们实行的是“社会化、全覆盖、保基本、可持续”。在医疗保障方面，我们提出“保基本、强基层、建机制”。所以，在养老和医疗方面共同点都是“保基本”，把“保基本”作为我国社会保障制度顶层设计的指导思想，无疑是对的。因为它反映了我国经济发展的状况，社会发展的状况以及人口发展状况是符合实际的、实事求是的。只有做到“保基本”，才能实现“全覆盖、可持续”，才能将更多人群纳入到保障框架内，使保障制度体现最大限度的社会公平，并通过保基本做到可持续，这是我国社会保障制度活力所在。但是，我们也要看到经过20多年实施，我国经济有了大发展，2012年我国人均国民生产总值已达6100美元，高于世界银行公布当年中等收入国家人

均4045美元属中等偏上收入水平。[1]所以，对“保基本”的含义应当根据新情况作调整。我们既不应把“保基本”，理解成“低保障”，同时应当根据经济发展，使现有老年人保障制度能向前推进一步，做到社会保障水平与经济发展水平相协调。在经济发展的同时，社会保障水平不断得到提高，使保障制度更加完善。

二、不断完善老年社会保障是政府的重要职能

第一，建立老年社会保障制度是政府一项长期工作，没有“终极模式”和“最优模式”。美国1935年颁布《社会保障法》，解决老年人养老问题，1939年增设遗属保险，1956年增加残废保险，1965年建立老年医疗保险，2010年通过全民医疗保险，前后经历75年。瑞典养老保险1913年已立法，1962年和1976年两次修定，1982年国民健康保险立法，前后经历69年。我们很难断定这些国家今后不会对这些立法进行修改。实际上，几年来各国都在修法(德国，西班牙)。所以，我们可以说，凡是当前实行保障法规，首先，我们都应看作是适宜的。也就是说，这些现行保障制度是按当前经济发展水平和人口老龄化实际情况做出的。根据发达国家保障制度发展的历程，我们不可能一切准备好再迎接人口老龄化，边准备边完善是保障制度发展的客观规律。同时，随时要根据实际情况进行微调，把它变为政府经常性工作。

第二，社会养老和医疗保险刚起步，保障水平低。保障制度到上个世纪末只初步解决了城镇职工养老和医疗保障问题。从本

[1] 辩证看待“高收入”[N].人民日报,2013-7-11(21).

世纪开始，特别是2009年对全民医保立法，开展农村和城市非从业人员养老保险的试点工作。到目前为止，我们已经建立起社会保障制度的基本框架，使社会保障从无到有，从城市到农村，保障范围逐步扩大，保障水平逐步提高，在养老方面，覆盖人群已达全国人口60%以上；医疗方面，覆盖人数已达95%，超过13亿人，使广大人民从保障制度中受益。从这个角度，我们也可以说现有的保障制度是适宜的，实际上我国养老和医疗保障的水平是很低的。在养老方面，2012年企业职工月均退休金1721元人民币（约200多美元），医疗保障财政年人均支出240元人民币（约40美元）。2008年世界人均医疗支出为802美元，发达国家人均支出4405美元，[1]与世界各国相比，差距甚远。

第三，当前要解决的问题。首先要较大幅度提高各类人员养老和医疗保障水平，使它与当前经济发展水平相适应，真正实现"保基本"；其次要缩小由制度上造成的机关，事业，企业和新老退休人员在待遇水平上差别，使它能保持在合理的水平上；同时做好城镇职工与新农保和城乡保障制度之间的衔接，逐步形成全国统一的社会保障制度；第三，继续加强老年保障制度的建设，逐步完善包括最低养老金制度、遗属保险、护理保险在内的各项保障制度。

[1] 陈竺.辩证看待"看病难看病贵"[N].人民日报,2011-2-24(17).

第八章　动态人口红利与老年文化

第一节　用动态人口红利认识老年文化建设

一、老年文化建设推进文化大发展大繁荣

“动态人口红利”理论以科学发展观为指导，坚持以人为本，以实现人的全面发展为目标，强调人的发展为导向。因此，为老年文化建设在整个社会主义文化大发展大繁荣的地位和作用，提供了一个新的认识视角。随着我国人口老龄化的快速发展，60岁以上老年人口将逐步占到总人口的三分之一，老年人精神文化需求越来越丰富，参与文化活动的热情越来越高涨，老年文化建设在社会主义文化建设总体布局中的地位和作用越来越重要。这正是动态人口红利的正确显现。加快老年文化建设，满足老年人文化需求，丰富老年人精神生活，增强老年人精神力量，是推动社会主义文化大发展大繁荣的内在要求，是构建“不分年龄、人人共享”老龄社会和谐文化的重要任务，对于推进经济社会科学发展，实现家庭和睦、代际和顺、社会和谐，具有重要现实意义。

在开展老年文化建设过程中，要高举中国特色社会主义伟大旗帜，以邓小平理论和“三个代表”重要思想为指导，深入贯彻落实科学发展观，坚持社会主义先进文化前进方向，以建设社会主义核心价值体系、强化中国特色社会主义共同理想为根本任务；

以保障老年人基本文化权益，满足老年人日益增长的精神文化需求为出发点和落脚点；以增强全社会积极老龄化意识，优化老年文化建设发展环境为重要支撑；以老年人广泛参与的文化创建活动和丰富多彩的老年文化产品为主要载体，促进老年文化建设实现新跨越、新发展。

老年文化是社会主义先进文化的重要组成部分，是社会主义精神文明的重要内容。动态人口红利理论，证明树立积极的老年文化观，弘扬以爱国主义为核心的民族精神和以改革创新为核心的时代精神，把握当今时代文化发展的新趋势和老龄化社会精神文化建设的新要求，是题中应有之意。应当把老年文化融入社会主义核心价值体系建设全过程，发挥老年人在社会主义精神文明建设中的积极作用，为实现人口老龄化条件下社会主义现代化建设的宏伟目标，提供强大精神动力。

二、老年文化建设积极应对人口老龄化

“动态人口红利”理论认为，开发利用老年人力资源，参与社会发展；综合运用各种有关变量发展条件，充分利用提高人口素质、延长预期寿命、提高劳动年龄上限，提高劳动生产率、转变经济发展方式、发展高科技，健全和完善社会保障制度，不断提高国家、社会和家庭对老龄化的承受力。人口老龄化是我国21世纪现代化建设面临的重要国情。积极应对人口老龄化是国家的一项长期战略任务。文化是人民的精神家园，是凝聚人民战胜困难的精神力量。所谓老年文化是指人生老年阶段的文化。老年文化的含义，应该是广义的。它包括老年阶段的物质财富和法律法

规、人口结构类型、组织机构、制度建设、服务设施、医疗保障、赡养保险、养老投入、文化科技知识学习传授、文体活动等各个方面。

加强老年文化建设，为积极应对人口老龄化，提供思想保障和精神动力。根据国家积极应对人口老龄化的战略部署，到 2020 年基本形成老年文化建设新局面。社会主义核心价值体系建设深入推进，“敬老爱老助老”主题教育活动深入开展，孝亲敬老社会氛围更加浓厚；适应老年人需要的文化产品和服务更加丰富，老年人普遍均等享有基本公共文化服务；老年文化事业全面繁荣，老年特色文化活动广泛开展，老年文化队伍不断壮大，老年文化产业快速发展，老年文化建设在丰富老年人精神文化生活、推进老龄事业科学发展中发挥重要作用。

树立积极老龄化理念，以积极的态度、积极的政策、积极的行动应对人口老龄化。全社会要正确对待和积极接纳老年人，尊重老年人的社会价值，扩大老年人社会参与，弘扬中华民族传统美德，营造敬老爱老助老的良好氛围。广大老年人要树立终身发展理念，保持自尊自爱自立自强的精神风貌，将老年期作为人生发展的重要阶段，积极面对老年生活、保持身心健康、参与社会发展、提高生活品质。推动老年人文化生活建设，是保持经济和社会协调发展弘扬中华民族传统美德的必然要求，随着我国人民生活水平的提高、人口老龄化的进程加快，老年人越来越渴望有一个健康的体魄，渴望有自己的文化生活。而老年人文化生活是影响老年人身体健康的重要因素，提高老年人的文化生活和生活质量，成了关系社会的稳定、发展与进步的重大问题。老年群体是蕴藏着技能、经验、智慧的人才宝库，挖掘老年人潜能，是建设未来美好社会的重要组成部分。要根据老年人的需要、愿望和能力，积极探索发挥老年人才作用的有效途径和方式。老年文化建设对于我国的文化产业是一个新的发展点，是我国社会经济发展中的一个热点。在社会发展中，老年文化建设不仅提高了老年人的文化生活，满足了老年人的精神需求，调节了老年人的身心健康，还促进了社会的精神文明和物质文明的建设。

老年人是我国社会的重要组成部分。老年人的智慧、知识和经验是社会的宝贵财富。老年人不仅是社会物质文明和精神文明的创造者、继承者，也是优秀传统文化的传播者。老年人的生存状况和精神面貌直接影响到全社会文明程度的提高和社会的稳定与发展。加强老年文化工作对于丰富老年人的精神文化生活，提高老年人的生命生活质量，推进社会主义精神文明建设具有重大的现实意义。

三、老年文化建设保障老年人文化权益

“动态人口红利”理论认为，人口问题的本质是发展问题，发展问题的实质是人的发展问题。人的全面发展是社会经济发展的前提。应充分考虑以人为本，尊重人的发展主体地位，完善社会保障、健康水平、教育程度、社会参与和社会可持续发展的需要。因此，要保障老年人文化权益，大力加强老年文化建设。

党的十六届三中全会强调：“坚持以人为本，树立全面、协调、可持续的发展观，促进经济社会和人的全面发展”。近年来，党和政府高度重视并采取一系列政策措施，着力推进老年文化建设，

老年文化、教育、体育事业得到较快发展，老年文化活动蓬勃开展，老年人精神文化生活得到较大改善，基本文化权益得到较好保障。同时也要看到，老年文化建设与人口老龄化发展和老年人日益增长的精神文化需求还不完全适应，主要是：老年文化建设的社会氛围不够浓厚；公共文化设施为老服务功能有待进一步完善，老年人享有基本公共文化服务的质量尚需进一步提高；对老年人特殊文化需求关注不够，老年文化产品和服务供给不足；农村老年人文化生活和活动阵地相对匮乏，甚至使封建迷信和非法宗教活动有了可乘之机。这些问题必须引起高度重视，采取有效措施，切实加以改进。

加强老年文化建设的组织领导。要充分认识人口老龄化发展的严峻形势，高度重视老龄工作，加强老年文化建设，把老年文化建设纳入重要议事日程和老龄工作责任目标考核体系。要充分发挥各部门优势，明确在老年文化建设中的职责任务，齐抓共管，密切配合，形成合力，确保老年文化建设在公共文化服务体系建设中同步实施，同步发展。老龄工作机构要发挥综合协调职能，建立工作机制，及时沟通情况，保证任务落实；要加强调查研究，深入了解新形势下老年人精神文化生活的新变化和新期待，探索老年文化服务的新载体、新路径和新方法，推进老年文化建设创新发展。

坚持文化引领，服务大局。坚持社会主义先进文化前进方向，弘扬中华民族优秀传统文化和时代精神，引导老年人开展各种健康、有益、科学的文化活动，在全社会形成积极向上的精神追求和健康文明的生活方式。坚持统筹协调，共建共享。老年文化建设融入基本公共服务体系建设和经济社会建设的全局，统筹安排，整体推进，在促进基本公共文化服务均等化的基础上，根据老年人特殊需求开展文化服务。坚持以人为本，服务老人。尊重老年人主体地位，关切老年人实际需求，采取多种措施为老年人提供多层次文化服务和产品。坚持重心下移，面向基层。加快城乡老年文化建设一体化发展，深入基层、贴近生活、服务群众，推进老年文化活动在城乡基层社区广泛开展。加快文化体制改革创新。老龄系统和有关部门要深化文化管理体制改革，加快政府职能转变，推动政企分开、政事分开，理顺与文化企事业单位的关系。推进老年文化事业单位改革，突出公益属性、强化服务功能、增强发展活力，增强面向市场、面向老年人提供服务的能力。发挥市场在老年文化产业发展中的重要作用，鼓励社会力量参与老年文化建设，进一步落实相关政策，扶持老年文化产业发展。弘扬孝亲敬老的传统美德。孝亲敬老是中华民族的传统美德，是公民的基本道德行为准则。要在全社会深入开展社会公德、职业道德、家庭美德、个人品德建设，特别要加强面向青少年的孝亲敬老道德教育。要深入推进“敬老爱老助老”主题教育活动，通过评选敬老爱老助老模范人物和模范单位，广泛宣传先进典型事迹，树立典型，表彰先进，在全社会弘扬中华民族孝亲敬老的传统美德，进一步营造敬老爱老助老的社会氛围。

加强老年文化建设，还要围绕中心、服务大局，丰富内容、创新载体，推进老龄宣传工作深入开展。中央和地方各级党报、党刊、电台、电视台要加大老龄宣传工作力度，办好老年人文化生活专版、专栏，经常安排刊播老年公益文化广告，重点新闻网站和涉老政府部门网站要开设老年频道、网页，及时回应社会关注的热点问题。注重发挥移动多媒体、网络等新兴媒介的优势，打造先进快捷、覆盖广泛的老龄宣传平台。老龄系统各级各类新闻媒体要发挥骨干作用，加强资源整合和优势互补，组织各种形式的宣传文化活动，形成老龄工作和老年文化建设协调发展的良好社会环境。

随着社会经济领域的深刻变革，社会生活领域也发生了巨大变化，对文化工作提出了更新、更高的要求，也给做好老年文化工作提出了新的课题。如何创造一个安定、和谐、健康的社会文化环境，丰富老年人的文化生活，满足老年人的精神文化需求，是老年人个体和时代及社会发展的必然要求，也是全面实现建设有中国特色社会主义宏伟目标的客观需要。为此要处理好如下关系：

长期性与紧迫性的关系。所谓“长期性”，是指“老年文化建设是积极应对人口老龄化的一项重要战略任务”，“到 2020 年基本形成老年文化建设新局面”。所谓“紧迫性”，是指我国的“老年文化建设与人口老龄化发展和老年人日益增长的精神文化需求还不完全适应”，需要花大力气去加以改变。据“中国城乡老年人口状况追踪调查”统计数据显示（见下表 1），2010 年城乡老年人口孤独和担忧需求比例，孤独感和担忧需求农村高于城镇；担忧需求感农村地区几乎占一半以上，尤其是农村地区担心自己没有钱治病占 59.1%，担心养老金不够占 53.3%，担心自己没有生活费来源占 51.1%。为此，我们在推进老年文化建设过程中，既要满足老年人基本保障问题，尤其是农村老年人的温饱问题解决之后，老年人的精神文化问题；既要着眼长远，周密进行规划，持之以恒实施；也要立足当前，采取有力措施，不断加大投入，努力改变面貌，让老年人群对建设成果“看得见，摸得着”，从中感受到老年文化建设给他们带来的快乐与实惠。

表 1　2010 年城乡老年人口孤独和担忧需求比例　　（%）

类别	城镇地区	农村地区
常常感到孤独	16.5	28.6
担心自己没有生活费来源	27.5	51.1
担心自己没有钱治病	42.4	59.1
担心自己需要时无人照料	31.6	46.0
担心社会不安定	42.7	38.2
担心子女不孝	17.5	32.2
担心养老金不够	35.4	53.3
担心子女失业	52.2	50.8
担心交通安全	49.0	49.1

舆论引导与强化实践的关系。在老年文化建设中，舆论引导和强化实践相互联系，不可分割。一方面，要把舆论引导贯穿于强化实践的全过程，通过创新各种载体或形式，明确实践的意义和要求，增强人们参与老年文化建设的主动性、自觉性；另一方面，在舆论引导的同时要强化实践，围绕老年人迫切希望解决的文化需求，深入开展具体的文化实践活动，从而增强老年文化建设的时代感与感染力，取得实实在在的建设成果。

继承传统与勇于创新的关系。老年文化建设必须与时俱进，继承传统，勇于创新。要以深厚的文化积淀为源头活水，并根据时代发展要求将传统文化进一步条理化、系统化，并赋予其新的内涵、新的标准和新的要求。要根据新形势、新任务的需要，有针对性地将老年文化的内容加以细分、分解，将老年文化实践活动朝深处想，往实里做，不断开辟老年文化活动新领域，增强实践活动的实效性和现代感。

先进性与广泛性的关系。坚持先进性，就是要坚持中国先进文化的前进方向，以建设社会主义核心价值体系、强化中国特色社会主义共同理想为根本任务。要通过强化理论研究、深入宣传发动，使老年文化不断释放正能量，抑制负能量，从而成为老年人群健康、快乐和延年益寿的精神食粮。同时，要与广泛性相结合，防止老年文化活动呆板、乏味，坚持知识性与趣味性结合，教育性与娱乐性相结合，从而，增强老年文化的生命力、吸引力。从实践主体看，要把对党员干部的“先进性要求”与老年群众的“广泛性期待”结合起来，充分发挥党员、领导干部的模范带头作用，真正把老年文化建设这项民生工程建得好上加好。

第二节　用动态人口红利促进老年文化建设

一、加强老年文化活动基础设施建设

“动态人口红利”理论强调人口的综合因素相互作用，综合指标共同显现，积极应对老龄化带来的影响。因此，在加强老年文化建设中，重视基础设施建设。文化既是凝聚人心的精神纽带，更是关系民生的幸福指标。老年文化作为社会主义文化的重要组成部分，必将迎来大发展大繁荣的历史性机遇。着力构建老年公共文化服务体系，加强老年文化基础设施建设，加强老年文化市

场监管，初步构建起国家、省、市、县、乡、村六级公共文化服务网络，基本实现城乡老年文化服务体系全覆盖。

根据人口老龄化发展趋势和老年宜居环境的要求，将老年文化建设纳入基本公共文化服务体系和城乡规划。以公共财政为支撑，按照城市文化活动设施用地和老年人设施规划标准，遵循公益性、基本性、均等性、便利性的要求，加快老年文化设施建设。推动跨部门项目合作，实现统筹规划、资源整合和共建共享。增强基层公共文化体育设施的适老功能，努力提高基本公共文化服务均等化的可及性。新建或改造老年人文化体育活动设施，要符合涉老工程建设标准和无障碍设施建设标准。根据老年人生理特点和特殊需求，配备适合老年人的文化体育用品和用具，为老年人参加文化体育活动提供便利。进一步加强参观游览场所、宾馆饭店、餐饮企业、公共交通的老年服务设施、设备建设。国家重点文化惠民工程项目要为老年人提供必要的服务内容和参与条件。

政府要加大基础建设投入，吸收社会资金，丰富老年文化生活内容。要从加强老年文化的基本阵地、基本队伍、基本活动内容、基本活动方式入手，努力为老年人创造安定、和谐、健康的社会文化环境，把完善老年文化设施建设作为工作重点，加强老年文化生活建设。因此，要动员、感召政府，大力兴建老年活动基础设施，为丰富老年文化生活创造良好的硬件环境。也可以通过吸收社会资金，搞多种所有制形式，谁投资谁受益，走产业道路。丰富我国老年人文化生活内容，推动老年人文化生活建设。

二、加大老年公共文化服务供给

“动态人口红利”理论从人的全面发展的角度，认为充分利用人口预期寿命延长、人口素质增强、健康水平提高、劳动生产率增长、知识经济发展、劳动年龄人口上限延长，开发老年人力资源，健全和完善社会保障制度等等，能够使老年人有更多参与政治、经济、社会和文化事务的机会和条件，因此，要为老年人提供更多公共文化服务。各级各类博物馆、美术馆、科技馆、纪念馆、公共图书馆、文化馆等公共文化服务设施，向老年人免费或优惠开放；鼓励影剧院、体育场馆、公园、旅游景点等公共场所为老年人提供优惠票价；减免老年人参观文物建筑及遗址类博物馆的门票。老年人免费享有影视放映、文艺演出、图片展览、科技宣传等公益性流动文化服务，免费享有健身技能指导、参加健身活动、获取科学健身知识等全民健康服务。有条件的公共文化体育设施可以根据服务区域老年人口规模和需要，开辟适宜老年人文化娱乐的活动场所，适当增加面向老年人的特色文化服务项目。有关部门的内部老年活动场所要创造条件，争取向社会开放，吸引更多老年人参加活动。各类公共场所要因地制宜为老年人开展文化活动提供便利。加大老年文化建设的投入保障。各级政府根据经济发展状况和老年人口规模及需求，在推进基本公共服务体系和公共文化建设中，统筹安排老年文化建设工作，进一步加大公共财政对老年文化建设的投入力度，切实保证重点老年宣传文化活动项目资金，逐步探索建立投入保障机制和资金增长机制。在推进社会养老服务体系建设中，统筹考虑老年人的精神文化需求，进一步丰富、完善各类养老服务机构、社区老年活动中心（站、点）的文化体育服务功能，着重加强农村老年人文化设施建设。研究制定金融机构支持老年文化产业发展的相关政策，鼓励、引导社会力量提供老年文化产品和服务。

加强老年文化队伍和文化团体建设。各级老龄部门要进一步加强老龄宣传队伍建设，充实工作力量。要促进老年人文化艺术团体建设，扶持各类老年人文化艺术团体和老年大学开展老年文艺人才培养工作。发挥老年文化专业人才和业余爱好者的积极作用，构建一批结构合理、门类丰富、素质优良的文化人才队伍。重视老年人在非物质文化遗产传承中的作用，加强对老年非物质文化遗产项目代表性传承人的保护和帮扶力度。发挥各类老年群众组织，特别是基层老年人协会的文化服务功能，充分满足老年人的文化需求。

老年文化建设在不断完善硬件建设的同时，还要主动把握维护、实现、发展老年文化发展的时代脉搏，着眼项目改善文化民生，为老年文化生活提供高水准、多元化的内容服务，精心营造老年文化艺术活动基地，释放出以美育美的文化生命力和推动力。

三、加快城乡老年文化建设一体化发展

“动态人口红利”理论强调人的全面发展，多种因素的决定作用，以及城市和农村统筹兼顾、协调推进的整体性。因此，合理配置城乡文化资源，公共文化资源更多向农村和中西部、贫困地区倾斜，增加农村文化服务供给，缩小城乡文化发展差距。扩大文化信息资源共享、农村电影放映、农家书屋建设等文化工程

在农村老年人中的覆盖率，支持和帮助农村老年人参与文化活动。鼓励文化单位面向农村提供流动服务和网点服务，扶持文化企业加强基层和农村文化网点建设，支持演艺团体深入农村举行演出。文化科技卫生“三下乡”、“送欢乐下基层”等活动要关注农村老年人文化需求，适当安排面向农村老年人的专题专场。各级宣传文化部门和工、青、妇等群团组织要广泛开展志愿文化服务活动，为农村空巢、失能、留守老年人和老年妇女等特殊困难群体提供公益文化服务，进行精神慰藉和心理疏导。

各地群众艺术馆、文化馆、文化站要充分发挥组织、引导各类社会文化活动的功能，对于老年人自发的、健康的文化、娱乐、健身活动要给予支持与指导。除经常开展馆、站活动外，要根据老年人的特点，积极组织开展形式多样、健康有益的社区、乡村文化体育活动。设施条件较好的文化馆、站，要开辟适宜老年人文化娱乐的活动场所，有关部门的内部老年活动场所要创造条件，争取向社会开放，吸引更多的老年人参加活动。各馆、站要把老年人组织起来，定期举行国内外形势、保护老年人权益、科技发展动态等方面的各类讲座和研讨会。对他们的自娱自乐活动要提供方便。

各级图书馆要大力倡导和开展老年人读书系列活动。有条件的图书馆可开设老年人阅览室、馆外图书流动点，组织适合老年人的读书小组、书评活动等。对老年人相对集中的干休所、疗养院、老年活动中心等场所，提供送书上门等服务，邀请专家、学者、教授定期为老年人举办专题知识讲座等。

各级博物馆、纪念馆、美术馆、展览馆等公共文化场所，对老年人参观可给予适当优惠。各级艺术表演团体要把为老年人演出纳入年度演出计划，提倡艺术表演团体创作、排演老年题材的剧节目。在每年的重大传统节日之际，优先为老年人安排慰问演出活动，并逐步成为一项制度。要发挥老年人自身的积极作用，体现他们关心下一代的良好愿望。提倡和支持老年人和青少年共同开展文化活动，使老年人的知识、经验和智慧在文化艺术活动中得以传播，真正实现老有所为。要充分发挥各种老年人文化活动团体的作用。要创造条件开展适合农村老年人的各类文娱活动，使他们的晚年生活丰富多采。有条件的地方，可积极组织各种类型的老年合唱团，在经常开展活动的基础上，每年的重阳节前后举行歌咏大赛。文化部决定从 1999 年国际老年节起，每年组织举办一次老年合唱节文化活动。少数民族地区文化部门和单位，应根据各民族的风俗习惯，积极开展具有民族特色、形式多样的适合老年人参与的文体活动。对一些边远的牧区、山区可作为工作重点，定期开展为老年人送戏、送书上门服务，将“三下乡”活动与关心农村老年人文化生活结合起来。

第三节　用动态人口红利开发老年文化建设

一、老年文化活动丰富精神生活

动态人口红利为老年人发挥作用提供了理论上的支持，尤其是在老年文化建设方面提供了有力的保证。老年文化如光、如水，照耀着老年人追求幸福、崇尚文明的窗口，滋润着老年人的心田，也在无形中提升着老年人的形象和品质。老年文化节……绚烂的礼花、飘飞的彩带、欢快的歌舞，不管是演员还是观众，虽然身份、职业、年龄各有不同，和谐幸福的笑容却出奇一致。

老年文化建设的重要形式是开展文化活动。老年文化建设要按照宣传思想文化工作的统一要求，坚持弘扬主旋律、提倡多样化，以科学的理论武装人，以正确的舆论引导人，以高尚的精神塑造人，以优秀的作品鼓舞人。深入开展社会主义荣辱观宣传教育，积极探索用社会主义核心价值体系引领社会思潮的有效途径。根据老年人特点，把宣传思想工作与开展健康有益的文化体育活动结合起来，与帮助老年人解决思想和实际问题结合起来，做到寓教于乐。要发挥基层党组织的战斗堡垒作用和基层老年人协会的自我教育功能，发挥老党员和离退休老干部、老战士、老专家、老教师和老劳模等群体的先锋模范和带动辐射作用，做好新形势下老年人思想工作，坚定广大老年人建设中国特色社会主义的理想信念，增强对改革开放和现代化建设的信心，引导老年人自觉贯彻执行党的路线、方针、政策。发挥老年人在优秀传统文化和思想道德建设中的重要传承作用。

着力推进品牌老年文化活动。不断提高老年文化活动的品牌意识，继续开展和推出一批主题活动、系列活动、精品活动。全国老龄办布置开展全国“敬老月”活动和“敬老文明号”创建活动，举办“红叶风采”重阳节文艺晚会和老年人文化艺术节，为老年人提供更多精神文化产品；推进“银龄行动”，鼓励老年人继续参与经济社会发展。文化部门要举办好“中国老年合唱节”、“群星奖”评选等大型群众性文艺活动，支持老年文化团体开展活动，为老年人参与文化活动搭建平台。体育部门要办好全国性和区域性老年人体育健身大会，不断创新适合老年人特点的体育健身项目和方法，广泛开展经常性的老年人体育健身活动。民政部门在城市社会福利院、农村敬老院、老年公寓、日间照料中心、托老所等养老服务机构管理中，对老年文化建设的基础设施、活动内容、服务方式等要作出相应规定。各级妇联继续开展“巾帼助老行动”，在“巾帼社区服务工程”中拓展老年文化活动内容，有条件的地方可开设老年妇女活动中心、老年妇女课堂和老年妇女咨询热线，为广大老年妇女办实事、解难事。打造老年旅游文化品牌，积极开发老年旅游产品，不断完善针对老年人旅游的导游讲解、路线安排等特色服务。进一步抓好军队干休所文化活动中心建设，组织离退休干部开展健康有益的文化体育活动，丰富离退休干部的文化生活。

广泛开展群众性老年文化活动。立足基层社区，坚持小型分散与相对集中相结合，坚持活动内容广泛性与活动形式多样性相结合，在开展社区文化、村镇文化、校园文化、家庭文化等群众性文化活动中，组织面向老年人的文化体育活动。各级文化馆和各类老年活动中心、文化广场、老年人协会活动站作为主要活动场所，要组织开展老年人读书、健身、上网等活动，对老年人自发、健康的文化娱乐健身活动给予支持和指导。有条件的场馆可组织老年人定期开展文化讲座和文化活动，对老年人相对集中的单位和机构提供送书上门等服务。各级艺术表演团体要把为老年人演出纳入工作计划，在重大节日活动中优先为老年人安排演出慰问活动并形成制度。

老年人的文化生活应以康乐为主题，因此，必须努力为老年人创造一个轻松、快乐、健康的晚年生活氛围，引导他们进行文明健康的健身活动，享受欢快活泼的文体生活。社区根据个性差异来开展多样化的活动，去满足他们的不同需要，使“老有所学”、“老有所为”、“老有所乐”得到切实的保证，并随着生产、经济的不断发展，使老年文化娱乐活动，从内容、形式到设施，更向现代化、科学化方向发展。

加强文化人才队伍建设，充分发挥他们在老年文化建设中的示范、辅导、辐射作用。老年人在各类文化人才中藏龙卧虎，只要有关部门加以认真组织和挖掘，就可以成为老年文化建设的有生力量。一是要充实市、区、街道、社区各级文化管理队伍的力量，设立专门的“公共文化服务岗”或“文化钟点工”，依靠他们加强基层老年文化建设或管理。二是要鼓励和扶持群众中涌现出来的各类文化人才和积极分子，不断壮大文化志愿者队伍，鼓励专业人士和社会各界参与老年文化服务活动。三是要发挥已经退休的各类文化专业人才的作用，积极为他们搭建舞台，促使他们成为老年文化建设的骨干力量；同时要树立典型，切实发挥典型的示范作用，使之“滚雪球”般不断壮大。

开展老年文化活动，应从老年人的需要和愿望出发，从当地的实际情况出发，坚持立足社区、面向基层、落在实处。坚持小型分散与相对集中相结合，提高活动质量与改善设施条件相结合，坚持活动内容的广泛性与活动形式的多样性相结合，坚持社会效益与经济效益相结合的原则。做到有规划、有措施、有经费、有阵地、有检查。

二、老年文化教育提高生活质量

动态人口红利理论在老年教育方面同样生动体现出来。广大退休干部和职工在老年大学里学习书画、诗词、唱歌、跳舞，学习老年养生保健知识，开展健身活动，充分表现了老年人的精神风彩。老年人有继续受教育的权利。发展老年教育，是贯彻终身教育理念、提升全民素质、构建学习型社会的必然要求，是社会发展进步的重要标志。文化教育部门把老年教育纳入终身教育和社区教育体系，加强领导，统一规划。充分利用社区教育资源，开展适合老年人特点的知识型、休闲型、保健型文化教育活动。创新老年教育课程，积极为老年人创造良好的学习条件和学习内容。加强老年教育设施建设，推进各级各类老年大学、老年培训中心、老年远程教育机构的健康发展。各级党委老干部工作部门和政府有关部门要进一步提高老年大学、老干部大学的办学质量和水平，鼓励有条件的单位、机构举办老年大学；基层单位和学历教育机构可以为老年人提供学习机会和场所，方便老年人就近参加学习。文化主管部门要做好各级各类非学历老年大学的规划、审批和管理工作，制定优惠政策和管理办法，鼓励社会参与发展老年教育，开展多种形式的老年教育活动。探索老年大学教育内容与模式，适应时代发展要求，采取老年人喜闻乐见的教学方式，进行科学文化知识普及，开展养生保健、文学艺术和实用技能培训，提高老年人社会适应能力和生命健康品质。一所老年大学的办学宗旨是这样说道：幸福快乐是人生的追求，一般教育只重视知识与技能，而老年文化大学必须重视身心的愉悦，要在学习知识的同时，重视各种文化娱乐，身体与心灵奥秘的教育，让老年人“舞出年轻、唱出甜蜜、画出豪迈、奏出友谊”。

开放老年大学形式。由国家开放大学主办、全国老龄工作委员会办公室等协办的老年开放大学，为老年人提供优质网络学习资源，鼓励老年人按照自身的兴趣爱好、生活需求开展自主学习，这是利用新媒体互联网开展老年教育的有效形式，也是动态人口红利表现出的活动现象。老年开放大学通过互联网门户网站上线运营，向社会免费开放。网站开设204门网络课程，共1700个课程视频，视频总时长6.6万分钟。课程中既有文学历史、书法绘画、摄影技巧等，丰富老年人生活，也有常用电脑入门、突发事件处理、食品安全等，解决老年人日常生活遇到的困难。同时，微博“老年开放大学”和微信公众号“国开老年开放大学”同时运营，体现了现代教育的成果。

学习外国老年教育形式，提高我国老年文化教育的水平。发达国家对老年教育事业重视得最早，发展也较迅速。目前根据老年群体的需求和老年教育的实践，可以总结出老年教育的形式大致分为补偿教育、继续教育和闲暇教育三类。补偿教育主要是满足那些年轻时因各种原因没能接受过高等教育的老年人的需求，为他们提供进入大学学习和取得相应文凭的机会。继续教育主要是使那些到了退休年龄但体力、精力尚好的；老年人继续学习，以便就业或开辟新的事业领域。闲暇教育是在人们闲暇时间内提供的一种不以升学、谋职为目的，完全个性化的、有充分自由度的教育类型，这种教育可以满足那些为了自身全面发展的老年人的需要，发展个人爱好、天赋和潜能，提高生存质量。瑞典的老年教育与正规教育融为一体，全国所有的大学都对老年人开放。老年大学生在高校中占有相当高的比重，如在斯德哥尔摩的大学55岁以上老年人大学生占全校学生总数的20%左右，60岁以上的占10%以上。瑞典的广播和电视都设有老年教育节目，图书馆为老年人送书上门，多方面为老年读者服务。美国的老年教育中心一般设立在本地的市立学校，班里的学员自行承担大部分甚至是全部课程的授课任务，有时也聘请行政助理协助实施教学计划。美国还在各地设立老年人的住宿学校，同时普通大学也对老年人开放，老年人可以免费入学等等。积极发展老年教育事业，提高老年人文化的整体素质，推动老年人文化建设，是促进社会可持续发展不可缺少的内容。

在《国家中长期教育改革和发展规划纲要》中，把发展老年教育提升为国家的意识和行为，这一措施不仅对加强老年文化建设至关重要；也对提升老年人的综合素质，引导他们参与和谐社会建设必不可少。为此，一是要加大对老年教育的投入，由政府主导，通过财政“拨一点”、单位“捐一点”、慈善机构“给一点”、市场化运作“筹一点”的筹款方式，以改变目前老年教育经费捉襟见肘局面。二是要坚持重心下移，把普及老年教育工作重点放在社区，结合社区党建工作和群众工作的开展，促进老年教育在社区得到普及，使老年人群在家门口就能享受教育的应有权利。三是要因地制宜，因需施教，坚持政府办和社会办、专业机构办与民间办相结合的多种途径办学，鼓励上海的各类学校、党校、企事业单位培训中心开办各类老年教育班。办学形式也应多种多样，既可以办老年学校，也可以结合开展老年文化、娱乐、体育、卫生保健等活动进行有针对性的培训。在教学方法上，要根据老年人的特点，因人、因材、因需施教，内容要贴近老年学员的实际生活和应用，按照中宣部提出的“三贴近”的要求，搞启发式、讨论式，互教互学，灵活多样。

三、老年文化产业创新文化产品

动态人口红利对于推动老年文化产品的创作生产具有积极地推动作用。动态人口红利理论认为，老年人在晚年仍有巨大的创造力，老科技、老教授、老教师、老专家、老技工及老农民，都是宝贵的文化财富，在各行各业仍发挥着重要作用。因此，在老年文化产业中，对于创新文化产品，起着指导作用。

适应时代的发展变化，与健全公共文化服务体系有机结合，大力提高老年文化产品和服务的供给能力。宣传、文化、广播影视、新闻出版等部门要把老年题材纳入文学艺术创作，舞台艺术生产，电影和电视剧制作，报刊、图书、音像电子与网络出版计划。重点规划、扶持一批体现老年主题的创作项目和文化工程，着力打造一批思想性、艺术性和观赏性相统一，深受老年群众喜爱的优秀文化作品。引导老年网络文化发展，制作适合互联网和手机等新兴媒体传播的优秀老年文化作品，运用现代科学技术增强老年文化的吸引力、感染力。

要加强对老年文化产品的生产规划与指导。图书出版、电影生产、文学戏剧创作等单位，要及时调整产品结构，增加老年文化产品的种类和数量，以满足各类老年人的需求。特别要注重加强对民间小戏的创作与排演，满足广大农村老人的文化需求。

要协同新闻出版部门共同做好老年文化工作的宣传报导，办好现有的老年栏目，积极创办新的老年节目，努力提高节目质量，以正确的舆论引导全社会对老年文化工作的高度重视与积极支持，提高老年文化宣传的整体水平。

第九章　动态人口红利与老年人力资源开发

马克思在《资本论》中指出："我们把劳动力或劳动能力理解为人的身体，即活的人体中存在的、每当人生产某种使用价值时就运用的体力和智力的总和"[1]。这段话说明，劳动力就是指人的劳动能力，他不受人为附加的年龄限制，而劳动能力是指人的体力、智慧和技能的总和。现在强调以人为本，人的全面发展，就是要处理好劳动力和劳动能力两者之间关系，劳动力是劳动能力的具体运用，劳动能力又是人从事劳动的先决条件。人的劳动能力是人类存在和发展的基础，是人类改造自然和改造人类自身的决定性因素。因此，老年人作为具有劳动能力的人，是人类生活中最有价值的宝贵财富。老年人力资源作为一种特殊的资源加以开发利用，主要是指开发利用其自身劳动能力，其知识、技能、经验、优良品德，发挥老年人的专长和作用，传授下一代，使之成为社会发展更多的物质和精神财富。

第一节　老年人参与发展是动态人口红利的应有之义

一、老年人参与发展的作用和意义

老年人参与发展（又称老有所为）是我国老龄工作争取实现

[1] 马克思恩格斯全集[M].北京：人民出版社1972：122.

的五大目标之一，也是我国应对人口老龄化挑战的一项重要战略措施。“老有所为”这一概念是1983年提出的。全国老龄委员会1983年3月1日向国务院呈送的《关于我国老龄工作中的几个问题》的请求报告中指出：“保障老年人的各种权利、社会福利和参与社会发展，做到：老有所养，健康长寿；老有所为，余热发挥。”

我国政府十分重视在两个文明建设中发挥老年人的作用。1980年10月7日《国务院关于老干部离职休养的暂行规定》、1982年1月4日《国务院、中央军委关于军队干部离职休养的暂行规定》、1982年10月11日中央办公厅转发中央组织部《关于发挥中央、国务院机关离休老干部的作用的意见》，以及中央组织部关于加强老干部工作和发挥老干部作用的规定和通知中，希望老干部在物质文明建设和精神文明建设中多作贡献。

全国老龄办30多年来，遵照党和政府的指示精神，宣传和鼓励广大老年人群体通过参与社会，在维护社会稳定和促进社会主义物质文明建设及精神文明建设中，发挥了应有的作用，作出了贡献，受到全社会的欢迎。我国已于1999年进入了老年型社会，20年以后，将迎来老龄化的高峰期。在老年人口越来越多，人口预期寿命越来越长和老年人口比重越来越大的情况下，回顾20年来老年人参与社会的历程，进一步改进和发展我国老龄工作，对于改善老年人的生活和生命质量，实现老龄社会的繁荣和可持续发展，都是十分重要的。

二、老年人参与发展的内涵

老年人参与社会发展是20世纪80年代初期提出的。1982年7月，“老龄问题世界大会”在维也纳召开，中国代表团团长于光汉在大会上的发言中，首次提出“如何发挥老年人的作用，使他们继续为社会发展作出贡献，是老龄问题的一个重要方面。”全国老龄委成立后，把老年人参与社会发展简称为“老有所为”，与老有所养、老有所医、老有所学和老有所乐并列为老龄工作要求实现的五个“老有”。关于老年人参与发展的内涵，当时人们的认识和理解不尽一致，经过一段时间的社会实践和理论探讨，学术界和政府有关部门取得了共识，把它大致界定为“老年人在自愿量力的前提下，为国家的稳定和发展，为社会主义的两个文明建设作贡献”。

就内容来说，广义的老年人参与发展既包括达到和超过退休年龄的职工继续在业、退休后接受原单位回聘或进入劳动力市场再就业，也包括从事科技咨询服务、兴教育人、维护社会治安和交通秩序，以及参与社会公益事业和无偿的志愿服务等等。简而言之，凡是老年人直接或间接地参与有利于宋修广两个文明建设的一切活动，都属于老年人参与社会发展的范围。

2000年8月《中共中央国务院关于加强老龄工作的决定》指出：“重视发挥老年人的作用，坚持自愿与量力、社会需求同个人志趣相结合的原则，鼓励老年人从事关心教育下一代、传授科学文化知识、开发咨询服务、参与社会公益事业和社区精神文明建设等活动”。

2011年9月实施的《中国老龄事业发展“十二五”规划》指出:“注重开发老年人力资源，支持老年人以适当方式参与经济发展和社会公益活动，重视发挥老年人在社会服务、关心教育下一代、调解邻里纠纷和家庭矛盾、维护社会治安等方面的积极作用，不断探索‘老有所为’的新形式，积极做好‘银铃行动’组织工作，广泛开展老年志愿者服务活动，老年志愿者数量达到老年人口的10%以上”。

2012年1月全国老龄工作委员会办公室《关于加强基层老年协会建设的意见》指出：“依法组织老年人参与城乡社会建设，在社区服务、关心教育下一代、调解邻里纠纷和家庭矛盾维护社会治安、移风易俗、抵制封建迷信等方面发挥积极作用”。

2013年7月1日新修订实施的《中华人民共和国老年人权益保障法》（以下简称《老年法》）把参与社会发展列为老年人的合法权益之一，并在第一章“总则”的第四条提出：“国家和社会应当采取措施，健全保障老年人权益的各项制度，逐步改善保障老年人生活、健康、安全以及参与社会发展的条件，实现老有所养、老有所医、老有所为、老有所学、老有所乐。”从而使实现老年人参与社会有了法律的保障。

《老年法》第七章“参与社会发展“的第六十五条提出：“国家和社会应当重视、珍惜老年人的知识、技能、经验和优良品德，发挥老年人的专长和作用，保障老年人参与经济、政治、文化和社会生活。”

《老年法》第六十八条对于老年人参与社会发展的适应范围界定为：“国家为老年人参与社会发展创造条件。根据社会需要和可能，鼓励老年人在自愿和量力的情况下，从事下列活动：

（1）对青少年和儿童进行社会主义、爱国主义、集体主义和艰苦奋斗等优良传统教育；

（2）传授文化和科技知识；

（3）提供咨询服务；

（4）依法参与科技开发和应用；

（5）依法从事经营和生产活动；

（6）参加志愿服务，兴办社会公益事业；

（7）参与维护社会治安、协助调解民间纠纷；

（8）参加其他社会活动。

《老年法》第六十九条对于老年人合法收入明确规定："老年人参加劳动的合法收入受法律保护，任何单位和个人不得安排老年人从事危害其身心健康的劳动或者危险作业"。

2013 年 9 月国务院《关于加快发展养老服务业的若干意见》指出："支持老年群众组织开发自我管理、自我服务和服务社会活动。探索建立健康老人参与志愿互助服务的工作机制，建立为老志愿服务登记制度。"同年国务院《关于促进健康服务业发展的若干意见》强调："宣传普及中医药养生保健知识，推广科学有效的中医药养生、保健服务，鼓励有资质的中医师在养生保健机构提供保健咨询和调理等服务"。以上法律和法规的颁布，为老年人参与社会发展，尤其是有专业职称、高级管理人才和高级知识分子的老年人才提供了法律保证。

三、老年人既是经济建设的参与者又是受益者

发展经济的根本目的是提高全民的生活水平和质量。对于老

年人来说，提高生活质量的实质是满足他们的三种基本需要，即生存需要、社会需要和发展需要。如果说生存需要是指个人维持生存所必须的生理需要，社会需要是指“满足由人们赖以生息教养的那些社会条件所产生的一定需要”的话，那么发展的需要则是指每个人有全面而自由地发展的需要。发展的需要是人类最高层次的需要，也是全面实现自我价值的需要。

对于满足老年人的需要和提高其生活质量，既要从其自然属性出发去研究如何保障老有所养，提高健康水平，延缓衰老，实现长寿；又要从其社会属性出发去研究如何丰富老年人精神文化生活，满足他们继续发挥总作用和实现自我价值的需要。

国际社会十分重视老年人参与发展对提高本身生活质量所起的重要作用。《1982 年维也纳老龄问题国际行动计划》建议“社会福利服务应该把倡导、促进和保持老年人尽可能在社区里并为社区发挥积极而有用的作用作为其目标。以便使他们继续成为社区经济活动的有用的公民。”与此同时还强调：旨在造福老年人的政策和行动，必须向老年人提供满足其自我建树需要的机会，使他们继续为经济发展和社会建设发挥作用。

1991 年发表的《联合国老年人原则》强调：老年人应该始终融合于社会和社区中，应该积极参与制定和执行涉及其福利的政策，应该寻找为之服务的机会，并以志愿者的身份担任与其兴趣和能力相称的职务。[1]

《2002 年老龄问题国际行动计划》再次强调老年人积极参与

[1] 谢联辉，宋五华.全球行动——迎接人口老龄化[M].北京：华龄出版社，1986:87.

发展的重要性和必要性，指出：不分年龄人人共享的社会包含了努力使老年人有机会继续为社会作贡献的目标。要承认和鼓励老年人为家庭和社区作贡献，为老年人提供参与社区发展和自我实现方面的信息和机会。

第二节 动态人口红利为开发老年人才资源提供理论依据

一、"重才尚贤"是中华民族的优良传统

早在春秋时期，诸侯争雄就有"争天下者必先争人"之说。齐桓公爱才，尊称管仲为"仲父"。管仲首先提出"树人百获"的用人思想。他认为"一年之计，莫如树谷；十年之计，莫如树木；终身之计，莫如树人。一树一获者，谷也；一树十获者，木也；一树百获者，人也。"（《管子. 权修》）。管仲用"树人百获"以及后来衍化的"百年树人"来阐发培养和使用人才对于社会经济发展的重要性，可以说是人才观长久不衰的命题。

《礼记·礼运》在论述如何实现"大同"和"小康"时强调要"选贤与能"和"以贤勇知"。儒、道、墨、法诸家重视人才对治国的作用。

孔子说："其人存、则其政举。其人亡、则其政息。故为政载人。"

老子提出"善用人者，为之下"（《老子》：六十八章），强调善于用人才的人，会谦恭地尊重人才。

墨子的"众贤论"强调"是故国有贤良之士众，则国家之治厚；贤良之士寡，则国家之治薄。故大人之务，将在于众贤而已。"（《墨

子·尚贤上》)

荀子主张法治，同时强调人才的重要性。他说“法不能独立，类不能自行。得其人则存，失其人则亡。”(《荀子·君道》)他认为人才不是天生的，积学才能成才。他说“尧、禹者，非生而具者也，夫起于变故，成于修。”(《荀子·荣辱》)

二、科学技术是第一生产力，人才是第一资源

马克思主义认为科学技术是生产力。马克思在《资本论》和《经济学手稿》等著作中，多有论述。他在谈论资本的发展时明确指出：“生产力中也包括科学”，并且说：“固定资产的发展表明，一般社会知识，已经在多么大的程度上变成了直接生产力。”并作出了“社会劳动生产力，首先是科学的力量”的精辟论断。

邓小平同志继承和发展了马克思主义的科学观，1988 年 9 月 12 日，他在一次听取汇报的会议上说：“马克思讲过科学技术是生产力，这是非常正确的，现在看来这样说还不够，恐怕是第一生产力”。1992 年春，小平同志视察南方时多次重申这一观点，他说：“经济发展得快一点，必须依靠科技和教育。我说科学技术是第一生产力”。

当今是知识经济和高科技时代，科学技术已经成为推动人类社会进步的直接动力。据统计，1982 年美国使用电子计算机所完成的工作量，相当于 4000 亿脑力劳动者 1 年的工作量。但是电子计算机是由人发明创造的，并由人来掌握、应用于实践活动的。正在崛起的知识经济给一些发达国家带来更可观的效率。美国商务部 1998 年 4 月 15 日的报告说，在过去 5 年里，

信息技术产业为美国创造了1500万个新的就业机会。科学技术的载体是人才，可以毫不怀疑地说，没有人才就没有电子计算机和知识经济。

提高国民素质是我国现代化事业的百年大计。“十年树木，百年树人”教育是培养人才的摇篮和开发人力资源和人才资源的先导产业，可以说教育是“第一生产力的生产力”。正规学校教育给学生以基础知识，职业教育和职业培训可以“改变一般人的本性，使他获得一定劳动部门的技能和技巧，成为发达的和专门的劳动力。”高等教育培养高层次的专业人才。但是无论是基础教育、职业教育或高等教育，都必须具备相应数量和德才兼备的师资。教育工作者作为“人类的灵魂工程师”应当是发展教育不可缺少的人才。

三、可持续发展需要开发老年人才资源

可持续发展是一种高水平的发展模式，因此它对人的素质要求更高。当今世界经济发展一方面是从粗放型向集约型的转变，另一方面是从物力资源开发为中心向以人才资源开发为中心转变。合理开发人力特别是人才资源，人口负担就会转变成为人力和人才资源，提高劳动生产力，促进经济增长。二次大战后，作为战败国的德国和日本，能够迅速恢复经济，成为世界经济强国的最主要原因是他们重视教育培训，具有充足的、高素质的人才资源，并在经济发展过程中把开发利用人才资源放在重要地位。过去新加坡和韩国的经济起飞，也是依靠优先开发人才资源取得的。美国和加拿大，尽管科技人才较多，但

是仍然十分注意吸收国外的人才。美国朝野对留美博士生和硕士生提供奖学金，加拿大大量接收技术移民，他们这样做并非出于人道主义的济世助人，而是为了广罗人才，为自己的经济发展注入更多的活力。

英国著名经济学家，剑桥学派的创始人阿弗里德·马歇尔在《经济学原理》中强调要加强教育投资。他认为，人的智慧、才能与其他种类的资本是并列的，是生产力提高的动力，而且随着生产的发展，对人的才能的要求也越来越高。

可持续发展是国际社会在工业文明和现代化道路反思的基础上，提出的一种理论和战略，涉及人口、资源、环境、经济和社会等方面。人口是人类社会活动的主体，1994 年在开罗召开的联合国国际人口与经济会议所通过的《行动纲领》指出“可持续发展问题的中心是人。”

历史证明，经济发展不仅要求人才数量与发展的规模相适应、人才质量符合发展的客观需要，而且还要求人才增长速度与发展速度相适应。

现代经济发展说明，对于一个国家或地区的经济增长而言，物质资本的多寡固然重要，但是人的素质的高低更为重要。因为一方面人才资源不仅能开发自然资源，而且能够提高资源的利用率，创造新的物质资源。另一方面，高质量的人才资源对经济增长可以发挥倍数效应。据美国经济虚假测算，1900–1957 年物质资本增加 4.5 倍，利润只增加 3.55 倍，而人力资本投资增加 3.5 倍，利润可增加 17.55 倍，比前者利润高 4 倍。

我国人力资源供大于求，低素质人员比重大。人才资源不足，严重制约了我国经济发展。据统计，我国现有人才的质量较低。在全国的技术工人中，初级占 80%，达到高级的只占 2%。全国已评聘的技师 34 万人，高级技师不过 2000 多人。1994 年一项调查表明我国城市 8000 万青年职工中，实际技能达到高级工的只占 3%。

从根本上说，科技进步，经济振兴，以及整个社会的进步都在于劳动者素质的提高和大量合格人才的培养使用上。因此，我们要实现可持续性发展和在综合国力的国际竞争中取胜，就必须把开发包括老年人才在内的人才资源作为一项极为重要的战略任务。

第三节　动态人口红利对开发老年人才资源需要澄清的几个问题

在党中央和国务院的领导下，通过学术界的理论研究，政府部门的支持，有关群众组织的安排，特别是老年科教技术人员的积极参与，我国老年人才资源开发工作逐步开展，取得了一些可喜的经济和社会效果。但是，尽管开发利用老年人才资源可以缓解中青年人才不足的论点已经在学术界取得了共识，但是在我国要想顺利实施，还需要进一步解决社会上有待澄清的以下几个理论和认识问题。

一、关于“老年人还是不是劳动力资源”的问题

确定一个老年人还是不是劳动力资源，首先要确定他还是不

是劳动力。马克思在论述劳动力时说：“我们把劳动力或劳动能力理解为人的身体，即活的人体中存在的、每当人生产某种使用价值时就运用的体力和智力的总和。”[1] 这里没有对劳动力提出年龄限制。这表明具有劳动能力的老年人仍然是劳动力。

我们通常认为劳动能力有五种基本特征：

第一，人是劳动能力的载体。因为人的劳动能力总是和有生命的人类个体结合在一起的。它不能脱离活的人体而独立存在。只有人方有可能具有劳动能力。

第二，劳动能力是年龄的变量。因为人的劳动能力是随着人的年龄的增长而逐渐产生增或减的变化。

第三，劳动能力的差异性。由于天资、环境和主观努力的不同，人们的劳动能力总是有大有小的。

第四，劳动能力的可开发性。人的劳动能力可以通过教育和实践不断提高，加以开发利用。

第五，劳动能力的创造性。人的创造性劳动是一切社会发展的决定性因素。创造性劳动来源于劳动能力的创造性。[2]

基于上述劳动能力的五种特征，我们衡量一般劳动能力，是从人的身体健康状况、文化水平、生产工作经验、社会实践能力、心理素质、党性修养、理想信念，理论功底、道德境界等多方面来综合考察的。如今，劳动能力中的科学技术素质越来越具有重要的地位。老年人作为具有劳动能力是随着社会经济、科学技术

[1] 马克思恩格斯选集：第一卷[M].北京：人民出版社，1972：122.

[2] 黄学泳.略论劳动能力[J].管理教育学刊，1994（1）.

的进步，不断发展而发展的；同时，老年人的劳动能力是不断地发展，又不断地参与社会进步和生产技术的进一步提高。2012 年新修订《老年人权益保障法》第 65 条规定“国家和社会应当重视、珍惜老年人的知识、技能、经验和优良品德，发挥老年人的专长和作用，保障老年人参与经济、政治、文化和社会生活。”老年法鼓励老年人参与发展，实际是承认有劳动能力的老年人是劳动力。

《中华人民共和国宪法》第 42 条规定“中华人民共和国公民有劳动的权利和义务……劳动是一切有劳动力公民的光荣职责”。规定也没有年龄限制，说明有劳动能力的老年人仍然是劳动力资源，劳动仍然是他们的光荣职责，他们的劳动权应该受到法律保护。

二、关于“老年人才还是不是人才”的问题

《辞海》对人才的释义是:“有才知学问的人，德才兼备的人。”《现代汉语词典》的释义为“德才兼备的人；有某种特长的人。”在《最新牛津现代高级英汉双解词典》中，“人才”为“有才能的人；有资格的人。”尽管中外的表述不尽完全一样，但是其实质意义可以概括为“有才能和专长的人”。如果说人才是有才能和专长的人，那么作为以脑力劳动为主的人才，就更不应该有年龄的限制了。

根据这一解释，我们说人才没有年龄限制，具有才能和专长的老年人也是人才，老年人才是整体人才的一个组成部分，人才资源的开发利用当然包括老年人才在内。

三、关于“劳动力供大于求还要不要开发老年人才资源”的问题

这个问题首先要区别人力和人才的不同。劳动力资源中有主要从事简单劳动和体力劳动者和主要从事复杂劳动的脑力劳动者，作为具有才能和专长的人才一般都是脑力劳动者。按照国际共识，人才资源是劳动力资源中具有才能和专长的人。也可以说人才是人力资本中的精华。

英国经济学家亚当·斯密的价值论认为决定价值的是生产商品所耗费的劳动；价值量同消耗的劳动量成正比，并且区别了简单劳动（指在一定的社会条件下，不需要经过任何专门训练的、一般劳动者都能胜任的劳动）和复杂劳动（指经过专门培养和训练、具有一定技术专长的劳动），指出在相同的时间里复杂劳动比简单劳动创造更多的价值。这表明：在相同的时间里从事复杂劳动的人才所创造的价值比一般劳动者所创造的价值多。

在同样的时间内复杂劳动之所以能够创造较多的价值，其原因在于复杂劳动本身需要经过一定时间的学习和训练。马克思说，能够从事复杂劳动的劳动力比普通的劳动力需要较高的教育费用，它的生产要花费较多的劳动时间，因此它具有较高的价值。既然这种劳动力的价值较高，它就表现为较高级的劳动，也就在同样长的时间内物化为较多的价值。

关于人才资源与劳动力资源的异同，美国著名经济学家舒尔茨教授在《人力资本投资》中指出，人力资本是社会进步的决定

性因素。人力－包括人的知识和人的技能的形成是投资的结果，并非一切人力资源都是最重要的资源，只有通过一定方式的投资，掌握了知识和技能的人力资源才是一切生产资源中最重要的资料。这表明，人才是掌握了知识和技能的人力资源，不同于从事简单劳动的一般人力资源。

牛文元教授认为：人力资源可分为体能、技能和智能，在培养方面国家付出的成本相差很大。如果说培养体能付出是1的话，培养技能就要付出3，培养智能则要付出9.而三者对国家的贡献则会达到1：10：100。这就是说培养出一个教授或科学家的投入是培养一个劳动力的9倍，而一个教授或科学家的产出则是一个体能劳动者的100倍。开发老年人才资源的目的是发展经济，解决年轻人的就业问题，如果以当前劳动力供大于求为理由，为了普通劳动者就业反对开发老年人才资源的话，岂不是“拣了芝麻，丢了西瓜”？

解决年轻人就业或失业的根本出路在于发展经济，创造更多新的工作岗位。发展经济的首要条件，是提高劳动力的质量，拥有较多的技术工人和相关人才。在当前我国人才严重缺口的情况下，开发利用老年人才资源有利于发展经济，有利于年轻人就业。目前我国劳动力供大于求，缺乏技术从事简单劳动的劳动力多。如果我们为了解决他们的就业而反对开发利用能够从事复杂劳动而创造更高价值的老年人才资源，只能是适得其反，既不利于经济发展，又无补于就业。

第十章 动态人口红利与健康长寿

社会的存在与发展离不开一定的条件，其中包括自然环境、人口、文化、物质生产方式等等。马克思在《德意志意识形态》中指出“任何人类历史的第一个前提无疑是有生命的个人的存在”[1]。人是人类社会存在的前提，没有人就没有人类社会，没有人类社会就没有其发展历程。人口作为人类社会发展前提，是社会生活的主体，是社会发展活动的承担者，只有在一定数量的人口基础上才能进行社会的生产。如果说自然环境是社会赖以存在与发展的基本条件的话，那么作为社会的主体和基础的人口，则是社会存在和发展的第一个要素。马克思主义的“两种生产”理论，揭示了经济发展与人口发展之间的本质联系，论述了经济发展决定人口发展，人口发展反作用于经济发展的辩证关系。动态人口红利正是人口发展的表现形式，人口发展包括健康长寿。

健康长寿、经济发展、社会进步、和睦安宁是人类社会共同的理想和追求。俗话说:“健康是宝，长寿是福”，每逢新年和春节，家家祈盼“五福临门”。寿为五福之首，《书·洪范》对五福的解释是:“一曰寿，二曰富，三曰安宁、四曰攸好德、五曰考终命。”联合国老年人原则“愿长寿者颐养天年”，世界卫生组织提出“给

[1] 马克思恩格斯选集：第一卷[M].北京：人民出版社，1995：24.

生命以时间，给时间以生命”，农业社会人们期望“人寿年丰”，工业社会人们追求长寿与发展，健康老化。尽管不同时代、不同社会和不同人群的表述不同，但是他们最大愿望的实质，都是健康长寿与经济发展。

第一节　人口平均预期寿命延长奠定动态人口红利的基础

人类实现健康长寿取决于多种因素，其中最重要的是经济发展。人类社会发展的史实表明，人口平均预期寿命的长短与社会经济发展水平的高低呈正向关系。在生产落后和经济发展缓慢的自然经济阶段，天灾、人祸、贫困和疾病的落后环境导致人口死亡率很高，平均寿命很短。欧洲 18 世纪平均预期寿命为 25 岁，1900 年为 50 岁。我国人口预期寿命汉武帝时为 22 岁，1949 年为 35 岁。

工业革命后，随着科技进步、生产力提高、经济发展、营养条件改善，公共卫生和医疗技术的发展，增强了人们的抗病、治病能力，提高了健康水平，完成了人口死亡率持续下降的第一次人口革命，为人类健康长寿创造了条件，实现了人口预期寿命的延长。

人口平均预期寿命迅速提高是人类 20 世纪的一项伟大的成就。在这段时期，欧洲人口预期寿命由 1900 年的 50 岁延长到 2000 年的 75 岁，100 年增加了 25 岁。

1949 年新中国成立后，随着经济的快速发展，我国的人口平均预期寿命由1949年的35岁延长到1999年的70岁，短短50年增加了35岁。从历年人口普查资料来看，1982年人口平均预期寿命为67.77岁，1990年人口平均预期寿命为68.55岁，2000年为71.40岁，2010年为74.83岁，人口预期寿命将不断增长，据预测，到2050年，我国人口预期寿命为77.15岁。

联合国对人口预期寿命统计和预测表明，1950—1955年世界人口预期寿命平均为46.5岁，发达地区为66.2岁，不发达地区为41.0岁，最不发达地区为35.5岁。2000–2005年世界人口预期寿命平均为66.0岁，发达地区为75.6岁，不发达地区为64.1岁，最不发达地区仅为51.4岁。

美国人口咨询局2010年世界人口数据统计表明：2010年世界人口预期寿命平均为69岁，较发达地区的人口预期寿命平均为77岁，不发达地区为67岁，最不发达地区为56岁。较发达地区与不发达地区的人口预期寿命相比，相差21岁；世界人口预期寿命最长的地区和国家中国香港特别行政区、日本、圣马力诺为83岁，最短的国家莱索托为41岁、赞比来为42岁、津巴布韦为43岁相比，人口预期寿命仅相当于最长地区和国家的一半。

表1　2010年较发达地区和国家人均国民收入与人口平均预期寿命

项目	全世界	较发达地区	不较发达地区	最不发达地区
2008年人均国民收入(美元)	10030	32370	5150	1240
人口预期寿命（岁）	69	77	67	56

资料来源：美国人口咨询局编《2010年世界人口数据表》整理。

我国的情况也不例外，2010年我国31个省、直辖市、自治区在人口平均预期寿命的排名中，前5名依次为发达地区人均国内生产总值较高的上海、北京、天津、浙江、江苏，最后5名是欠发达地区人均国内生产总值较低的新疆、青海、贵州、云南和西藏（见表2）。

表2　2010年我国人口平均预期寿命排名前5名和后5名的人均地区生产总值

地区	预期寿命（岁）	人均GDP（元）	地区	预期寿命（岁）	人均GDP（元）
上海	80.26	76074	宁夏	73.38	26860
北京	80.26	73856	贵州	71.10	13119
天津	78.89	72994	青海	69.96	24115
浙江	77.73	51711	云南	69.54	15752
江苏	76.63	52840	西藏	68.17	17319

此表根据《2013年中国统计年鉴》整理。

国内外有关统计数据说明：没有发展就很难长寿，没有长寿就很难有动态人口红利，健康长寿有利于经济发展。发达地区人口平均预期寿命高于欠发达地区的现实，充分证明了经济发展与寿命延长同步的论断。

“活得长，不等于活的健康”，延长健康预期寿命，应对老龄化挑战。中华养生医学文化源远流长，中医养生学是在中医理论指导下，探索人体生命规律，研究防病延年理论和方法的中医分支学科，其目的在于为实现健康长寿提供方法、途径和理论依据，让人们能够“尽终其天年，度百岁乃去”（《素问·上古天真论》）。明代著名医药学家李时珍所著《草本纲目》，收集了16世纪以前有延缓衰老记载的药物和部分药方，并予以科学评价，对传统延缓衰老医药的研究、继承和发展，以及当代对健康长寿的研究和预期寿命的延长作出了贡献。

随着经济发展，我国人口预期寿命有了大幅度的延长，但是老年人患慢性病的较多，部分退休人员因退休而产生失落、自悲和孤寂的“退休综合征”，而处于亚健康状态的人也不少。当务之急是走出亚健康，提高健康水平，延长以日常生活自理能力丧失为终点的健康预期寿命。

从第六次人口普查，各省、自治区按10%的抽样比例统计显示，我国90岁以上长寿老人78%生活是能自理的，22%生活不能自理，比2004年90岁以上的老年人中，生活不能自理的比例已经达到50%的情况有了较大的变化，生活能自理的长寿老人提高了28个百分点。100岁以上长寿老人生活不能自理的比例高些，达29.2%，接近1/3，见下表3。[1]同时，90岁以上长寿老人和100岁以上长寿老人基本健康分别占33.6%和30.8%，也就是说，90岁及以上长寿老人良好的健康状况达到1/3。

表3　90岁以上与100岁以上长寿人口健康状况比例　（%）

年龄	健康	基本健康	不健康但生活能自理	生活不能自理
90岁以上老人	13.9	33.6	30.5	22
100岁以上老人	12.7	30.8	27.4	29.2

资料来源：根据中国2010年人口普查资料2203—2204页数据统计整理。

[1] 樊新民.中国第六次人口普查长寿人口研究[J].人口学刊,2013(4).第329页

从城乡对比显示，90 岁和 100 岁以上长寿老人健康状况差别不大。在 90 岁以上长寿老人中，城市（不包括镇）生活不能自理的有 20.5%，乡村生活不能自理的有 23.2%。100 岁以上长寿老人中，城市生活不能自理的有 30.6%，乡村生活不能自理的 29.2%。城市 90 岁以上长寿老人中，男性生活不能自理的有 16.8%，女性生活不能自理的有 22.5%。乡村 90 岁以上长寿老人中，男性生活不能自理的有 18.8%，女性生活不能自理的有 25.2%。90 岁以上长寿老人中，生活不能自理的老人乡村比城市多 2.7 个百分点，而 100 岁以上长寿老人中，生活不能自理的，城市比乡村多 1.4 个百分点。乡村长寿女性，90 岁以上的有 1/4 生活不能自理，略高于城市；城市长寿女性，100 岁以上的有 1/3 生活不能自理，略高于乡村，[1] 见表 3。

表 3　城市乡村长寿人口生活不能自理状况比例　（%）

年龄与健康状况	城市	乡村
90 岁以上长寿人口生活不能自理的总比例及分性别比例	20.5	23.2
	男性 16.8 女性 22.5	男性 18.8 女性 25.2
90 岁以上长寿人口生活不能自理的总比例及分性别比例	30.6	29.2
	男性 24.3 女性 33.2	男性 23.4 女性 30.9

资料来源：根据中国 2010 年人口普查资料 2205—2210 页数据统计。

党的十八届三中全会提出：“积极应对人口老龄化”，表明

[1]　樊新民.中国第六次人口普查长寿人口研究[J].人口学刊，2013(4).第 329 页

了党和政府要求我们积极应对老龄化挑战。探索积极应对的途径与方法，以积极地态度、积极的政策、积极的行动应对人口老龄化的策略。

预测表明，2000年到2020年期间，我国60岁及以上老年人口将以年均3%的速度递增，老年人口比重上升5个多百分点（由10.08%上升到15.90%）；劳动年龄人口比重下降3.4个百分点（从67.9%下降到64.5%），老年赡养比上升9.3个百分点（由15.4%上升到24.7%），在老年赡养比上升的同时，总供养比也相应由2000年的53.6%上升到2020年的55.0%（见表4），超过1999年经济合作发展组织成员国平均供养比（49.93%）。基本养老保险基金支出由2115亿元增加到28145亿元；这些不利因素会制约经济发展。

表4　2000–2020年我国人口年龄结构和供养比变动预测

项目	2000年		2010年		2020年	
	人口数（百万）	%	人口数（百万）	%	人口数（百万）	%
0—14岁	317.8	24.9	267.5	19.6	284.0	19.6
15—59岁	830.9	65.1	926.8	67.9	934.5	64.5
60岁及以上	127.6	10.0	161.1	11.8	230.4	15.9
少年抚养比	——	38.2	——	29.9	——	30.4
老年赡养比	——	15.4	——	17.4	——	24.7
总供养比	——	53.6	——	47.3	——	55.0

资料来源：《21世纪上半叶中国老龄问题对策研究》，华龄出版社，2000年。

同时，我们应看到老年人参与社会经济发展可能产生的效益是十分可观的，据劳动和社会保障部测算，我国老年人每推迟退休一年，养老统筹基金可增加收入40亿元，减支160亿元，减少基金缺口200亿元。如果我们从现在起取消提前退休，用5年时间（2006–2010年）取消女工人、女干部退休年龄差别，女职工一律按55岁退休；再用10年时间（2011–2020年）将男女退休年龄拉平，一律按60岁退休，其结果将使2010年养老统筹基金缺口由835.97亿，减少为52.52亿元；使2020年养老统筹基金收大于支，由缺口503.51亿元，转变为节余262.20亿元（参见表5）。中共中央组织部和人力资源社会保障部2015年2月16日发文规定，“党政机关、人民团体中的正、副县级处级及相应职务层次的女干部，事业单位中担任党委、行政管理工作的相当于正、副处级的女干部和具有高级职称的女性专业技术人员，年满六十周岁退休”，可以说是对延迟退休年龄政策的制度上推进。

表5　2005–2020年城镇职工养老保险统筹基金收支预测

（亿元）

年份	按法定退休年龄计算			按提高退休年龄计算		
	收入	支出	节余	收入	支出	节余
2005年	2373.52	3342.83	–969.31	2373.52	3342.83	–969.31
2010年	3505.00	4340.97	–835.97	3629.85	3982.37	–353.52
2020年	7668.96	8172.47	–5035.51	8625.81	6003.81	262.20

资料来源：劳动保障部法制司和社会保险研究所《中国养老保险基金测算与管理》，经济科学出版社，2001年版。

21世纪是全球老龄化的世纪，它对经济发展带来严峻的挑战；但是我们不要忘记21世纪又是人类长寿的时代，只要充分利用健康长寿的积极因素，开发利用老年人力人才资源，我们就能够把老龄化的压力变成为动力，实现老龄化与经济协调发展，构建繁荣和谐的老龄社会。

第二节　创新驱动发展战略增强动态人口红利的承受能力

在稳定低生育水平条件下应对人口老龄化挑战，解决老龄问题的根本出路在于发展经济。21世纪是知识经济时代，知识经济的基础是知识。知识经济是以开发利用知识资源为生产力的主要特征，以高科技作为基础，科技进步和创新是社会经济的重要推动力。美国著名管理学家彼德·德鲁克说：“知识生产力已成为生产力、竞争力和经济成就的关键因素。知识已成为最主要的工业，这个工业向经济提供生产所需要的重要中心资源。”他还强调：“从今以后，知识将是最关键性的因素。世界不再是在向劳动密集型转变，而是在向知识密集型转变。”

约翰·奈斯比特在《大趋势——改革我们生活的十个新方向》中指出“在信息社会里价值的增长不是通过劳动而是通过提高知识实现的……我们不应该总是悲叹旧工业的消失，我们应该做的是，探索新技术的发展前途。”

在现代经济中，知识技术对于经济增长的关系日益扩大，作为知识的组成部分，科学技术的进步，已经成为经济增长的主要推动力量，技术进步对于发达国家经济增长的贡献率已经从20世纪初的20%上升到50年代的40%，60年代的50%和当前的80%。

马克思主义认为科学技术是生产力。马克思在《资本论》和《经济学手稿》等著作中，多有论述。他在谈论资本的发展时，明确指出，“生产力中也包括科学”，并且说：“固定资产的发展表明，一般社会知识，已经在多么大的程度上变成了直接生产力。”并作出了“社会劳动生产力，首先是科学的力量”的精辟论断。

邓小平同志继承和发展了马克思主义的科学观，1988年9月12日，他在一次听取汇报的会议上说：“马克思讲过科学技术是生产力，这是非常正确的，现在看来这样说还不够，恐怕是第一生产力”。1992年春，小平同志视察南方时多次重申这一观点，他说：“经济发展得快一点，必须依靠科技和教育。我说科学技术是第一生产力”。

改革开放以来，我国产业技术水平取得了长足的进步，但从总体来看，仍然处于较低水平，高技术产业增加值仅占国内生产总值的2%左右，迫切需要大力推进科技进步，发展高科技产业，为经济发展提供强大的动力。

知识经济和信息革命已经成为发达国家减缓人口老龄化压力的有利因素，1994年10月12日美国《商业周刊》一篇题为《日趋增多的老年人为何没有拖垮美国》文章的结论是“信息革命减缓了美国人口老龄化的压力”。文章引用了美国全国老龄问题研究所人口统计项目负责人理查德·苏茨曼的观点：“经济增长率远比人口老龄问题重要得多。美国发展高科技所带来的经济高增长率在减轻人口老化的压力方面很有作为。”

教育是培养人才的摇篮和开发人力资源和人才资源的先导产业，可以说教育是“第一生产力的生产力”。正规学校教育给学生以基础知识，职业教育和职业培训可以“改变一般人的本性，使他获得一定劳动部门的技能和技巧，成为发达的和专门的劳动力。”高等教育培养高层次的专业人才。但是无论是基础教育、职业教育或高等教育，都必须具备相应数量和德才兼备的师资。教育工作者作为“人类的灵魂工程师”应当是发展教育不可缺少的人才。

人口是社会的基本生产力，其中人力资源特别是人才资源对社会生活和经济发展以及环境等方面都有深刻影响。小平同志说人才人事理论是新时期党和国家人才人事工作的理论依据和行动指南，胡锦涛同志在学习邓小平人才人事理论座谈会上的讲话中说：“在改革开放和现代化建设过程中，小平同志始终十分重视人才问题，特别是在推进经济体制改革、科技体制改革和教育体制改革的重要时刻，他都强调最关心的是人才。他总是把能为解决好人才的发现、培养和使用问题，提到事关社会主义现代化事业成败的高度来认识，提出我们最终不仅要经济上赶上发达的资本主义国家，在政治上创造比这些国家更加切实的民主，而且要造就比这些国家更多更优秀的人才。他精辟地指出，有了人才优势，再加上先进的社会主义制度，我们的目标就有把握达到”。

英国古典政治经济学的创始人威廉·配第认为一个国家的人口价值不在于其人口的自然数量（人口的数量），而在于人口的社会数量。他所讲的社会数量是指导人们创造财富的能量，实际上是人们的文化水平和技术能力。《配第经济著作选集》一书中他说："一个人，如果技艺高超，可以和许多人相抗衡"。这表明威廉·配第十分重视人口素质在经济发展中的重要作用。

英国经济学家亚当·斯密的价值论认为决定价值是生产商品所耗费的劳动；价值量同消耗的劳动量成正比，并且区别了简单劳动（指在一定的社会条件下，不需要经过任何专门训练的、一般劳动者都能胜任的劳动）和复杂劳动（指经过专门培养和训练、具有一定技术专长的劳动），指出在相同的时间里复杂劳动者比简单劳动者创造更多的价值。（许涤新主编《政治经济学辞典》）这表明：在相同的时间里从事复杂劳动的高素质的劳动者所创造的价值比一般劳动者所创造的价值多。

马克思主义认为：在同样时间内复杂劳动能够创造较多的价值，其原因在于复杂劳动本身需要经过一定时间的学习和训练。马克思说，能够从事复杂劳动的劳动力"比普通的劳动力需要较高的教育费用，它的生产要花费多的劳动时间，因此它具有较高的价值。既然这种劳动力的价值较高，它就表现为较高级的劳动，也就在同样长的时间内物化为较多的价值。"[1]

在社会生产力发展的不同时期，对劳动力数量和质量的要求也不同。在以体力劳动为主的农业社会，劳动力数量对于生产的发展具有决定性的作用，所谓"人财两旺"、"人多好办事"，就是人们追求劳动力数量的写照。但是在工业社会和信息时代，对劳动力素质的要求却越来越高。1958年美国社会劳动结构中"白

[1] 马克思恩格斯选集：第23卷[M].北京：人民出版社，1995：223.

领”人数占 50.2%，超过“兰领”人数量，20 世纪 80 年代和 90 年代“兰领”人数分别下降为 30% 和 10%。

党的十八届三中全会强调：“研究制定渐进式延迟退休年龄政策”和“坚持计划生育的基本国策，启动实施一方是独生子女的夫妇可生育两个孩子的政策，逐步调整完善生育政策，促进人口长期均衡发展。”我们要认真贯彻执行这一基本原则。

第三节 可持续健康发展提升动态人口红利动力

国内生产总值（GDP）是指在一定时期内，一个国家或地区的经济中所生产的全部最终产品和劳务的价值的总和。由于 GDP 不但反映一个国家或地区的经济表现，更反映一个国家或地区的国力和财富，因此成为国际上常用以综合反映经济活动的总成果的指标。

但是近年来，唯 GDP 增长率被广泛用于比较一国与他国的发展水平的正确性受到质疑，〔路透社华盛顿 2010 年 10 月 29 日电〕一篇题为“全世界的经济学家们而今是否在用一种过时的工具衡量经济发展情况呢？”报道，GDP 这一指标是由 1971 年经济学奖获得者美国经济学家西蒙·斯密斯·库兹涅茨在 20 世纪 30 年代设计的。库兹涅茨的本意义并非是用该指标衡量一国经济整体繁荣程度，但是人们今天却普遍认为那正是本意。一些对 GDP 执批评态度的人士说，GDP 所涵盖的范围过于狭隘，因此并不是实际可行的指标。诺贝尔奖获得者、美国经济学家约瑟夫·施蒂格利茨指出，这通常会让政客们陷入两难境地，他们的目标是提高

GDP，但民众还要求他们推行旨在提高保障和防污染等方方面面的政策，而此类政策会降低 GDP。

自由作家约翰·罗宾斯形象地说："用 GDP 衡量整体经济发展就像'用叉子喝汤'"。

报道还认为 GDP 的不足之处就是无法衡量生活水平，尤其无法衡量像中国这样的国家的生活水平，因为中国既是制造业大国，也是人口众多（13 亿人口）、日人均生活成本不足 2 美元的第三世界国家。人均 GDP 这一指标也不十分可靠。该指标衡量的是平均值（而非中间值）。因此，收入差距大的国家的人均 GDP 就失真了。

多年来，我国一直用 GDP 作为衡量经济发展的指标度量和评价各个地区经济发展状态和考核各级干部政绩，对于经济快速发展发挥了促进作用，但是，GDP 并不能全面反映社会进步和人的全面发展。2013 年 9 月，习近平总书记在参加河北省委常委班子专题民主生活会时强调："中央看一个地方工作得怎么样，不会仅仅看生产总值增长率，而是要看全面工作，看解决自身发展中突出矛盾和问题的成效"。人既是生产者，又是消费者，发展社会生产力的目的，就是为了满足人们日益增长的物质文化生活的需要。这种需求我们不能只强调物质生产，而忽视人的发展要求，物质生产和人类自身的再生产必须相互适应，相互协调。2013 年 12 月，习近平总书记在中央经济工作会议上指出："我们要的是实实在在、没有水分的速度，是民生改善、就业比较充分的速度，是劳动生产率同比提高、经济活力增强、结构调整有成效的速度，是经济发展质量和效益得到提高又不会带来后遗症的速度"。

联合国开发计划署《人类发展报告 1994 年》在第一章"迈向

可持续的人类发展”中提出，财富对于人类生活是重要的，然而排它性的执迷于财富则是错误的。尽管在物质财富和人类发展之间有着明确的相关关系，但在相当多国家中，这两者的关系出现了问题。不少国家人均国民生产总值很高，但它们的人类发展指数却较低。《人类发展报告》在第五章“再议人类发展指数”中说，为了弥补GDP作为唯一衡量指标的不足，联合国开发计划署第一部“人类发展报告”(1990)介绍了一种通行的衡量人类发展的方法——将寿命、接受教育和收入三个要素，结合起来构成“人类发展指数”（Human Development Index），简称HDI，其中寿命：通过预期寿命来衡量，接受教育：通过成人认字率（三分之二权数）和受教育的平均年数（三分之一权数）来衡量，收入（生活水平）：通过购买力，也就是将实际人均GDP经调整变为当地生活费用的水准（购买力平价或PPP）。联合国开发计划署《人类发展报告1994年》认为“人类发展指数为人们提供了一种可以替代GDP来测算国家社会经济进展的方法，它可供人名和政府用来评估某个时期社会经济的发展情况，从而决定有关政策干预的侧重点，还可以用来比较不同国家或地区的状况。”联合国开发计划署《人类发展报告2007/2008年》发布的部分国家2005年人类发展指数见表6。

表6 部分国家2005年人类发展指数

排序	国别	人类发展指数	出生预期寿命（岁）	人均实际GDP（美元）	预期寿命指数	教育指数	GDP指数	人均GDP位次减HDI位次
6	瑞典	0.956	80.5	32525	0.925	0.978	0.965	7
8	日本	0.953	82.3	31267	0.954	0.946	0.959	9

续表

排序	国别	人类发展指数	出生预期寿命（岁）	人均实际 GDP（美元）	预期寿命指数	教育指数	GDP 指数	人均 GDP 位次减 HDI 位次
12	美国	0.951	77.9	41890	0.881	0.971	1000	–10
25	新加坡	0.922	79.4	29663	0.907	0.908	0.950	–6
26	韩国	0.921	77.9	22029	0.882	0.960	0.900	6
67	俄罗斯	0.802	65.0	10845	0.667	0.956	0.782	–9
70	巴西	0.800	71.7	8402	0.779	0.883	0.740	–3
78	泰国	0.781	69.6	8677	0.743	0.855	0.745	–13
81	中国	0.777	72.5	6757	0.792	0.837	0.703	5
121	南非	0.674	50.8	11110	0.430	0.806	0.786	–65
128	印度	0.619	63.7	3.452	0.645	0.620	0.591	–11
高人类发展指数		0.897	76.2	23986	0.854	0.922	0.915	
中人类发展指数		0.698	67.5	4876	0.709	0.738	0.915	
低人类发展指数		0.436	48.5	1112	0.391	0.516	0.402	
高收入		0.936	79.2	33082	0.903	0.937	0.968	
中收入		0.776	70.9	7416	0.764	0.843	0.719	
低收入		0.570	60.0	2531	0.583	0.589	0.539	
全球		0.743	68.1	9543	0.718	0.750	0.761	

资料来源：UNDP《HUMAN DEVELOPMENT REPORT 2007/2008》。

表 6 的数字表明，2005 年我国的 HDI（0.777）在 127 个国家和地区中列第 81 位，略高于中人类发展指数（0.698）。改革

开放以来，随着我国的GDP较大幅度的提高，我国在国际上的HDI的排序从1992年的94位上升到2005年的81位，但是由于我国2005年的教育指数（0.837）低于韩国（0.980）、俄罗斯（0.956）、新加坡（0.908）、巴西（0.883）；我国的GDP指数（0.703）低于韩国（0.900）、俄罗斯（0.782）、新加坡（0.950）、巴西（0.740）；因此在全球HDI的排序中我国不仅仍然低于所有发达国家和第26位的韩国、第25位的新加坡，而且在金砖四国中也低于第67位的俄罗斯和第70位的巴西。部分国家1975–2005年HDI的发展情况见表7。

表7　部分国家1975–2005年人类发展指数

排序 *	国别	1975	1980	1985	1990	1995	2000	2005
6	瑞典	0.872	0.882	0.893	0.904	0.935	0.952	0.956
8	日本	0.861	0.886	0.899	0.916	0.929	0.941	0.953
12	美国	0.870	0.890	0.904	0.919	0.931	0.942	0.951
25	新加坡	0.729	0.762	0.789	0.827	0.865		0.922
26	韩国	0.713	0.747	0.785	0.825	0.861	0.892	0.921
67	俄罗斯				0.815	0.771	0.782	0.802
70	巴西	0.649	0.685	0.700	0.723	0.753	0.789	0.800
78	泰国	0.615	0.654	0.679	0.712	0.745	0.761	0.781
81	中国	0.530	0.559	0.595	0.634	0.691	0.732	0.777
121	南非	0.650	0.670	0.699	0.731	0.745	0.707	0.674
128	印度	0.419	0.450	0.487	0.521	0.551	0.578	0.619

* 为2005年的排序

资料来源：UNDP《HUMAN DEVELOPMENT REPORT 2007/2008》。

同时，还应看到老年人健康状况得到改善，是生命医学和科技进步的结果，生命科技将改变人类社会。

第一，科学技术作为推动社会前进的驱动力，它首先改善了作为生产力最活跃、最积极因素的人的发展。生命科技的进步，提高了人口群体健康水平，延长了劳动年龄人口的工作年限。这将极大地改变人口中抚养人口与被抚养人口的负担系数。同时，由于劳动年龄人口工作年限的延长，劳动者自身素质的改善，无疑地会提高劳动生产率，每一个劳动者在一生中可以创造更多价值，创造更多的物质财富。为人口老龄化与老年人口增加所带来问题的解决，奠定了良好的物质基础。

第二，生命科技的进步，使老年人口自身健康状况得到了改善，生活自理能力的增强，需要护理的老年人在减少，这将减轻社会负担。据预测，按目前状况，日本有490万老年人需要护理，占65至90岁老年人口的15%。到2020年，由于生命科技的进步，需要护理的人数将降到280万人，占老年人口的比例将为8.6%，护理需求下降，每年可节约8.3万亿日元（约639亿美元）的护理开支。而工作年龄延长，每年还可产生1.5万亿日元（约115亿美元）的经济效益。[1]此文显示在国民经济中，用于老年人社会福利各项费用支出将减少，国家就可以有更多的资金投入到国民经济扩大再生产中去，对推动整体经济结构和社会政策的发展将起到重要的作用。社会经济的发展如果不因人口老龄化和老年人口增加带来更多的影响，整个经济运行可保持平稳、有序、

[1] 生命科技效益巨大，老年社会余热惊人[N].人民日报，1997-12-31.

健康地发展，那么，人口老龄化带来的问题也能得到有效解决，老年人口与各年龄组人口的生活都能得到普遍的改善，实现了人口老龄化与经济协调发展的良性循环。

第三，由于老年人口健康状况的改善，需要护理的老年人口减少，从而护理的人员相应减少，使其中节省下来的大批养老护理人员充实到其它行业中去，这无疑将扩大解放生产力，促进国民经济发展。因为，由出生率下降导致的人口老龄化带来的影响之一就是劳动力的老化和劳动力资源的不足，这种状况将由生命科技的进步得到改善。通过生命技术带来的效益，对节约劳动力，延迟劳动者的工作年限，增加养老保险金的储蓄，改善劳动力的供养状况，将产生不可估计的作用。

第四，在解决人口老龄化带来的问题的同时，我们固然要从社会发展的客观规律出发，提出解决老龄问题的各项政策。但是，我们更应当重视科学技术进步对推动社会经济发展的作用，“科学技术是第一生产力，科技进步是经济发展的决定因素”。科学技术的发展，对提高劳动生产率，对改善劳动者的素质，对改善老年人的健康状况可起到不可估量的效果。所以，研究老龄问题，依法治老要纵观各个学科的进步，对人类社会可起的影响作用；重视社会各项政策研究时，更要密切注重科技进步。只有这样，我们的各项政策才能完备、有效。

2013 年 10 月 7 日习近平总书记在 APEC 工商领导人峰会发表演讲：“中国不再简单以 GDP 增长论英雄，而是强调以提高经济增长质量和效益为立足点。”提升经济效益关键是人才。应对老龄化需要多方面的努力，作为积极的政策之一，延迟退休年龄和鼓励老年人参与发展对于老龄化与经济发展不协调、不平衡的我国来说，尤为重要。它一方面把健康长寿伴随着的延长劳动岁月转化为现实的劳动力投入生产，增加劳动力资源；另一方面老年人参与发展，推迟由生产人口转变为被赡养的消费人口，从而可以降低老年人赡养系数，减轻社会负担，促进经济发展。据有关资料，从2003年7月至2013年12月，全国老龄委按照国务院“西部大开发”的部署，组织医疗卫生、文化教育、农业科技等方面的有关老专家、老教授，开展了援助西部的老年志愿行动，称之为“银龄行动”。老年志愿活动开展十年来，由最初的5个省试点，发展到覆盖全国的31个省（区、市）。

十年来，“银龄行动”推动了受援地的经济社会发展。“银龄行动”的援助领域覆盖了教育、医疗、农业、畜牧、科技、园林、城建、生物技术、陶瓷技术等多个方面，有力地促进了受援地的经济社会发展。上海连续10年在医疗、农业、畜牧、城市规划等12个领域援助新疆。浙江援助四川乐山市茶叶种植，茶叶产值由8006万元增到2.52亿元。山东6万多老年人投入胶东半岛高端产业聚集区、省会经济圈等建设中，参与到省委省政府倡导的“突破菏泽”的援助中，创办示范项目近百个。湖北、黑龙江着力打造银铃基地、科技示范园，建设和培育了万亩花椒基地、万亩柑橘基地等十大银铃援农项目。甘肃建立“银龄行动”示范基地15个，增收总价值8000万元以上。在“银龄行动”中，援医是重点项目。各地有针对性地派出医疗志愿者，以解决欠发达地区的缺医少药、看病难为重点，开展流动义诊、送医送药、治疗疑难杂症等，同时通过传、帮、带、教等灵活多样的援助方式，有力地提高了受援地医疗卫生的整体水平。援助新疆的上海老专家以无私奉献的精神、精湛的医疗技术为当地少数民族看病，直接受益群众达到25万人次。天津依托泰达国际心血管病医院，通过高科技手段，以远程视频形式培训指导内蒙古、甘肃当地医生掌握新医疗技术。[1]

21世纪是中国人口老龄化世纪，在积极应对人口老龄化的同时，又伴随老年人口的高龄化、长寿化时代的到来，这将给人类社会、经济、科技、文化、代际关系、资源、生态、福利等诸多方面提出严峻挑战。老龄问题的解决必将通过人类自身的努力，在解决矛盾和问题中，把人类社会推向更高的发展阶段。

---

[1] 全国老龄委办公室门户网站：吴玉韶“老有所有和‘银龄行动’十年工作总结”2013-12-19.

参考文献

[1] 国务院第六次全国人口普查办公室，国家统计局人口和就业统计司.2010年第六次全国人口普查主要数据[M].北京：中国统计出版社，2011.

[2] 万有文库.管子[M].北京：商务印书馆，1936.

[3] 马克思恩格斯选集：第1卷[M].北京：人民出版社，1975.

[4] 马克思恩格斯选集：第1卷[M].北京：人民出版社，1972.

[5] 冯之浚.现代化与科学[M].北京：知识出版社，1985.

[6] 张占斌.改革红利在释放[M].上海：生活·读书·新知三联书店，2014.

[7] 陈华峰.劳动力素质对中国经济增长的影响[D].武汉：中南民族大学硕士学位论文，2013.

[8] 习近平在河南考察时强调，深化改革发挥优势创新思路统筹兼顾，确保经济持续健康发展社会和谐稳定.[N].人民日报，2014-5-11(1).

[9] 张占斌.改革红利在释放[M].上海：生活·读书·新知三联书店，2014.

[10] 国家统计局2012年国民经济和社会发展统计公报[N].人民日报，2013-2-22.

[11] 国家发展和改革委员会编，张平主编."十二五"规划战略研究（下）[M].北京：人民出版社，2010.

[12] 王勇.知识经济对策：运作与案例[M].北京：中国城市出版社，1998.

[13] 中共中央宣传部.习近平总书记系列重要讲话读本[M].北京：学习出版社、人民出版社，2014.

[14] 陶德言.知识经济浪潮[M].北京：中国城市出版社，1998.

[15] 李世东．人类正迈人‘六个第一’的信息时代 [N]．学习时报，2014-9-29.
[16] 中华人民共和国国家统计局 .2013 年中国统计年鉴 [M]．北京：中国统计出版社，2013.
[17] 21 世纪上半叶中国老龄问题对策研究 [M]．北京：华龄出版社，2000.
[18] 唐韬．中国人口老龄化与养老保障 [J]．湖北经济学院学报（人文社会科学报），2012（8）.
[19] 陈可冀．人口老龄化若干问题与对策 [M]．北京：中国协和医科大学出版社，2002.
[20] 陶德言，知识经济浪潮 [M]．北京：中国城市出版社，1998.
[21] 李建民，王金营．人才资源在经济增长中作用研究——来自京津沪三城市的实证结果 [J]．人口与经济，1999（5）.
[22] 2013 年中国统计年鉴 [M]．北京：中国统计出版社，2013.
[23] 王勇．知识经济对策：运作与案例 [M]．北京：中国城市出版社，1998.
[24] 中共中央宣传部．习近平总书记系列重要讲话读本 [M]．北京：学习出版社、人民出版社，2014.
[25] 中华人民共和国国家统计局 .2013 年中国统计年鉴 [M]．北京：中国统计出版社，2013.
[26] 21 世纪上半叶中国老龄问题对策研究 [M]．北京：华龄出版社，2000.
[27] 唐韬．中国人口老龄化与养老保障 [J]．湖北经济学院学报（人文社会科学版），2012（8）.
[28] B·C·斯捷申科．人口再生产的理论与方法 [M]．北京：北京大学出版社，1985.
[29] 姜向群，杜鹏．中国老年人的就业状况及其政策研究 [J]．中州学刊，2009(4).
[30] P·塞尔比．老龄化的 2000- 对社会的挑战 [M]．北京：三联书店，1998.

[31] 日本经济新闻社 . 老龄化社会——无形的革命 [M]. 北京：新华出版社，1987.
[32] 熊必俊，郑亚丽 . 老年学与老龄问题 [M]. 北京：科技文献出版社，1989.
[33] 马克思恩格斯选集：第一卷 [M]. 北京：人民出版社，1972.
[34] 马克思恩格斯选集：第四卷 [M]. 北京：人民出版社，1995.
[35] 马克思恩格斯选集：第一卷 [M]. 北京：人民出版社，1995.
[36] 张纯元 . 人口经济学 [M]. 北京：北京大学出版社，1983.
[37] 张桂蓉 . 人口社会学 [M]. 武汉：武汉大学出版社，2009.
[38] 马克思恩格斯选集：第一卷 [M]. 北京：人民出版社，1972.
[39] 资本论：第一卷 [M]. 北京：人民出版社，1975.
[40] 马克思恩格斯选集：第一卷 [M]. 北京：人民出版社，1995.
[41] 列宁全集：第 55 卷 [M]. 北京：人民出版社，1990.
[42] 亚当・斯密 . 国富论 [M]. 北京：华夏出版社，2005.
[43] 王怀超 . 社会发展理论研究 [M]. 北京：中共中央党校出版社，2002.
[44] 唐代盛，邓力源 . 人口红利理论研究新进展 [J]. 经济学动态，2012(3).
[45] 熊必俊 . 健康长寿与经济发展 [J]. 医学与社会，2006（9）.
[46] 马克思恩格斯选集：第三卷 [M]. 北京：人民出版社，1972.
[47] 朱利安・L・西蒙 . 人口增长经济学 [M]. 北京：北京大学出版社，1984.
[48] 唐代盛，邓力源 . 人口红利理论研究新进展 [J]. 经济学动态，2012(3).
[49]（美）雷辛格 . 六十亿人口的警示—21 世纪的人口增长与食品安全 [M] .// 朱爱萍等译 . 北京：中国农业出版社，2002.
[50] 邬沧萍 . 漫谈人口老龄化 [M]. 辽宁：辽宁人民出版社，1986.
[51] 周晓红 . 现代社会心理学 [M]. 上海：上海人民出版社，2004.
[52] 叶明德，沈松勤 . 中国敬老养老诗文选 [M]. 北京：华龄出版社，1997.
[53] 林擎国 . 社会和人口统计分析概论 [M]. 北京：中国统计出版社，1994：161.
[54] 新华网 . 韩国修改教科书消除性别歧视，正视老龄问题 [EL//OL] 北京 2006-9-19. http://www.xinhua.org。
[55] 吴忠民 . 社会公正论 [M]. 山东：山东人民出版社，2005.

[56] 全国老龄办、中国老龄协会编．第二次老龄问题世界大会暨亚太地区后续行动会议文件选编［C］．北京：华龄出版社，2003.
[57] 马克思恩格斯选集：第四卷［M］．北京：人民出版社，1995.
[58] 老龄问题研究［M］．北京：中国对外翻译出版公司，1983.
[59] 张纯元．人口经济学［M］．北京：北京大学出版社，1999.
[60] 马克思恩格斯选集：第1卷［M］．北京：人民出版社，1972.
[61] 邬沧萍．漫谈人口老龄化［M］．辽宁：辽宁人民出版社，1986.
[62] 熊必俊．老有所为的理论与实践［M］．北京：经济管理出版社，1993.
[63] 王胜泉．人口劳动资源［M］．北京：劳动从事出版社，1986.
[64] 马克思恩格斯选集：第23卷［M］．北京：人民出版社，1995：190.
[65] （美国）唐·马克·杰克逊．劳动经济学［M］．北京：科学普及出版社，1989.
[66] （苏联）H·A·伊万诺夫．劳动经济学［M］．中译本．北京：三联书店，1987.
[67] 刘庆唐．劳动就业概论［M］．北京：劳动人事出版社，1986.
[68] 张纯元．人口经济学［M］．北京：北京大学出版社，1983.
[69] 唐代兴．公正伦理与制度道德［M］．北京：人民出版社，2003.
[70] 沙莲香．社会心理学［M］．北京：中国人民大学出版社，2005.
[71] 论语［M］．山东：山东友谊书社，1990.
[72] 孟子［M］．上海：上海古籍出版社，1987.
[73] 孝经［M］．山东：山东友谊出版社，1993.
[74] 王云五．礼记今注今译［M］．台湾：台湾商务印书馆，1978.
[75] 魏英敏，金可溪．伦理学简明教程［M］．北京：北京大学出版社，1984.
[76] 王云五．老子今注今译［M］．台湾：台湾商务印书馆，1970.
[77] 庄子［M］．上海：上海古籍出版社，1989.
[78] 周建卿［M］．台湾：老人福利台湾商务印书馆，1983.
[79] 雷镇阊，林国灿．宗教知识宝典［M］．北京：中国广播电视出版社，1991.

[80] 中国基督教协会 . 旧约全书 [M]. 南京：南京爱德印刷厂，1987.
[81] 中国基础教协会 . 新约全书 [M]. 南京：南京爱德印刷厂，1987.
[82] 雷镇闾，林国灿 . 宗教知识宝典 [M]. 北京：中国广播电视出版社，1991.
[83] 马坚译 . 古兰经 [M]. 北京：中国社会科学出版社，1989.
[84] 吴忠民 . 走向公正的中国社会 [M]. 山东：山东人民出版社，2008.
[85] 赵迅 . 社会契约视域下的国家责任 [J]. 法学杂志，2008，3.
[86] 约翰·罗尔斯 . 正义论 [M]. 何怀宏，等译 . 北京：中国社会科学出版社，2006.
[87] 景天魁 . 社会公正理论与政策 [M]. 北京：社会科学文献出版社，2004.
[88] 马克思恩格斯选集：第 1 卷 [M]. 北京：人民出版社，1995.
[89] 王德路，蒋世和 . 人权宣言 [M]. 北京：求实出版社，1989.
[90] 西塞罗文集 [M]. 中译本 . 上海：上海三联书店，1989.
[91] 老龄问题研究 [M]. 北京：中国对外翻译出版公司，1983.
[92] （美）戴维·L·德克尔 . 老年社会学 [M]. 中译本 . 天津：天津人民出版社，1986.
[93] 全国老龄工作委员会办公室中国老龄协会编 . 第二次老龄问题世界大会既亚太地区后续行动会议文件选编 [M]. 北京：华龄出版社，2003.
[94] 马克思恩格斯选集：第 1 卷 [M]. 北京：人民出版社，1960.
[95] 马克思恩格斯选集：第 46 卷 [M]. 北京：人民出版社，1960.
[96] 马克思恩格斯选集：第 23 卷 [M]. 北京：人民出版社，1960.
[97] 张一德，袁伦渠 . 劳动经济学概论 [M]. 北京：劳动人事出版社，1987.
[98] （美国）唐·白劳德、马克·杰克逊 . 劳动经济学 [M]. 中译本 . 北京：科学普及出版社，1989.
[99] 张一德，袁伦渠 . 劳动经济学概论 [M]. 北京：劳动人事出版社，1987.
[100] 全国老龄委办公室门户网站：吴玉韶“老有所有和‘银龄行动’十

年工作总结" 2013-12-19.

[101] 谢联辉，宋五华．全球行动——迎接人口老龄化［M］．北京：华龄出版社，1986.

[102] 田雪原，战捷，赵天明．人口老龄化与经济发展．二十一世纪上半叶中国老龄问题对策研究［M］．北京：华龄出版社，2000.

[103] 劳动部课题组．中国社会保障体系的建立与完善［M］．北京：中国经济出版社，1994，

[104] 中华人民共和国国家统计局.2013 年中国统计年鉴［M］．北京：中国统计出版社，2013.

[105] 姜向群，万红霞．人口老龄化对老年社会保障及社会服务提出的挑战［J］．市场与人口分析，2005（4）.

[106] UN《World PopulationAgeing 1950-2050，2002.

[107] 美国未来学家［J］.1997(7-8).

[108] R · C · Clark《The Economics of Individual and Population Aging》.

[109] （美国）J · J · Spengler. Macroeconomic response to age-structural change, The Eeonomics of Individual and Population Aging.

[110]（美国）约翰 · 奈斯比特．大趋势［M］．北京：中国社会科学出版社，1984.

[111] 姜卫平，陈佳鹏．关注人口均衡促进可持续发展——中国人口与发展咨询会（2010）论文集［C］．北京：中国人口出版社，2010(12).

[112] 中华人民共和国国家统计局.2013 年中国统计年鉴［M］．北京：中国统计出版社，2013，9.

[113]〔法〕保罗 · 帕伊亚．我知道什么？老龄化与老年人［M］．杨爱芬，译．北京：商务印书馆，1999.

[114] 陈锡文，陈昱阳，张建军．中国农村人口老龄化对农业产出影响的量化研究［J］．中国人口科学．2011（2）.

[115] 党俊武．关于我国应对人口老龄化理论基础的探讨［J］．人口研究，2012（3）.

[116] 党俊武．应对农村人口老龄化的战略思考．社会公平与社会共享——全国农村老龄问题高峰论坛集［C］．北京：中国文联出版社，2011.

[117] 邓小平文选：第3卷［M］. 北京：人民出版社，1993.
[118] 丁德光. 农村社会风险的表现形式研究［J］. 安徽农业科学，2011（33）.
[119] 郭平，陈刚.2006年中国城乡老年人口状况追踪调查数据分析［M］. 北京：中国社会出版社，2009.
[120] 国务院第六次全国人口普查办公室，国家统计局人口和就业统计司.2010年第六次全国人口普查主要数据［M］. 北京：中国统计出版社，2011.
[121] 韩明谟. 农村社会学［M］. 北京：北京大学出版社，2001.
[122] 胡锦涛. 坚定不移沿着中国特色社会主义道路前进，为全面建成小康社会而奋斗——在中国共产党第十八次全国代表大会上的报告［M］. 北京：人民出版社，2012.
[123] 胡英. 中国分城镇乡村人口平均预期寿命探析［J］. 人口与发展，2010（2）.
[124] 李公本. 中国人口老龄化发展趋势百年预测［M］. 北京：华龄出版社，2000.
[125] 列宁选集：第3卷［M］. 北京：人民出版社，1995.
[126] 林岗，王一鸣，黄泰岩，马晓河，等. 跨过"中等收入陷阱"的中国战略［M］. 北京：经济科学出版社，2011.
[127] 陆相欣. 农村社会学［M］. 郑州：郑州大学出版社，2006.
[128] 牟新渝. 农村空巢家庭老年人问题研究——基于安徽省农村空巢老年人实证调查的思考. 社会公平与社会共享——全国农村老龄问题高峰论坛论文集［C］. 北京：中国文联出版社，2011.
[129] 世界卫生组织. 积极老龄化政策框架［M］.// 中国老龄协会译. 北京：华龄出版社，2003.
[130] （美）舒尔茨. 改造传统农业［M］. 北京：商务印书馆，1987.
[131] 宋斌文. 农村劳动力转移对农村老龄化影响及其对策建议［J］. 公共管理学报，2004（2）.
[132] 王怀超. 社会发展理论研究［M］. 北京：中共中央党校出版社，2002.
[133] 温铁军. 三农问题与世纪反思［M］. 上海：生活·读书·新知三联书店，

2005.
[134] 吴忠民．社会公正论 [M]．济南：山东人民出版社，2004.
[135] 吴忠民．中国改革进程中的重大社会矛盾问题 [M]．北京：中共中央党校出版社，2011.
[136] 阎青春．中国老龄事业发展“十二五”规划解读 [M]．北京：中国社会出版社，2012.
[137] 闫晓春，王宇．农村资金外流现象值得关注 [J]．黑河学刊，2011（1）.
[138] 杨雪冬．风险社会与秩序重建 [M]．北京：社会科学文献出版社，2006.
[139] 袁俊，吴殿廷，吴铮争．中国农村人口老龄化的空间差异及其影响因素分析 [J]．中国人口科学，2007（3）.
[140] 郑杭生．中国人民大学中国社会发展报告 2007 [M]．北京：中国人民大学出版社，2007.
[141] 中共中央关于推进农村改革发展若干重大问题的决议辅导读本编写组，中共中央关于推动农村改革发展若干重大问题的决定辅导读本 [M]．北京：人民出版社，2008.
[142] 中国老龄科学研究中心．老年人口统计资料汇编 [M]．北京：华龄出版社，1990.
[143] 中国老龄科学研究中心．中国城乡人口状况一次性抽样调查数据分析 [M]．北京：中国标准出版社，2003.
[144] 中国老年学学会．老龄参考 [J].2012（2）.
[145] 中国老年学学会．社会公平与社会共享——全国农村老龄问题高峰论坛集 [C]．北京：中国文联出版社，2011.
[146] 中国老龄科学研究中心．老年旅游将成为老龄产业的支柱型产业 [J]．中国社会导刊：中国老龄，2005（11）.
[147] 刘韬，甘源.70% 的老人有退休后旅游的倾向 [J]．中国社会导刊：中国老龄，2005（11）.
[148] 熊必俊．人口老龄化与可持续发展 [M]．北京：中国大百科全书出版社，2002.
[149] 熊必俊．老龄经济学 [M]．北京：中国社会出版社，2010.

[150] 熊必俊. 拓宽思路 探索创新 在稳定低生育水平条件下实现老龄化与经济协调发展——兼议“动态人口红利”的可持续性 [J]. 人口与发展（增刊），2010.

[151] 熊必俊. 用动态人口红利应对老龄化挑战 [J]. 中国社会科学报，2011（6）.

[152] 熊必俊. 用“动态人口红利”实现老龄化与经济协调发展 [N]. 中国社会科学院要报（领导参阅）. 2012-07-05.

[153] 熊必俊. “动态人口红利”理论与政策建议　走出“人口红利”消失的误区，用“动态人口红利”实现老龄化与经济协调发展 [N]. 东方早报（上海经济评论）. 2012-09-25.

[154] 熊必俊. 以“动态人口红利”实现老龄化与经济协调发展——兼议退休年龄与人口红利 [J]. 中国市场，2012（46）.

[155] 熊必俊. 对判定“人口红利消失”的判定 [J]. 智库导报，2013-6-03.

[156] 熊必俊. 走出人口红利消失的误区 [J]. 社会科学报，2014-03-13.

[157] 熊必俊. 2012 年 12 月 3 日接受“中国改革论坛”记者荆文娜采访，题目为《中国人口红利消失判断是片面的》

[158] 熊必俊. 2013 年 4 月 11 日接受“中国社会科学网”记者钟义见采访，题目为《判定“人口红利消失”不符合马克思主义“两种生产”原理》

[159] 熊必俊. 2014 年 7 月 3 日接受《中国老年报》记者郭山文采访，题目为《“动态人口红利”释放正能量》

后 记

弹指一挥间，我们从事老龄事业理论研究和工作实践已逾20多年。经过长期斟酌、思考、收集资料和撰写，践行知行合一而臻于完成书稿。

“问渠哪得清如许，为有源头活水来”。本书主要理论研究、学术观点源于中国社会科学院老年科学研究会会长熊必俊教授。他作为“动态人口红利”理论的先知者、引导者和实践者，为此书倾注了心血，凝聚了智慧。我们作为学习者、感知者和解说者，感受熊必俊教授的诸多教诲。他不顾88岁高龄，为此书撰写，不吝赐教、有问必答、倾力协助，从选题、构思、章节到书中的修改等都悉心给予指点。对此，深表感激，铭记于心。

同时，我们要衷心感谢全国老龄工作委员会办公室党组成员、副主任，中国老龄科学研究中心主任吴玉韶同志的支持和帮助，感谢中国老龄科学研究中心的各位领导和同志们，是他们的关心和鼓励，使我们能够坚持到今天。

在此，对所有关心、支持、帮助本书的撰写、出版工作的同志们致以衷心的感谢！

谨向一直默默给予我们关心和支持的家人致谢！

著 者

二〇一五年三月